"中央高校基本科研业务费专项资金资助"（supported by Chinese Universities Scientific Fund）（项目编号2023TC096）

| 光明社科文库 |

超老龄社会下日本老年人的
社会参与问题研究

崔迎春◎著

光明日报出版社

图书在版编目（CIP）数据

超老龄社会下日本老年人的社会参与问题研究 / 崔
迎春著 . -- 北京：光明日报出版社，2023.9
ISBN 978 - 7 - 5194 - 7435 - 5

Ⅰ . ①超… Ⅱ . ①崔… Ⅲ . ①老年人—社会管理—研
究—日本 Ⅳ . ①C913.6

中国国家版本馆 CIP 数据核字（2023）第 171833 号

超老龄社会下日本老年人的社会参与问题研究

CHAOLAOLING SHEHUI XIA RIBEN LAONIANREN DE SHEHUI CANYU WENTI
YANJIU

著　　者：崔迎春

责任编辑：王　娟　　　　　　　责任校对：郭思齐　乔宇佳

封面设计：中联华文　　　　　　责任印制：曹　净

出版发行：光明日报出版社

地　　址：北京市西城区永安路 106 号，100050

电　　话：010 - 63169890（咨询），010 - 63131930（邮购）

传　　真：010 - 63131930

网　　址：http：// book. gmw. cn

E - mail：gmrbcbs@ gmw. cn

法律顾问：北京市兰台律师事务所龚柳方律师

印　　刷：三河市华东印刷有限公司

装　　订：三河市华东印刷有限公司

本书如有破损、缺页、装订错误，请与本社联系调换，电话：010 - 63131930

开　　本：170mm×240mm

字　　数：260 千字　　　　　　印　　张：14.5

版　　次：2024 年 1 月第 1 版　　印　　次：2024 年 1 月第 1 次印刷

书　　号：ISBN 978 - 7 - 5194 - 7435 - 5

定　　价：89.00 元

目 录
CONTENTS

第一章 引 言

第一节 研究背景

一、人口老龄化的全球化发展

目前，人口老龄化正在呈现全球化发展态势。作为社会经济发展的必然结果，老龄化是世界各国人口发展的普遍趋势。世界 65 岁及以上人口占总人口比例（老龄化率）在 20 世纪下半叶的增长幅度并不明显，1950 年为 5.1%，到了 2000 年才增至 6.9%①。但在进入 21 世纪后，伴随着生育水平的持续走低以及预期寿命的不断延长，世界人口增长模式发生了巨大变化，"变老"速度显著加快。根据联合国经济和社会事务部发布的《世界人口展望 2019》报告，全球妇女平均生育率由 1990 年的 3.2 降至目前的 2.5，到 2050 年将继续下降到 2.2。与此同时，人类平均预期寿命将从现在的 72.6 岁增至 2050 年的 77.1 岁，而世界 65 岁及以上人口将成为增长最快的年龄组，其比重在 2019 年已增至 9%左右，其数量在 2018 年首次超过 5 岁以下人口，其中 80 岁及以上人口预计将从目前的 1.43 亿增加到 2050 年的 4.26 亿，占比将高达 16%②。目前老龄化程度最严重的国家——日本，截至 2021 年 10 月，其老龄化率已高达 28.9%，预计到 2036 年将增至 33.3%，即 3 人中将有 1 位 65 岁及以上老年人，之后仍会维持增长态势，到 2065 年将达到 38.4%，其中 75 岁及以上老年人口比重也将达到 25.5%③，可谓名副其实的"超老龄社会"。

---

① 内閣府. 平成 12 年版高齢社会白書［R/OL］. 内閣府ホームページ，2000.
② United Nations. World population prospects 2019：highlights［R/OL］. United Nations，2019
　　-11-24.
③ 内閣府. 令和 4 年版高齢社会白書［R/OL］. 内閣府ホームページ，2022.

同时，需要人们特别重视的是，老龄化问题并非只是在这些发达国家才会发生的社会问题。联合国资料显示，在发展中国家，老年人口占比增长幅度最大、速度最快，预计今后50年里，发展中国家的老年人口将增长4倍，非洲老年人口占比预计将增加1倍，而亚洲和拉丁美洲地区老龄化进程更快，老年占比将从1998年的8%增加到2025年的15%①。尤其是在经济高速发展的中国，随着改革开放以来人口预期寿命的延长以及计划生育政策带来的低出生率，人口老龄化程度也在日益加剧。我国65岁及以上老年人口比重于2000年首次突破7%，之后一直处于加速态势。国家统计局数据显示，截至2021年底，我国60岁及以上人口已接近2.7亿，占总人口比例为18.9%，其中65岁及以上人口为2.0亿，占总人口比例为14.2%②。从该数据来说，我国仅用20年左右的时间就已完成了从老龄化社会向老龄社会的转变，其速度快于最早进入老龄社会的法国和瑞典③。根据中国发展基金会发布的《中国发展报告2020：中国人口老龄化的发展趋势和政策》的预测，到2050年，中国65岁及以上老年人口数量将接近3.8亿，占总人口比例则达到27.9%④。可见，作为发展中国家的中国，未来面临的老龄化状况亦不容乐观。人口老龄化的全球化发展，致使老龄化问题无论在发达国家还是在发展中国家均已成为普遍关注的社会问题。

二、国际社会对老年社会参与问题的关注

正如学者们所言，人口老龄化虽然在人力资本效益相应增高、老年需求市场不断扩大等方面具有积极意义，但同时也会带来社会养老负担加重、劳动力资源相对不足、人口规模过度萎缩等诸多负面影响⑤。老年人口规模的大幅增加以及老年占比的急速提高不仅深刻改变着世界各国人口年龄结构，也对其经

---

① 联合国. 老龄化问题概况 ［EB/OL］. 联合国中文网站，2021-03-22.

② 国家统计局. 中华人民共和国2021年国民经济和社会发展统计公报 ［R/OL］. 国家统计局网站，2022-02-28.

③ 老龄化社会是指老年人口占总人口达到或者超过一定比例的人口结构模型。按照世界卫生组织的定义，一个国家或地区65岁及以上人口占总人口的比例（即老龄化率）达到7%，即视为进入老龄化社会；达到14%，即进入老龄社会；超过20%则是超老龄社会。老龄化先行国家法国和瑞典分别用了115年和85年实现了从老龄化社会向老龄社会的转变，日本的老龄化率仅用了24年就递增到了14%（1994年）。我国起步虽晚，但老龄化程度加剧的态势日渐显著。

④ 郭晋晖. 2022年左右中国将进入老龄社会 2050年老年人口将近5亿 ［EB/OL］. 中国日报网，2020-06-20.

⑤ 籍斌，史正，邵秀娟等. 国际社会积极应对人口老龄化比较研究 ［J］. 科学决策，2020（9）：1-2.

济社会发展造成长远的影响，在老年人口的健康、医疗保障以及婚姻、家庭等方面也产生了一系列新问题。而相对于发达国家而言，发展中国家需要面对的不仅是人口老龄化问题，同时还需面临发展问题，其挑战性更甚于前者。

国际社会对于老年人社会参与问题的关注始于20世纪中叶。在联合国世界大会于1948年首次通过一项关于老年人权利宣言草案［第213（Ⅲ）号决议］之后，老年人的社会地位这一主题就开始逐渐出现于联合国世界大会或相关文件中。例如，1968年第2542（XXIV）号决议《社会进步及发展宣言》中提及保护老年人的权利和保证老年人福利的需要；1973年通过题为《年长与老年人问题》的第3137（XXVIII）号决议；1974年通过的《世界人口行动计划》中专设一项条款，呼吁各国政府于其发展政策中充分注意人口中老年人人数及其所占比率的变化所引起的问题等。联合国围绕老年问题的相关举措在20世纪70年代后半期更加频繁。1978年联合国大会第三十三届会议通过的第33/52号决议决定，将于1982年主办一次世界大会，"以便在会议上制定出一项行动纲领来保证老年人得到经济和社会保障，并保证老年人有机会对他们本国的发展做出贡献"；一年后通过的题为《年长与老年人问题》的第34/153号决议中，提及越来越多国家的老年人口数量及比例均在增加，且这一现象对经济社会发展产生严重影响，并呼吁有关国家参加1982年世界大会；1980年联合国大会在第35/129号决议中决定："鉴于老龄的个人和人口的老龄化问题之间的相互关系，决定把年长人问题世界大会改名为老龄问题世界大会。"①

如果说国际社会针对老年问题的关注在这一阶段仅为筹备阶段，那么1982年在维也纳举办的第一次老龄问题世界大会则正式拉开了国际社会应对老年社会参与问题的序幕。由124个国家组成的代表团大会一致通过了《维也纳老龄问题国际行动计划》（简称《国际老龄行动计划》），其中第三部分"行动方面的建议"中指出，"旨在造福老年人的政策和行动必须向较年长人士提供满足其自我建树的需要的机会"，"为老年人制订的各项政策和方案应能促使老年人有机会自己发挥其力所能及并有益于家庭和社区的各种作用"，并建议"各国政府应当为老年人参与社会经济生活提供便利"②。之后，联合国大会于1991年12月16日通过《联合国老年人原则》（第46/91号决议），进一步在独立、参与、照顾、自我充实和尊严等领域提供了建议和指导，认为老年人应始终融合于社

---

① 联合国. 第一次老龄问题世界大会［EB/OL］. 联合国中文网站，1982.

② 联合国. 联合国老龄化议题-老龄问题维也纳国际行动计划［EB/OL］. 联合国中文网站，1982.

会，寻求和发展为社会服务的机会，追寻充分发挥自己潜力的机会，并鼓励各国政府尽可能将这些原则纳入本国方案①。

2002年4月召开的第二次世界老龄大会强调了从过去10年中汲取的教训，产生了比第一次大会更为政策性的建议，在决议通过的《政治宣言》和《马德里老龄问题国际行动计划》中指出，应"促进发展一个不分年龄人人共享的社会"，并在行动计划方面提出优先发展的三个方向，即老年人与发展、提高老龄健康和福利以及确保有利和支持性的环境，这是国际社会首次把"老年人与发展"放在优先的首位，并在多项条款中予以展现，如第10条提道："老年人的潜力是未来发展的强大基础，这使社会能够越来越多地依赖老年人的技能、经验和智慧，不仅是为了让他们在改善自身福利方面发挥主导作用，也是为了让他们积极参与整个社会的改善。"② 也正是在这次国际会议中，世界卫生组织针对当时世界各国人均预期寿命不断延长、老年人身体机能不断改善的现状，正式提出了"积极老龄化"理念，并于第二年公布了《积极老龄化：政策框架》报告，将参与和健康、保障列为同等重要的内容，并将参与领域从原来的经济领域拓展为社会发展的各个领域，强调政府和社会应努力创造条件并保障老年人按照自己的意愿和能力广泛参与社会活动③。正如专家们指出的那样，"积极老龄化"的提出表明人口老龄化问题不仅仅是老年人个体或老年群体的问题，"实质上是社会问题"，"是老年人与其他年龄群体权益平衡的社会协调均衡发展问题"④。这不仅是老年社会参与理论的重大进展，也成为21世纪国际社会最具共识的老龄化社会政策框架。

第二节　已有研究回顾

本书主要以日本作为研究对象，并就我国的老年社会参与问题予以借鉴，因此，将以日本方面的文献为主、中国相关文献为辅进行文献调研。其中，日本方面的文献主要包括日本政府发布的相关政策文件、统计数据以及学界研究

---

① 联合国. 联合国老年人原则 ［EB/OL］. 联合国中文网站，1991.
② 联合国. 第二次老龄问题世界大会 ［EB/OL］. 联合国中文网站，2002.
③ 世界卫生组织. 积极老龄化政策框架 ［M］. 中国老龄协会译. 北京：华龄出版社，2003.
④ 邬沧萍，彭青云. 重新诠释"积极老龄化"的科学内涵 ［J］. 中国社会工作，2018（17）：28.

文献，主要从日本政府平台、日本国立国会图书馆数据库、日本综合学术信息数据库（CiNii）及其他开放数据平台检索获得。

一、日本的相关研究回顾

（一）政府平台的相关文献

日本自 20 世纪 70 年代初进入老龄化社会至今，在如何应对老年社会参与问题方面，已经历近半个世纪的探索与实践，目前在相关政策及制度建设方面已较为成熟，同时在这一过程中也产生了大量的相关研究。其中，日本政府平台发布的相关文献显然是最具权威的研究成果。例如，内阁府平台发布的《老龄社会白皮书》是根据日本的《老龄社会对策基本法》，以自 1996 年开始每年向国会提交的年度报告为基础而完成，包括老龄化的发展状况、政府发布的各项老龄社会对策的实施情况，以及政府基于老龄化的发展现状即将要采取的措施等内容。以《令和 2 年版老龄社会白皮书》为例，"老龄化状况及老龄社会对策的实施状况"章节涉及了老年人的就业、学习、人际交往等，"老龄社会对策"部分的"面向工作方式改革"章节强调了推动 65 岁及以上老年人就业的政策方针，"就业和收入"章节则重点介绍了如何推动老年人再就业的具体举措[1]。除此之外，厚生劳动省发布的《年度劳动白皮书》《厚生白皮书》《劳动经济白皮书》等年度白皮书中也有涉及老年劳动问题的章节内容。

由于年度白皮书的很多内容是依据调研数据而完成，各政府平台也定期或不定期发布相关调研报告，如内阁府平台发布的调研报告中，涉及老年参与问题的就有《关于老年人生活与意识的国际比较调查》《关于老年人经济和生活环境的调查》《关于老年人健康的调查》《关于老年人住宅和生活环境的调查》等多项调研报告。由厚生劳动省发布的《中老年人纵向调查》《关于雇用构造的实施情况调查》《工作条件综合调查》《老年人的雇用状况》等调查报告，也多与老年就业问题直接相关。

另外，作为政府智库的日本国立研究机构——日本国立社会保障和人口问题研究所发布的相关文献也很具代表性。该研究所于 1939 年作为研究厚生省人口问题而成立，1996 年与特殊法人社会保障研究所合并，目前作为厚生劳动省的政策研究机构，主要负责人口及家庭数量的推算、社会保障费用统计数据的制作及调查研究等。其中，该研究所进行的"家庭动态调查""关于人口问题的意识调查""关于单身家庭的实际情况调查"等多项调查涉及老年社会参与问

---

[1]　内閣府. 令和 2 年版高齢社会白書［R/OL］. 内閣府ホームページ，2020.

题，其调查成果多以研究报告的形式发行，如《调查研究报告书》《社会保障研究资料》《人口问题研究资料》等。其他正式发行的刊物，如《社会保障研究》也刊出了不少与老年社会参与相关的研究成果。

除此之外，公益社团法人全国社会福利协议会刊行的期刊《老人福利》及相关图书、各地劳动协会发行的相关期刊（如大阪劳动协会发行的《月刊劳动》）、国民生活中心发行的《月刊国民生活》等，其内容也多涉及老年人生存现状及社会参与问题。从日本国立国会图书馆数据库检索情况来看，由全国社会福利协议会于1967年编著刊出的《老年人俱乐部活动：事例和内容》介绍了日本老年人俱乐部的发展模式，该文应该是较早涉及老年社会参与问题的文献资料。

以上这些基于政府平台发布的相关政策文件、统计数据较为详尽，均为研究日本的老年社会参与问题提供了较为全面的文献参考。

（二）学界的相关研究文献

日本是在1970年开始步入老龄化社会，而与之几乎同步出现的相关文献大多是内阁府、厚生劳动省等政府平台发布的统计调查资料，大规模的学术研究则于20世纪80年代开始。以下将基于日本国立国会图书馆数据库及日本综合学术信息数据库的检索结果，从老年人社会参与的概念与范围界定、多项老年人社会参与状况、单项老年人社会参与状况三个方面进行文献回顾。

1. 关于老年人社会参与的概念与范围界定

在日本，关于老年人社会参与的概念并未统一，日语中多采用"社会活动""社会的活动""社会参加活动""社会参加"等词汇，学者们大致从以下几个方面予以定义。（1）从社会参与场所着眼，如仲村优一等人[1]将"社会活动"定义为"在个人行动中，相对于家庭内部进行的私人活动，在职场、地区社会及其他社会领域进行的对社会产生某种影响的活动"。佐藤秀纪等人[2]认为老年人参与社会是老年人"与社会接触的活动，在家庭以外与他人交往的活动"。（2）从非正式性社会关系着眼，如滨口晴彦等人[3]认为是"在以地区社会为基础的非正式关系下，人们基于同一目的进行的自发性聚集活动"。（3）从参与动

---

① 仲村優一. 現代社会福祉事典［M］. 東京：全国社会福祉協議会，1992：223.

② 佐藤秀紀，鈴木幸雄，松川敏道. 地域高齢者の社会活動への参加状況［J］. 日本の地域福祉，2000（14）：82.

③ 浜口晴彦. 現代エイジング辞典［M］. 東京：早稲田大学出版部，1996：190.

机着眼，如小笠原祐次①认为老年人为了追求晚年的生存价值而参加的各种社会活动以及维持并扩大各种社会交往关系的行为。（4）将以上内容融合在一起的观点，如奥山正司②认为社会参与是"在非正式场合下，以超越家庭生活的地区社会为基础，具有同一目的的人们自主参加的集体活动"；冈本秀明等③认为，老年人的社会参与是指老年人利用空闲时间自主进行的"与超越家人和亲属的他人的交往活动""以团体或组织的形式进行的活动""参加地区社会场所进行的活动"的总和等。

由于学者们关于老年人社会参与的概念并未达成一致，有关社会参与的范围界定也有所不同。例如，玉腰晓子等人④将 21 项社会活动分为"就业活动""参与社会和志愿活动""学习活动""个人活动"四个方面。对此，桥本修二等人⑤的研究将其扩充至 22 项，并将原有的"参与社会和志愿活动"修改为"社会活动"。具体来说，"社会活动"包括町内会活动⑥、老年人俱乐部（老人会）活动、兴趣团体活动、志愿活动、技能专长等传承活动。"学习活动"包括老年人班级、文化中心、市民讲座、银色人才中心的老年教育活动。"个人活动"包括邻里交往、附近购物、朋友访问、国内外旅游、参拜寺庙、体育活动、娱乐活动等。基于这些先行研究，之后的学者们也大多延续了以上社会参与范围的框架界定，但就各项的具体指标各有见解。例如，金贞任等人⑦修改了"社会活动"指标，将"兴趣团体活动"排除在外，代之以"宗教关系活动"和"消费者团体、自然环境保护等活动"，并将"个人活动"中的"参拜寺庙"改为"同家庭以外的人聚餐"；菅原育子等人⑧则表示社会参与应该是老年人在

---

① 小笠原祐次. 老後づくりと老人の社会参加［M］. 老後をひらく：社会参加と福祉施策. 東京：全国社会福祉協議会，1979：26
② 奥山正司. 高齢者の社会参加とコミュニティづくり［J］. 社会老年学，1986（24）：67.
③ 岡本秀明，岡田進一，白澤政和. 在宅高齢者の社会参加活動意向の充足状況と基本属性等との関連［J］. 生活科学研究誌，2003（2）：5.
④ 玉腰暁子. 高齢者における社会活動の実態［J］. 日本公共衛生雑誌，1995（10）：889.
⑤ 橋本修二，青木利恵，玉腰暁子. 高齢者における社会活動状況の指標の開発［J］. 日日本公共衛生雑誌，1997（10）：761.
⑥ 在日本，町内会和自治会均是市町村之下的基层自治组织，类似于我国的社区居委会。其中，町内会多见于传统社区，而自治会则大多出现于新兴的公营或民营住宅社区。
⑦ 金貞任，新開省二，熊谷修，他. 地域中高年者の社会参加の現状とその関連要因-埼玉県鳩山町の調査から［J］. 日本公共衛生雑誌，2004（5）：323.
⑧ 菅原育子，片桐恵子. 中高年者の社会参加活動における人間関係-親しいさとその関連要因の検討［J］. 老年社会科学，2007，29（3）：393.

就业活动以外积极参加的某种社会团体活动，个人进行的志愿者活动及兴趣活动也应排除在外。但是，也有研究认为政府的《老龄社会对策基本法》是将"就业和收入"与"学习和社会参与"分开施行的，因此从狭义上来说，老年人社会参与应该将"就业活动"排除在外①。

  2. 关于多项老年人社会参与状况的研究

  结合以上社会参与框架及指标，很多学者的研究涉及日本老年人社会参与现状及其影响因素分析。如青木邦男②、宫下智叶③、胜藤瞳④等的研究大多以城市地区的老年人为对象进行社会参与情况调查，冈本秀明等人⑤、小泉美佐子等人⑥则分别主要关注农村地区及过疏化地区老年人的参与现状及原因。其他如桥本修二等人⑦等展开的农村和城市两地老年人社会参与的比较调查、金贞任等人⑧对日本埼玉县鸠山町的本地居民和新移入居民进行的比较调查、高桥昌子⑨进行的日本千叶市和美国得克萨斯州加尔维斯顿两地的比较调查等均很具代表性。这些研究大多通过调研数据考察各地区老年人的社会参与现状，并从老年人的年龄、性别、家庭形态、健康状态、知识技能、社会关系、人际关系等多方面分析了老年人参与社会的影响因素。由于学者们对于老年人社会参与的概念框架及具体指标的理解并未达成一致，得出的结论也各有不同，而

---

① 岡本秀明. 都市部 3 地域の高齢者に共通する社会活動への参加に関連する要因-東京都区東部、千葉県市川市、大阪市の調査研究から［J］. 和洋女子大学紀要，2015（55）：135-147.
② 青木邦男. 在宅高齢者の社会活動性に関連する要因の共分散構造分析［J］. 社会福祉学，2004，45（1）：23-34.
③ 宮下智葉，田高悦子，伊藤絵梨子，他. 地域在住要支援高齢者における社会活動の実態と関連する要因の検討［J］. 日本地域看護学会誌. 2017，20（2）：12-19.
④ 勝藤瞳，平野美千代. 地域在宅の健康 なシニア世代が持つ本来感の実態と関連要因-老人福祉センタ-利用者を対象にして［J］. 北海道公衆衛生雑誌，2019，32（2）：109-116.
⑤ 岡本秀明，白澤政和：農村部高齢者の社会活動における活動参加意向の充足状況に関連する要因［J］. 日本在宅ケア学会誌，2006，10（1）：29-38.
⑥ 小泉美佐子，星野まち子，宮本美佐，他. 過疎地域に在住する高齢慢性疾患患者の健康・疾病状況と社会活動からみた健康管理の支援方法［J］. 北関東医学，2000，50（3）：287-293.
⑦ 橋本修二，青木利恵，玉腰暁子. 高齢者における社会活動状況の指標の開発［J］. 日日本公共衛生雑誌，1997（10）：760-768.
⑧ 金貞任，新開省二，熊谷修，他. 地域中高年者の社会参加の現状とその関連要因-埼玉県鳩山町の調査から［J］. 日本公共衛生雑誌，2004（5）：322-333.
⑨ 高橋昌子. 高齢者による社会活動の現状と将来の展望-千葉市とガルベストン市での活動を通して［J］. 日本の地域福祉，2000（14）：90-100.

且在影响老年社会参与的原因论述中,关注老年人个人及家庭因素的研究较多,对于围绕老年社会参与的政策环境、地区社会环境的讨论尚不够完善。

随着日本老龄化程度的日益加剧,日本政府对于老年人社会参与的观点和政策也在发生改变。日本在 2007 年老龄化率首次超过了 21%,按照世界卫生组织的标准,日本的老龄化状态已经属于超老龄社会的范畴。对此,内阁府在《平成 19 年版老龄社会白皮书》① 中表示,社会应做好老年人从"被支援者"到"支援者"的意识改变,之后在 2018 年最新修订的《高龄社会对策大纲》中进一步指出,老年人的身体年龄正在年轻化,且以某种方式参与社会的意愿也很高,将 65 岁以上者全部看作"老年人"的观点已无法适应目前时代的变化,政府将完善使有参与意愿的老年人充分发挥能力的社会环境,并进行足够的支援及安全网的构建②。政府的这一政策转向在学术界的研究中也有所体现。例如,冈本秀明等人③通过对东京、大阪和市川三地城市地区老年人的调查,提出了认真考虑外出困难者或在当地居住时间较短的老年人的需求、提高老年人对地区社会这一交流场所的重视程度、增强老年人的社会关系网络、活动信息传达应更加便捷迅速等具体措施;红林奈津美等人④的研究认为应该提高城市老年人的社会关系网络,为老年人营造安心安全的地区社会;志贺文哉⑤则列举了由地区社会福利协议会组织的各种多年龄层交流活动、由老年人主导进行的针对儿童及年轻一代的"食堂支援活动"、老年人参加或运营的"社区咖啡"交流活动以及其他围绕老年人的社会支持活动等事例,指出应全面推进老年人积极参与社会、创造生存价值。应该说,近年来日本政府与学术界在老龄化认知方面已基本达成共识,正如东京大学老龄社会综合研究机构于 2014 年发布的

---

① 内閣府. 平成 19 年版高齢社会白書 [R/OL]. 内閣府ホームページ, 2007.

② 内閣府. 平成 30 年版高齢社会白書 [R/OL]. 内閣府ホームページ, 2018.

③ 岡本秀明. 都市部 3 地域の高齢者に共通する社会活動への参加に関連する要因-東京都区東部、千葉県市川市、大阪市の調査研究から [J]. 和洋女子大学紀要, 2015 (55): 135-147.

④ 紅林奈津美, 田高悦子, 有本梓. 都市部在住の自立高齢者の社会関連性の実態と関連要因の検討 [J]. 厚生の指標, 2016 (63) 6: 1-7.

⑤ 志賀文哉. 高齢者の社会参加とその支援に関する-考察 [J]. とやま発達福祉学年報, 2020 (11): 3-10.

调研报告①中指出的那样，"在日本的全面老龄化进程中，我们将建立一个安全和充满活力的超老龄社会"，"老年人参与社会具有极其重要的意义"，"老年人继续参与社会成为支持社会发展的载体，是时代的要求"②。

3. 关于单项老年人社会参与状况的研究

与围绕多项老年社会参与的研究相比，日本学界聚焦单项老年社会参与问题的研究更为丰富，大致可分为就业、志愿服务、教育和人际交往四个方面。

第一，关于老年人就业问题的研究。由于日本的老龄化问题由来已久，老年就业也早已成为日本社会的普遍共识，日本围绕老年人就业问题的研究较为成熟，且大多持由于老龄化导致劳动力不足、老年人就业必不可少且应积极推进的观点。例如，清家笃、山田笃裕等人③认为老年人是具备潜在能力的人力资源，政府应有效利用老年劳动力，并详细分析了日本老年人就业意愿高的原因以及决定老年人就业的因素等；樋口美雄④分析了"团块世代"（即 1947—1949 年第一次生育高峰期出生的人口）的退休对日本经济及老年人就业的影响；萱沼美香⑤对二战后的老年就业政策进行了综合的考察和分析，指出为使老龄化社会维持经济活力，应该改变过去过分强调年龄要素的雇用体系；松浦民惠⑥则选取具体的老年就业政策——2004 年《老年人等就业安定修正法》颁布后企业的应对举措进行考察，明确了今后老年人就业面临的主要问题；等等。

第二，关于老年志愿服务问题的研究。在日语中，一般将"志愿服务"表达为"社会貢献活動""社会奉仕活動""社会活動"等。随着日本社会老龄化程度的迅速发展，老年人逐渐从接受援助的角色转变为提供援助的一方，在就

---

① 该调研包括以下三项调查内容，即以全国 50~69 岁的男女为对象实施的"关于参加社会的实际情况和需求调查的调查研究事业（全国）"、以千叶县柏市 60 岁及以上的男女为对象实施的"参加社会的实际情况和需求调查相关的调查"以及"老年人社会参加（就业）带来的健康及生存价值等的效果测量"，目的是细致把握老年人社会参与的实际情况及需求，并以此证实社会参与对促进老年人身心健康的效果。

② 秋山弘子，他. 高齢者の社会参加の実態とニーズを踏まえた社会参加促進策の開発と社会参加効果の実証に関する調査研究事業報告書［R/OL］. 東京大学高齢社会総合研究機構ホームページ，2014-03.

③ 清家篤，山田篤裕. 高齢者就業の経済学［M］. 東京：日本経済新聞社，2004.

④ 樋口美雄，財務省綜合政策研究所. 団塊世帯の定年と日本経済［M］. 日本：日本評論社，2004.

⑤ 萱沼美香. 高年齢者雇用政策の変遷と現状に関する考察［J/OL］. DISCUSSION PAPER（48），2010.

⑥ 松浦民惠. 高齢者雇用の現状と課題［J］. JILPT 第 2 期プロジェクト研究シリーズ，2012（1）：42-51.

业活动成为被社会普遍肯定的老年人继续参与社会的行为后，各种新型工作方式的可能性也逐渐被发掘并认可，其中不以获取报酬为目的的社会志愿活动受到了学界的广泛关注。在已有相关研究中，一些学者关注的是老年志愿活动的意义，如日下菜穗子、篠置昭男①认为中老年人不仅仅是接受援助的对象，更要通过为他人提供援助，以实现人生价值。但更多研究则是围绕老年志愿活动的实践状况展开的，如塚本一郎②以神奈川县内的 NPO（非营利组织）为调查对象，分析了老年就业者（包括志愿者）参与就业或志愿活动的数量、形态、原因及面临的问题等，认为一方面 NPO 是承接老年人参与就业或志愿活动多样化态势发展的组织机构，另一方面对于 NPO 来说，老年人的工作专业化以及弹性就业也为其提供了重要劳动力；胜又直、芳贺博③则选取了部分参加医院志愿活动的老年人，采取半结构式访谈的方法，明确了影响老年人医院志愿活动的促进因素和阻碍因素。另外，一些相关研究机构的调研报告也值得关注，如日本劳动政策研究与研修机构于 2012 年出版发行的《劳动政策研究报告书》，围绕 55~79 岁中老年人参与社会志愿活动的原因、影响因素以及参与现状进行了详细的调查研究，认为对于 NPO 等展开社会志愿活动的组织机构而言，老年志愿者是重要的"劳动力"来源，而且对于老年人自身来说，继续服务社会也是发挥其生存价值的重要途径。

第三，关于老年教育问题的研究。日本学术界关于老年教育方面的研究主要分为以下三个方面：一是关于老年教育学的理论研究，如持田荣一等人④于 1979 年编著的《终身教育事典》首次将老年教育与终身教育联系起来，对后续日本老年教育的理论研究产生了重要影响；堀薰夫⑤在《教育老年学的设想》一书中主要阐述了日本老年教育学的构想，并对教学内容、课程计划等做了初步规划，之后在 2012 年出版的《教育老年学与老年人学习》一书中，强调应把老年人看作自主学习和活动的主体，提出了不同于以往的"高龄者教育"的新的概念——"老年人学习"（日语为"高齢者学習"）。二是关于老年教育意义

---

① 日下菜穗子，篠置昭男. 中高年者のボランティア活動参加の意義［J］. 老年社会科学，1998，19（2）：151-159.
② 塚本一郎. 高齢者の就業機会創出とソーシャル・キャピタル形成のための社会的企業家育成に関する研究［J/OL］. 明治大学非営利公共経営研究所. 2010-12-03.
③ 勝又直，芳賀博. 病院ボランティアへ参加する高齢者の活動継続要因に関する研究［J］. 老年学雑誌，2015（6）1-14.
④ 持田栄一，森隆夫，諸岡和房. 生涯教育事典［M］. 東京：ぎょうせい，1979.
⑤ 堀薰夫. 教育老年学の構想［M］. 東京：学文社，1999.

的研究，如久保田治助①指出老年教育可以将老年人从孤独中解脱出来，使之发现老年生活的积极意义，通过逐渐进行社会适应，最终达到精神、情绪上的稳定等；樋口真己②将老年人的生存价值与学习活动相关联，认为老年教育的意义不仅是满足老年人的个人愿望，在创造社会价值及生活价值方面也具有重要意义；高桥一公③以在老年大学持续学习的老年人为对象进行的调查表明，积极参加老年大学并有意愿终身学习的老年人对自己的人生或生活也持有满足感。三是关于老年教育实践的研究，如堀薰夫、福岛顺④以大阪老年大学的结业者为例，以其结业后参加社会活动的实际情况以及意识调查的结果为基础，分析了老年人的社会参与活动和终身学习活动的关联；荻野亮吾⑤以日本大分县佐伯市的公民馆为调研对象，分析了社会关系资本重构的过程，肯定了多元协作对终身学习环境形成的推动作用等。

第四，关于老年人际交往问题的研究。日语中一般将"人际交往活动"称为"個人的活動""余暇活動"，由于学者们针对其概念以及内容框架并未达成一致，相关研究大致分为以下三个方面。一是围绕闲暇活动的研究。深泽宏⑥、原田隆等人⑦的研究均通过调查证实了闲暇活动对老年人健康及预防护理的积极作用；金美辰⑧的研究认为与女性老年人相比，男性老年人在家庭内部活动量较少，为了维持身体机能，家庭外的闲暇活动是不可或缺的，有必要针对家庭内没有用武之地的男性老年人和独身男性老年人，积极探讨如何使其参加闲暇活动并提供社交支持。二是基于"个人活动"中的"与家人、朋友、邻居等的交流、接触"的概念内涵，以老年人的社会关系为视角，对其亲属关系、邻

---

① 久保田治助. 小林文成の高齢者教育思想における「現代人となる学習」概念 [J]. 鹿児島大学教育学部研究紀要（教育科学編），2011（62）109-121.
② 樋口真己. 高齢者の生きがいと学習 [J]. 西南女学院大学紀要，2004（8）：65-73.
③ 高橋一公. 高齢者の学習動機と主観的幸福感に関する研究-高齢者大学への参加動機と主観的幸福感の関係 [J]. Annual Report. 2018（7）：2-9.
④ 堀薫夫，福島順. 高齢者の社会参加活動と生涯学習の関連に関する一考察——大阪府老人大学修了者を事例として [J]. 大阪教育大学紀要，2007，56（1）：101-112.
⑤ 荻野亮吾. 公民館を拠点とした社会関係資本の再構築の過程：大分県佐伯市の"協育ネットワーク構築推進事業"を事例として [J]. 日本公民館学会年報，2014（11）：104-114.
⑥ 深澤宏. 高齢者の余暇参与傾性要因に関する研究——秋田，山梨，高知県老人クラブの調査から [J]. スポーツ社会学研究，1996（4）：79-92.
⑦ 原田隆，加藤恵子，小田良子，他. 高齢者の生活習慣に関する調査（2）余暇活動と生きがい感について [J]. 名古屋文理大学紀要，2011（1）：27-33.
⑧ 金美辰. 地域在住男性高齢者の余暇活動に関する研究 [J]. 大妻女子大学人間関係学部紀要，2019（21）：21-29.

里关系、朋友关系等展开的研究。学界普遍认为 1974 年出版的由日本社会学家山室周平监译的汤森的著作《居家老年人的生活与亲友网——战后东伦敦的实证研究》① 是相关研究的起点之一，但真正开始大规模研究应该是在 20 世纪 80 年代以后。例如，前田尚子②的研究着眼于维持朋友关系的意义，认为朋友可以作为闲暇活动的伙伴或日常烦恼的商量对象，因此，老年期维持朋友关系可以满足老年人的情绪需求与生活价值需求；矢部拓也等③通过针对城市男性老年人的调查，主要关注结识朋友以及维持朋友关系的过程，认为除了职场、学校及亲属介绍，参加兴趣活动、成为某店铺的常客等也是结识并维持朋友关系的途径之一；河合千惠子等人④、野边政雄⑤等的研究则立足于社会支持视角，认为亲属和朋友均可为老年人提供支持，后者是前者的补充。对此，田渊六郎的研究⑥却认为随着不婚、不育比例的增加，在老年期的社会网络中，与父母、孩子以外的其他人之间构建亲密关系变得越来越重要。三是立足于如何避免或解决老年人社会孤立问题而展开的研究。例如，下开千春⑦通过对神户市东滩区单身老年家庭的调查，指出家庭形态的分化转型使老年人从子女或亲属处获得的亲缘支持趋于减少，这也就加大了老年社会孤立的风险；小池高史等人⑧以临近东京都的和光市老年人为研究对象，指出由于居住环境的不稳定，难免与当地居民关系淡薄、缺乏与他人及所在社区交流的机会等。

综上所述，在过去长达半个世纪的时间里，日本在如何积极应对老龄化问题方面理论与实践经验丰富，政府相关研究机构及学界均出现了大量相关研究，这些已有研究均为本书奠定了良好的研究基础。

---

① 山室周平監訳. 居宅老人の生活と親族網——戦後東ロンドンにおける実証的研究 [M]. 東京：垣内出版，1974.

② 前田尚子. 老年期の友人関係：別居子関係との比較検討 [J]. 社会老年学，1988 (28)：58-70.

③ 矢部拓也，西村昌記，浅川達人. 都市男性高齢者 における社会関係の形成—知り合ったきっかけとその後の経過 [J]. 老年社会科学，2002，24 (3)：319-326.

④ 河合千惠子，下仲順子. 老年期 におけるソーシャル・サポートの授受：別居家族との関係の検討 [J]. 老年社会科学，1992 (14)：63-72.

⑤ 野邊政雄. 地方小都市に住む高齢女性の社会関係 における階層的補完性 [J]. 社会心理学研究，2005，21 (2)：116-132.

⑥ 田渕六郎. 高齢期の親子関係 [J]. 季刊家計経済研究，2006 (70)：19-27.

⑦ 下開千春. 高齢単身者の孤独の要因と対処資源 [J]. ライフデザインレポート，2005 (169)：4-15.

⑧ 小池高史，他. 居住形態別の比較からみた団地居住高齢者の社会的孤立 [J]. 老年社会科学，2014 (3)：303-312.

二、我国国内的相关研究回顾

我国国内学术界围绕老年人社会参与问题的研究主要是以中国的发展现状为重点展开，涉及日本方面的相关研究较少，且多集中于日本的老年人力资源开发方面。根据中国知网的文献数据库显示结果，较早的国内期刊论文应该是刊登于 1986 年《中国劳动科学》第 7 期的《日本劳动政策的现状与展望》一文，该文原是日本劳动省政策调查部部长小野进一在北京所做的题为《日本劳动政策的现状与展望》报告，后由我国学者王振基和张亚力翻译整理而成。小野进一在文中指出："由于老龄化进展迅速，确保老年人的就业机会，以稳定他们的生活是当务之急。"同时，"由于家庭结构趋于小型化，过去那种由子女赡养老人的习惯在当今日本社会里也难以维持下去"，"日本考虑建立老年人运用其能力和经验工作到 65 岁"的社会①。国内学者所发表的较早的论文有江瑞平1988 年刊登于《人口与经济》第 4 期的《日本农业人口的超前高龄化问题》，该文认为日本农业人口的高龄化现象严重，导致农业劳动力日趋老化，老年人口负担不断加重，日本不得不采取以农村开发政策为主的相关对策予以缓解②。之后，田雪原（1989）在发表于《日本问题》期刊的《中日人口老龄化和老年人口就业比较研究》一文中指出，中日两国在人口年龄结构变动、老龄化发展趋势、老年人口就业意识及就业结构变动等方面有相似之处，应彼此取长补短，以应对人口老龄化的挑战③。

近几年，关注日本老年就业问题的相关研究逐渐增多，如田香兰④将日本老年人的社会参与活动分为就业活动和非就业活动，指出日本针对不同参与意愿的老年人采取不同的对策，并贯穿积极老龄化理念，将老年人从以往的"需要保护及抚养对象"转变为"社会参与主体"，对于我国具有重要的借鉴意义；胡澎的研究⑤认为日本的老年雇用政策具有渐进性与阶段性的特点，我国也应构建和完善老龄化的制度设计与政策体系，给予老年人更多择业空间，使其凭借自身专长参与各种社会活动，找到存在感、价值感和成就感等。

---

① 小野进一，王振基，张亚力. 日本劳动政策的现状与展望 [J]. 中国劳动科学，1986 (7)：27.
② 江瑞平. 日本农业人口的超前高龄化问题 [J]. 人口与经济，1988 (4)：59-63.
③ 田雪原. 中日人口老龄化和老年人口就业比较研究 [J]. 日本问题，1989 (4)：10-15.
④ 田香兰. 日本老年人社会参与现状及对策研究 [J]. 黑龙江社会科学，2020 (1)：86-90+160.
⑤ 胡澎. 日本老年雇佣制度的经验与启示 [J]. 人民论坛，2020 (9). 129-131.

除此之外，近年来国内也出现了一些关于日本老年教育的研究，如王柱国、徐锦培①通过借鉴日本放送大学的相关实践，认为我国老年开放大学应在定位、专业门类、培养目标、课程内容、教学方法、评价体制等多方面采取措施；徐桂珍、彭娟②借鉴美日两国老年教育的发展经验，主张我国应在理念认知、政策法规、教育资源、教育形式等多方面进行改革；朱政③也在多方位比较了日韩两国的成功经验后，认为我国应建立健全老年教育法治、鼓励形成多元办学格局、丰富教育内容和学习方式、培养充足的专业化师资队伍等。另外，还有从老年人社会孤立视角考察日本老年人生活状态和人际交往方面的研究（高强、李洁琼、孔祥智④；朱安新、高熔⑤）。

在世界各国将人口老龄化纳入积极发展的大背景下，以上中日两国学者们的相关研究均具有积极意义。日本作为东亚地区老龄化先行国家，其经验与教训值得其他国家尤其是作为发展中国家的中国借鉴与参考。但由于中日两国处于老龄化发展的不同阶段，对老龄化问题的关注也各有不同，日本的老年社会参与问题研究不仅早于中国，其涉猎范围更广，研究也更为深入。同时，由于我国国内获取日本方面学术文献资料的渠道受限，目前并没有较为成熟且较为全面地反映日本老年社会参与问题的研究。因此，本书将填补国内对日研究的相应空缺，构建相对完善的研究框架和研究内容，综合运用活动理论、连续性理论、积极老龄化理论等多学科理论，利用日本政府平台发布的文献数据、日本国立国会图书馆数据库以及各开放平台数据等，从就业、志愿服务、教育和人际交往四个方面，全面解读日本老年人社会参与的发展过程及发展现状，并探讨日本的相关政策导向及未来发展趋势。

---

① 王柱国，徐锦培. 如何使老年开放教育更具吸引力——日本放送大学对我国老年开放大学办学的启示 [J]. 中国远程教育，2020 (6)：52-59.
② 徐桂珍，彭娟. 美国和日本的老年教育对我国老年教育发展的启示意义 [J]. 职教论坛，2016 (36)：93-96.
③ 朱政. 日韩老年教育发展经验及其启示 [J]. 成人教育，2020，40 (3)：88-93.
④ 高强，李洁琼，孔祥智. 日本高龄者"孤独死"现象解析及对中国的启示 [J]. 人口学刊，2014，36 (1)：41-53.
⑤ 朱安新，高熔. 日本独居老年人的孤独死感知——基于日本内阁府"独居老年人意识调查（2014 年）"数据 [J]. 贵州社会科学，2016 (10)：119-126.

第三节 理论基础与概念界定

一、理论基础

人口老龄化是发达社会必然出现的一种趋势，而老年社会学就是研究这种社会发展进程中老年群体的各种社会特征与活动规律。其中，活动理论（activty theory）、持续理论（continuity theory）和积极老龄化理论（active aging theory）等均是从社会互动参与的角度来阐述个体老龄化社会学因素的重要理论。本小节将主要介绍这些理论，以此窥探老年社会参与问题的理论基础。

（一）活动理论

作为积极老龄化重要的理论基础之一，活动理论是与脱离理论（disengagement theory）完全相对应的一种理论模式。脱离理论认为[1]，脱离社会是对衰老的适应性反应，老年人在保持自我价值感的同时应自愿放弃社会角色，这是从老年人向年轻人有序转移权力，对老年人和社会都是有益的。对此，活动理论则主张老年人的社会角色拥有更大的自主性，不受各种强制和压力；老年人出于主观意愿参与的社会角色有益于老年人良好精神状况的保持，其参与角色的数量越多，老年人良好精神状态的保持情况就越好；有活动参与能力的老年人比没有能力的老年人更容易感到满足同时也更容易适应社会[2]。

在之后的研究实践中，活动理论受到很多学者的赞同，如袖井孝子[3]认为老年人与中年时期有着相同的心理及社会性欲望，因此，尽可能保持其活动性、抵抗生活圈缩小的人，其生活满足感更高，更容易适应老年期生活。而我国一直倡导的"老有所为"观念也是对该理论的最佳实践，如王德文等[4]、刘西国[5]、张冲等[6]的实证研究结论就支持了活动理论的观点，认为老年人参与社会

---

[1] CUMMINGS E, HENRY W E. Growing old [M]. New York：Basic Books, 1961.

[2] HAVIGHURS R J. Successful aging [J]. The Gerontologist, 1961, 1 (1)：8-13.

[3] 袖井孝子. 社会老年学の理论と定年退職 [J]. 社会老年学. 1975 (1)：19-36.

[4] 王德文, 叶文振. 中国老年人健康状况的性别差异及其影响因素 [J]. 妇女研究论丛, 2006 (4)：21-26.

[5] 刘西国. 社交活动如何影响农村老年人生活满意度 [J]. 人口与经济, 2016 (2)：40-47.

[6] 张冲, 张丹. 城市老年人社会活动参与对其健康的影响-基于CHARLS2011年数据 [J]. 人口与经济, 2016 (5)：55-63.

活动，可以提高他们的身体和心理健康水平。但活动理论在实践过程中也受到一些质疑，例如，什么样的"活动"才是真正的活动，如何界定"活动"范围？除社会活动外，老年人的生活满意程度是否也受到其经济状况、家庭成员关系、生活习惯等因素的影响？在重视社会活动的同时，会不会忽视不同老年人的不同个人因素等？对此，之后出现的持续理论起到了进一步补充并完善的作用。

（二）持续理论

美国社会理论家艾其利（Atchley）等人提出的持续理论（continuity theory）① 是从发展心理学角度阐述老年社会参与问题，认为包括老化在内的生命周期各个阶段都有着一定的连续性，一个人在特定的环境条件下形成的习惯、爱好、性格、个性等具有延续的性质，并支配着老年的生活和活动。相较于活动理论忽视个体因素的缺陷，持续理论通过关注个性因素在老龄化进程中的作用，有效解释了个体在衰老过程中的不同性格差异，主张老年人应尽可能保持自己中年时的生活模式，从而更大可能地过上幸福愉悦的老年期生活。对此，之后的很多实证研究也证实了这一观点，如麦达克斯（Maddox）等人②通过研究发现了老年人生活方式的持久性；理查德（Richard）等人③观察到大部分老年人在进入老年期后，虽然身体、心理和社会地位发生了变化，但在活动、性格和人际关系方面表现出了一致性。

根据该理论，老年人在退休之后会根据自己的个性选择不同的生活方式，喜欢参与社会活动的人步入老年后更多会去参加社会活动，而比较含蓄、不愿表现自己的老年人会按照自己的模式安静地生活，也就是说社会参与程度并不重要，老年人通过延续中年时的生活方式和个性维持身心健康。应该说，该理论尊重老年人的个性发展，对于从微观意义上研究老年社会参与问题具有重要意义。但需要注意的是，该理论忽略了外部因素，即社会和环境因素对老年人生活方式选择的作用和改变。有研究表明，老年期保持和退休前相同的生活习惯和个性未必会带来积极的影响，现实生活中能够随着环境变化随遇而安的老

① ATCHLEY R C. The Social Forces in Later Life：An Introduction to Social Gerontology ［M］. Belmont, Ca：Wadsworth, 1972.

② MADDOX G L, DOUGLASS E B. Aging and variability of Individual differences：A longitudinal analysis of social, psychological, and physiological Indicators ［J］．J Gerontol, 1973, 29（5）：555-563.

③ RICHARD S, LINDA S N, KENNET R, RICHARD L S. Continuity Theory Encyclopedia of Aging ［M］．Berlin：Springer Publishing Company, 2006：266-268.

年人往往有着更高的生活满意度。

（三）积极老龄化理论

活动理论、持续理论等这些具有积极意义的理论经由学者们的实证研究后得到了广泛应用，促使曾长期占据西方老年学研究主流的"消极老龄观"向"积极老龄观"转变①。此外，需求层次理论（Maslow's hierarchy of needs）、社会交换理论（social exchange theory）、社会资本理论（social capital theory）等也从不同角度诠释了老年人社会参与的内在动机②。这些理论大多着眼于老年人个体如何积极适应社会，但老龄化问题是个体和社会的双向适应问题，同样需要社会帮助老年人去积极适应。对此，近年来从老年社会工作视角主张激发老年人的潜能以帮助其实现自我发展的增权理论（empowerment theory），以及认为应通过改变老年人的生存环境以帮助其重拾自信心的社会重建理论（social reconstruction theory）等均做出了积极探索，尤其是世界卫生组织于 20 世纪 90 年代末提出的积极老龄化理论更是老年社会参与理论的重大进展。

该理论与生产性老龄化（productive aging）或成功老龄化（succeccful aging）的概念体系有一定的重叠，但生产性老龄化侧重强调老年人的生产属性，成功老龄化则"包括健康老龄化、积极老龄化、和谐老龄化、适度老龄化、有保障的老龄化等内容"③。积极老龄化理论最早源于 1997 年西方七国的丹佛会议，2002 年被联合国大会正式纳入老龄化政策发展框架。2003 年公布的纲领性文件《积极老龄化政策框架》认为，积极老龄化将参与和健康、保障列为同等重要的内容，主张老年人与其他年龄群体一样也拥有参与和推动社会发展的权利，并将参与领域从原来的经济领域拓展为社会发展的各个领域，强调政府和社会应努力创造条件并保障老年人按照自己的意愿和能力广泛参与社会活动④。可以说，积极老龄化既着眼于老年人个体，也着眼于包括国家政策在内的社会环境的支持，是老年社会参与理论的重大进展。目前，积极老龄化理论已成为包括中国、日本在内的世界各国积极应对老龄化政策和研究的重要参考，也为本书奠定了坚实的理论基础。

---

① 刘文，焦佩. 国际视野中的积极老龄化研究 [J]. 中山大学学报（社会科学版），2015，55（1）：170-173.
② 王莉莉. 中国老年人社会参与的理论、实证与政策研究综述 [J]. 人口与发展，2011（3）：36-37.
③ 穆光宗. 成功老龄化：中国老龄治理的战略构想 [J]. 国家行政学院学报，2015（3）：58-59.
④ 世界卫生组织. 积极老龄化政策框架 [M]. 中国老龄协会译. 北京：华龄出版社，2003.

二、概念界定

（一）"老年人"的概念内涵

在日本的政府平台及学术文献资料中，日语词汇"高齢者"（老年人）一词被广泛使用，也有"高年齢者""老年者"等称谓，我国的相关文献资料中则一般采用"老年人"的标准用词。为避免混乱，本书一律采用"老年人"一词，日本的相关文献资料中出现的相关词汇也一律使用"老年人"予以翻译。如日本政府于 2004 年修订的《高年齢者等の雇用の安定等に関する法律》中的日语用词"高年齢者"将会翻译为"老年人"，其他相关日语单词也会翻译为符合中文含义的用词，如该修订法案可翻译为《老年人等就业安定修正法》）。

关于老年人年龄的界定问题，由于世界各国的经济发展水平不同，各国关于人口年龄结构划分以及人口平均预期寿命也各有差别，目前并无统一标准。联合国关于老年人的划分标准为发达国家 65 岁及以上者为老年人，发展中国家 60 岁及以上者为老年人。世界卫生组织提出的划分标准是 60~74 岁者为"年轻老年人"，75~90 岁者为"老年人"，90 岁以上者为"长寿老人"。在我国，传统观念中一般将退休视为步入老年期，虽然女性要比男性早 5~10 年退休，但普遍还是以男性的退休年龄为基准，即将 60 岁及以上人口视为老年人口，如《中华人民共和国老年人权益保障法》第二条规定，老年人的年龄起点标准是 60 周岁，即凡年满 60 周岁的公民都属于老年人。在日本，一般是将 65 岁及以上人口划归为老年人口，其中 65~74 岁者为"前期老年人"，75 岁及以上年龄者为"后期老年人"。但近年来随着老年人身心老化数据的变化，日本也出现了对该划分标准的质疑，如日本老年学会和老年医学会发布的《关于老年人定义的讨论工作报告书》（2017 年）指出，鉴于 65~74 岁群体中仍能维持身心健康并活跃于社会的人口占大多数，同时各种观念调查结果表明，否定将 65 岁以上视为老年人的意见越来越强烈，提议"对老年人的年龄重新定义为 75 岁以上"，同时认为《老龄社会对策大纲》中将 65 岁以上视为老年人的观念已经不合时宜[1]。实际上，就像有些学者所言，未来随着经济社会的进一步发展、医疗及生命科学的进步、平均预期寿命的延长，"老年人口的生理、心理与社会年龄将处于动态变化中，因此老年应当是一个动态变化的相对概念"[2]。

---

[1] 内阁府. 令和 2 年版高齢社会白書［R/OL］. 内阁府ホームページ, 2020.

[2] 彭希哲, 卢敏. 老年人口死亡概率时代变迁与老年定义的重新思考［J］. 人口与经济, 2017（2）：8.

笔者考虑到本书的主要研究对象是日本老年人，因此涉及日本的资料仍遵循内阁府平台数据使用的 65 岁及以上者为老年人的划分标准。在有关中国方面的论述中，考虑到需要使用相关中国官方数据资料，仍维持将 60 岁及以上人口视为老年人口的划分标准。为避免混乱，本书会在每章节中予以说明。

（二）"老年人社会参与"的概念内涵

"老年人社会参与"的概念最早源于美国社会学家伯吉斯的研究。伯吉斯于 20 世纪 40 年代，将象征互动理论中的社会参与概念引入老年研究领域，之后老年人社会参与问题受到学术界的广泛关注，也成为老年问题研究的重要领域之一。但国外学者们本身针对其概念并未形成统一意见，如前所述，日本学者对其概念和内涵存在很多争议，在欧美学者中也同样存在不同观点，如从角色介入的角度主张是以正式和非正式的社会角色参与各种社会活动及社会团体①；从社会互动的角度强调是一种社会关系的维持及与社会的积极互动②；从功能发挥的角度定义为有意义的社会活动及生产活动或对他人有贡献的活动③；从资源角度主张是在社会层面对个人资源的分享④；等等。

我国国内学者虽然大都主张老年人的社会参与是与他人发生联系并在互动中实现自我价值，但对其参与范围的界定也未能达成一致。在早期的研究中，提及老年人社会参与问题，多以"老有所为"的概念出现，主张老年人自愿参与社会发展，为社会做力所能及的有益贡献⑤，较多侧重于以老年人再就业为主的经济型社会参与领域。近些年的研究开始向人际交往、教育、志愿服务等非经济型领域拓展，但对于闲暇活动、照顾子女等家务活动是否可列入参与范畴还存在不少争议。虽有不少研究认为家务劳动也是在与社会互动过程中，通

---

① GLASS T A, DELEO C F, Bassuk SS, et al. Social engagement and depressive symptoms in late life-longitudinal findings [J]. Journal of Aging and Health, 2006 (4): 604-628.

② UTZ R, CARR D, Nesse R, et al. The effect of widowhood on older adults′ social participation: an evaluation of activity, disengagement and continuity theories [J]. Gerontologist, 2002, 42 (4): 522-533.

③ MENDERS de Leon C F, GLASS T A, BERKMAN L F. Social engagement and disability in a community population of older adults: the New Haven EPESE [J]. American Journal of Epidemiol, 2003, 157 (7), 633-642.

④ LEVASSEUR M, RICHARD L, GAUVIN L, et al. Inventory and analysis of definions of social participation found in the aging literature: Proposed taxonomy of social activities [J]. Social Science Medicine. 2010, 71 (12): 2141-2149.

⑤ 邬沧萍，王高. 论"老有所为"问题及其研究方法 [J]. 老龄问题研究, 1991 (6): 68-69.

过社会劳动和社会活动实现自身价值的行为①，但也有不少研究主张老年人社会参与包括老年人参加的各种社会劳动和社会活动，但不应包括家务劳动②。

基于此，本书拟结合国内外学者对老年人社会参与的概念内涵，将其大致分为"就业型"和"非就业型"两大类，前者主要指老年人从事的有偿或无偿的经济行为，既包括全职和兼职工作，如退休返聘、再就业和创业等，也包括家庭帮工等其他无偿的经济活动，但家务劳动除外③；后者"非就业型"社会参与侧重于老年人与社会之间无关经济行为的互动，划分为志愿服务、教育、人际交往三大类进行分析和探讨。

第四节　研究思路、方法与意义

一、研究思路与方法

本书以人口老龄化为背景，考察和分析日本的老龄化发展历程、特征、成因及发展趋势；将老年人社会参与行为分为就业、志愿服务、教育、人际交往四大类，探究其相关政策法规及制度体系，评析积极老龄化等相关理论在该领域的实践过程及政策化进程；在此基础上探析各领域老年人的社会参与现状及发展趋势；比较分析日本与其他老龄化先行国家的老年友好城市建设现状；并基于国情予以合理借鉴，以探究我国老年人社会参与的可行性模式及路径，为老龄化趋势下建构和发展具有我国本土特色的老年社会参与支持体系寻求基础，同时为我国老年问题治理提供一个新的阐释方向。

本书拟主要采用以下研究方法展开研究。

（一）文献研究法

对老年人社会参与问题的深入探析需要建立在大量研究文献及相关政策法规的基础上。因此，本书将通过国内外，尤其是中日两国相关研究文献及政策

---

① 王莉莉. 中国老年人社会参与的理论、实证与政策研究综述［J］. 人口与发展，2011（3）：35-43.
② 李宗华. 近30年来关于老年人社会参与研究的综述［J］. 东岳论丛，2009，30（8）：60-64.
③ 如果加入家务劳动，老年人社会参与的内涵未免失之过宽。再者，日本各政府平台公布的相关数据中均未将其纳入考量范围。因此，本书将家务劳动排除在老年人社会参与范畴之外。

文本进行系统梳理、分析，以拓宽研究的广度和深度，为本研究打下坚实的理论基础，做好文献资料准备。

（二）数据分析法

日本政府平台及其他研究机构平台多采用开放数据的形式，在第一时间就会将相关政策文件、分析报告、统计数据等予以公开，既具有权威性，也具备数据的正确性和实时性等特点。本书将根据研究需要积极采用源头数据考察和分析日本老年人社会参与状况，从而提高本书的科学可靠性。

（三）案例分析法

日本老年人社会参与涉及范围庞杂且繁多，为了更全面、具体地把握日本老年人社会参与的现状，本书拟依据社会参与框架，从众多实践案例中分类整理并分析其背景、内容，剖析其解决策略及问题所在，归纳总结出其共同规律特征，从而分析梳理出超老龄社会中日本老年人社会参与的特征及面临的问题，探索其成功经验及教训，以便为理论结论提供实证支持，增加研究成果的客观性和实践性。

（四）比较研究法

基于日本"过去—现在—未来"的纵向比较，探讨其演变轨迹及发展趋势；针对日本、中国及其他老龄化先行国家在老年人社会参与领域的政策和发展现状进行横向比较分析，总结借鉴具有较强针对性和操作性的模式与路径选择。

二、研究意义及目的

随着我国老龄化趋势的加剧，老年人口总量进入快速增长阶段。从老年人自身来看，由于健康存活寿命的不断延长，其社会需求也逐渐多元化，越来越多的人开始关注生活质量与生命质量，社会参与对于老年人的重要性日益提升。从社会需求来看，农村老年人即使到了退休年龄，仍具备可持续参与生产劳动的能力。而城镇地区中低龄老年群体更是具备相对年轻化、健康状况普遍较好且中高级人才数量可观的特点，通过其所蕴含的庞大人力资本、社会资本与文化资本的发挥，有助于将老龄化对社会发展的压力转化为可持续发展的动力①。同时，该群体虽拥有良好的退休福利和医疗保障，但其"退休冲击"远大于农村老年人，帮助其继续参与社会以适应老年期的变化，不仅有利于其自身晚年

---

① 曹杨，王记文. 中国城市退休老人参与老年大学的影响因素研究［J］. 人口与发展，2016（5）：98-104.

生活质量的提高，对于我国的和谐社会建设也至关重要①。

对此，近年来国家及政府对老年社会参与问题的关注也愈加深入。早在1958 年，我国就颁布了第一部有关老年人继续参与社会的法律规定《关于安排一部分老干部担任某种荣誉职务的决定》，鼓励和支持离休老干部继续发挥作用，但当时老年人社会参与仅限于部分"特权"群体。1996 年颁布的《中华人民共和国老年人权益保障法》首次以国家基本法的形式确立了老年人参与社会的权利和条件，使其主体范围开始由"特权"到"普惠"，参与理念由"奉献"向"权力"转变②。尤其是近年来，国务院相继印发了《国家人口发展规划（2016—2030 年）》（2016 年）、《"十三五"国家老龄事业发展和养老体系建设规划》（2017 年），后者更是专设第七条"扩大老年人社会参与"，明确指出要"培育积极老龄观，加强老年人力资源开发，发展老年志愿服务，引导基层老年社会组织规范发展"。可见，推动老年人继续参与社会已是我国积极老龄化政策框架下的重要环节。

在我国，近年来快速发展的人口老龄化不仅对社会经济发展产生了重大影响，社会公共政策的"未备先老"，经济实力的"未富先老"，以及地区、城乡差异的现实也对我国实现"老有所养""老有所为"提出了巨大挑战。从整体来看，目前我国的老年工作与老龄事业聚焦于如何为老年人口提供经济赡养、公共服务以及精神慰藉等支持③，涉及老年人社会参与的政策措施仍相对较少，且多是理论重于实践，可操作性的政策措施需要进一步完善④。加上劳动力市场、社区及家庭等社会环境也存在传统观念、接受程度、制度实施等方面的缺陷，以及老年人自身对社会参与的意愿还不充足等原因，我国老年人的社会参与水平普遍较低。因此，如何完善积极老龄化对策，促进老年群体广泛参与社会是我国应对人口老龄化对策中亟待解决的重要课题之一。

日本自 20 世纪 70 年代以来一直深受老龄化问题的困扰，即使在发达国家中其老龄化程度也是名列前茅。但日本政府和社会对人口老龄化做出了较好的应对，其至今作为世界第三大经济体，仍拥有雄厚的经济基础和资金储备，技

---

① 丁志宏，张岭泉. 城市退休老人社会发展适应现状及影响因素研究 [J]. 兰州学刊，2012（1）：119-122+118.

② 李宗华. 近 30 年来关于老年社会参与研究的综述 [J]. 东岳论丛，2009，30（8）：61.

③ 胡湛，彭希哲. 对人口老龄化的再认识及政策思考 [J]. 中国特色社会主义研究，2019（5）：62.

④ 王莉莉. 中国老年人社会参与的理论、实证与政策研究综述 [J]. 人口与发展，2011（3）：42.

术创新能力亦走在世界前沿。目前，日本老年人的劳动参与程度位于世界前列，不仅高于我国，也高于美国、德国、法国等诸多欧美发达国家，其背后日本政府多年来在促进老年人再就业、志愿服务以及构建社区老年人支持网络等方面的政策措施功不可没。可以说，日本在东亚地区乃至世界范围内都称得上是老年社会参与领域的先行国家。该国在过去的近半个世纪中经历了不同发展时期的探索与实践，其发展经验及教训对老龄化问题后发国家来说有着一定的借鉴意义。因此，虽然我国和日本在国情及经济发展等方面存在着较大差异，但日本仍可作为老年社会参与问题的重要参考对象。

如前所述，目前我国学术界围绕老年人社会参与问题的研究主要是以我国的发展现状为重点展开，涉及日本方面的相关研究较少，且多集中于老年就业领域。本书拟以相关政策及制度体系分析为基础，从就业、志愿服务、教育、人际交往四个方面综合探讨人口老龄化背景下日本老年人的社会参与问题。本书立足于中国来研究日本老年社会参与问题，可进一步丰富和深化中日老龄化问题比较研究，对推动我国本土化老年社会参与支持体系的构建与完善也具有重要的借鉴意义。

第一，有助于深化我国的老年社会参与理论研究，为老年对策问题提供理论指导。从整体来看，由于我国对老年人仍有较为负面的认知偏差，我国的老龄化对策及研究大多将老年人视作被照顾和被保护的对象，对于老年人的社会参与需求和参与权利关注不够。老龄工作及相关研究较多关注的是老年群体的养老保障问题，专门针对老年社会参与的政策较少且欠缺可操作性的政策措施。本书所关注的日本的实践经验则着眼于老年人对于社会及城市发展的积极意义，可充实和完善我国现有的老年社会参与研究，为我国的老龄化论题提供积极的理论指导。

第二，有助于深入分析老年人社会参与行为及参与模式的影响因素，积极推动老年社会参与支持体系的构建与发展。老年人的社会参与是老年人个人和社会的双向适应问题，不仅与其个人及家庭因素有关，还与国家政策、社区举措等外部社会环境密切相关。本书的研究不仅着眼于日本各领域的老年社会参与状况，更关注影响老年人社会参与行为及参与模式的社会性因素，尤其是国家及各级政府的政策影响，可为我国设计具体的政策导向提供理论依据和实证参考。

第三，有助于促进多元化参与模式及路径的实践与探索，进一步提升我国老年社会参与的广度和深度。我国老年人的社会参与形式单一且多集中于聊天聚会、文体娱乐等"生存性"的初级参与活动，老年人的社会参与总体水平不高，社会参与潜力还有待发掘①。本书着眼于日本的就业、志愿服务、市民活动参与等"发展型"参与模式的发掘，基于国情合理借鉴其多元化实践模式及实施路径，并与我国做比较分析，以发掘更深层次的参与模式及实现路径，最大限度地提升我国老年人社会参与的广度和深度，具有重要的现实意义。

---

① 张文娟，赵德宇. 城市中低龄老年人的社会参与模式研究［J］. 人口与发展，2015，21（1）：78-88.

第二章　人口老龄化与日本老年人的生活状况

　　国际社会及学界对于老年人年龄的界定并未统一，不同国家或地区人口老龄化的形成背景也存在一定差异①，因此，针对人口老龄化概念内涵的界定也并未统一。1956 年，联合国出版了由法国人口学家皮撒（Pichat）主编的《人口老龄化及其社会经济后果》一书，该著作以德国的老年救济法令为依据，将老年人年龄起点设定为 65 岁，主张一个国家或地区 65 岁及以上老年人口数量占总人口比例超过 7% 就是"老龄化社会"（aging society）；该项比例超过 14%，就会被认为进入了"老龄社会"（aged society）；如果超过 20%，则意味着进入了"超老龄社会"（super-aged society）。对此，维也纳世界老龄问题大会认为应将发展中国家的老龄化趋势纳入考虑范围，因此将 60 岁及以上者认定为老年人，并将老年人所占比例设定为 10% 以上②。近年来，学界中出现了应动态化理解人口老龄化概念的新见解，如以奥地利学者舍波夫（Scherbov）、桑德森（Sanderson）为代表的人口学家认为，随着预期寿命的持续延长，老年人的定义应有相应变化，建议按照"期望余寿" 15 年来倒推老年定义的年龄起点③；日本学者烧田党④也认为老龄化是一个相对概念，是社会人口结构的动态变化过程。

　　无论人口老龄化如何定义，人口对国家经济社会发展具有的重要意义毋庸

---

①　例如，我国人口老龄化的进程既受到人口转变的一般因素影响，也受到计划生育等特殊因素影响。学者们认为我国人口老龄化加速的原因在于计划生育政策加速了生育率的降低，另外还有经济社会发展带来的家庭生育决策的改变等。具体请参照陈彬《我国人口老龄化趋势及其影响》（2016 年）。

②　联合国. 第一次老龄问题世界大会［EB/OL］. 联合国中文网站，1982.

③　卢敏，彭希哲. 基于期望余寿理论的老年定义新思考与中国人口态势重新测算［J］. 人口学刊，2018，40（4）：6.

④　YAKITA A. Population Aging, Fertility and Social Security［M］. Berlin：Springer，2017.

置疑。厉克奥博等人①认为："人是经济发展主要的驱动力之一，经济增长离不开人力资源的开发和利用。"李志宏等人②指出："人口是国家经济社会发展的基础性、全局性、长期性和战略性要素。"而随着全球生育率下降、人类健康水平及预期寿命的普遍延长，人口老龄化正在成为21世纪人类社会共同面临的重要议题。那么，世界及日本的人口老龄化发展态势如何、日本的人口老龄化发展有何特征、老龄化背景下日本老年人的生活状况如何等，都是我们在探讨老年人社会参与问题之前应该了解的问题。本章将考察世界人口老龄化发展态势，探讨日本人口老龄化的特征及原因，并在此基础上，从收入和健康两个方面分析日本老年人的生活状况。

第一节　世界人口老龄化的发展态势

一、世界人口老龄化的发展与现状

20世纪50年代，世界人口总量约为25亿，其中65岁及以上人口比例（以下简称"老龄化率"）仅占5%左右。如果按照联合国1956年出版的《人口老龄化及其社会经济后果》的定义，当时进入"老龄化社会"的均为欧美发达国家，发展中国家的老龄化率还不到4%。法国、瑞典的老龄化率在1864年、1887年就已超过了7%，英国、德国则在20世纪20年代末30年代初便开始了老龄化进程，美国的老龄化发展稍晚于欧洲诸国，于1942年老龄化率首次突破7%（见表2-1）。而亚洲国家中最先开始老龄化进程的就是日本，从1920年首次实施人口普查到1955年，其老龄化率基本保持在5%左右，并未发生很大变动，但二战后人口年龄结构随着出生率及死亡率的急速下降发生了很大变化，1970年老龄化率超过了7.1%，开始步入"老龄化社会"的行列③。

---

① 厉克奥博，李稻葵，吴舒钰. 人口数量下降会导致经济增长放缓吗？——中国人力资源总量和经济长期增长潜力研究［J］. 人口研究，2022，46（6）：24.

② 李志宏，金牛. 实施积极应对人口老龄化国家战略——中国的路径选择与认知转向［J］. 南开学报（哲学社会科学版），2022（6）：11.

③ 安梅勒江、高山忠雄. 1993高龄化社会の现状［J］. 日本ロボット学会誌，1993，11（5）：602.

表 2-1　世界主要国家老龄化率的变化时间

国家或地区	老龄化社会（7%）	老龄社会（14%）	从老龄化社会进展到老龄社会所需时间（年）
法国	1864 年	1990 年	126
瑞典	1887 年	1972 年	85
英国	1929 年	1975 年	46
德国	1932 年	1972 年	40
美国	1942 年	2014 年	72
日本	1970 年	1994 年	24
韩国	2000 年	2018 年	18
中国	2002 年	2025 年	23

资料来源：笔者根据内阁府《令和 4 年版老龄社会白皮书》（2022 年）表 1-1-7 数据修改而成。

　　如果说人口老龄化在 21 世纪之前只是少数欧美发达国家的常态，那么 21 世纪之后就逐渐成为世界范围内普遍关注的焦点问题。从表 2-2 来看，2000 年世界总人口数量从 1950 年的 25.4 亿增至 60.6 亿，同期 65 岁及以上老年人口也由 1.3 亿增至 4.2 亿，其中发展中国家增长了约 1.8 亿。从老龄化率来看，发达国家从 1950 年的 7.7% 增至 14.3%，总体上老龄化程度加深。同期发展中国家的老龄化率平均仅为 5.1%，还未达到"老龄化社会"的标准，老龄化程度较轻，且进程明显慢于世界平均水平。但值得注意的是，亚洲地区的不少国家起步虽晚，但老龄化进展较快。例如，日本继 1994 年进入"老龄社会"后，2005 年又突破了 20%，已开始"超老龄社会"进程；韩国从 2000 年进入"老龄化社会"后，又于 2018 年进入"老龄社会"；中国也是在 2000 年 65 岁及以上老年人口增长到 8827 万，老龄化率提高到了 7%（见图 2-1、图 2-2）。

表 2-2 世界人口发展和变化趋势

类型	1950 年	2000 年	2020 年	2060 年
总人口（万人）	253643	605672	779480	1015147
65 岁及以上人口数量（万人）	12871	41842	72761	181040
其中：发达国家	6274	17033	24565	35734
其中：发展中国家	6597	24809	48196	145305
65 岁及以上人口比例（%）	5.1	6.9	9.3	17.8

续表

类型	1950 年	2000 年	2020 年	2060 年
其中：发达国家	7.7	14.3	19.3	28.2
其中：发展中国家	3.8	5.1	7.4	16.4

资料来源：2000 年数据源自内阁府《平成 12 年版老龄社会白皮书》（2000 年）表 2-1-18 数据，其他源自内阁府《令和 4 年版老龄社会白皮书》（2022 年）表 1-1-5 数据。

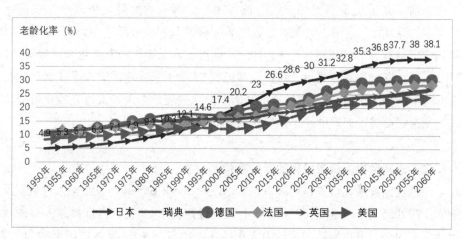

图 2-1 日本和主要欧美国家老龄化率变化图

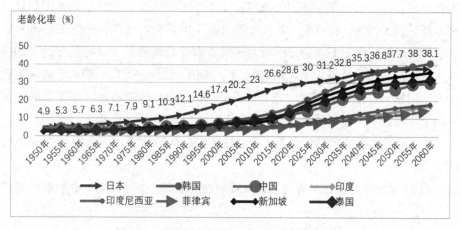

图 2-2 日本和主要亚洲国家老龄化率变化图

注：2020 年之后的数据为推测数据。

资料来源：笔者根据 United Nations. World Population Prospects 2019：Highlights（2019 年）数据制作而成。

到了 2020 年，世界人口总量进一步增长至 77.9 亿，其中 65 岁及以上人口也进一步增加了 3.1 亿，发达国家虽然仅增加了大约 7000 万，但平均老龄化率已达到 19.3%（见表 2-2）。人口老龄化较为严重的国家仍主要分布在欧洲地区，如意大利、葡萄牙、芬兰、希腊、德国、法国等国的老龄化率均超过了 20%，已进入"超老龄社会"。同期发展中国家的 65 岁及以上老年人口数量增长了 2.3 亿，增长态势不可谓不迅猛，老龄化率平均值也超过了 7%，总体上也已进入了"老龄化社会"。在亚洲地区，日本在 2020 年老龄化率达到了 28.6%，再次刷新了其历史最高纪录，位居世界第一；韩国的老龄化率进一步提高至 15.8%；新加坡、泰国、中国的老龄化率分别为 13.4%、13%、12%，暂时还未达到"老龄社会"的发展水平①；印度、印度尼西亚等国的老龄化率已接近 7%（图 2-2）。联合国数据显示，目前全球已有 99 个国家或地区进入了"老龄化社会"②。在越来越多的发展中国家也开始老龄化进程的今天，人口老龄化已成为人类社会需要共同面对的一个重要议题。

二、未来世界人口老龄化的发展趋势

根据美国智库人口资料局（Population Reference Bureau）发布的人口数据预测③，到 2035 年，全世界 60 岁及以上人口将达到 15.9 亿，占世界总人口的比例达到 17.8%，其中发达国家约为 3.9 亿（占比 30.5%），发展中国家约为 7.7 亿（占比 12.6%）。具体到国家或地区，英国、法国、德国等老牌欧洲老龄化国家的 60 岁及以上人口比例在 30% 左右，美国为 26.4%；亚洲地区的韩国和日本将分别达到 37.2%、40.7%，而"金砖国家"俄罗斯、巴西和中国也在 20% 以上，印度略低，约为 14%。另据联合国经济和社会事务部人口司发布的《2019 年人口展望》报告数据预测，到 2035 年，英国、法国、德国、瑞典、美国等欧美发达国家，以及日本、新加坡、泰国、韩国、中国等亚洲地区经济发展较快的国家均会进入"超老龄社会"，其中日本的 65 岁及以上老年人口比例将高达 32.8%，韩国也将接近 30%，即 3 人中就有 1 人为 65 岁及以上老年人（图 2-1、图 2-2）。

到 21 世纪中叶，在世界总人口继续增加的同时，由于预期寿命的继续延长

---

① 这里出现的中国的相关数据来源于联合国，与我国国家统计局公布的相关数据稍有差异。

② United Nations. World population prospects 2019：highlights［R/OL］. United Nations，2019 -11-24.

③ Population Reference Bureau. 2021 world population data sheet［EB/OL］. Population Reference Bureau，2022-11-20.

和生育水平的不断下降①，世界人口老龄化趋势将会愈加显著。2050 年，居住在欧洲和北美的 1/4 的人可能年满 65 岁，包括北非和西亚、中亚和南亚、东亚和东南亚以及拉丁美洲和加勒比在内的多地区 65 岁及以上人口比例将翻番，同期全球 80 岁及以上的人口将增加 2 倍，从 2019 年的约 1.4 亿增加到 2050 年的约 4.3 亿②。如表 2-2 所示，到 2060 年，全球 65 岁及以上人口继续增至 18.1 亿，其中发展中国家的老年人人口增速更为明显，占八成以上，将达到 14.5 亿。同期，发达国家的老龄化程度继续加深，平均老龄化率为 28.2%，总体进入"超老龄社会"，而发展中国家的老龄化率平均增至 16.4%，也将进一步进入"老龄社会"的发展进程中。其中，英国、法国、德国、瑞典、美国等欧美发达国家将维持 20%~30% 的老龄化率，亚洲地区的韩国将赶超日本，中国也将达到 26.1%。可见，未来全球范围内的人口老龄化趋势已不可逆转。

第二节　日本人口老龄化的特征及成因

一、人口老龄化的特征分析

与欧美主要发达国家相比，日本的人口老龄化发展明显具备以下特征。一是人口老龄化程度显著高于前者。内阁府发布的《令和 4 年老龄社会白皮书》③显示，截至 2021 年 10 月 1 日，日本总人口约为 1.3 亿，其中 65 岁及以上老年人为 3621 万，老龄化率高达 28.9%，也就是说每 4 个人中就有 1 人是 65 岁及以上老年人。从图 2-1、图 2-2 可以看出，不用说亚洲诸国，目前老龄化先行国家瑞典、德国、法国的老龄化率分别为 20.3%、21.7% 和 20.8%，英国和美国还不到 20%，均低于日本的老龄化水平。从发展态势来看，日本的老龄化率已多年位居世界第一，且据预测该趋势会一直持续到 21 世纪中叶。

不仅如此，日本的老年人口同时具备"高龄化"特征。在日本，一般将 65

---

① 该报告预测世界人口将继续增长，但各地区的增长率差别很大，预计到 2050 年，印度、尼日利亚、巴基斯坦等 9 个国家将占全球人口增长的一半以上，但澳大利亚和新西兰、中亚和南亚、拉丁美洲和加勒比、东亚和东南亚、欧洲和北美等地区人口增长率可能较低。同时，预计全球生育率从 1990 年的 3.2 下降到 2050 年的 2.2。具体请参照 United Nations. World Population Prospects 2019：Highlights（2019 年）。

② United Nations. World population prospects 2019：highlights［R/OL］. United Nations，2019 -11-24.

③ 内阁府. 令和 4 年版高龄社会白书［R/OL］. 内阁府ホームページ，2022.

岁及以上老年人分为"前期老年人"（65~74 岁）和"后期老年人"（75 岁及以上）。"后期老年人"的增幅较大，2021 年为 1867 万人，占总人口的比例从 1950 年的 1.3% 提高至 14.9%，预计到 2065 年将进一步增至 25.5%；在 65 岁及以上老年总人口所占比例也从 1950 年的 25.7% 提高至 51.6%，已超过"前期老年人"占比，预计到 2065 年将继续增至 66.5%。随着营养状况的改善、卫生及教育水平的提高、生活方式的转变等，人类的衰老进程虽然逐渐变慢，但大多数老年人的独立生活能力仍将随着年龄增长而下降。根据《护理保险事业状况报告》①，目前日本 65~74 岁护理保险参保者被认定为"需要支援"和"需要护理"的比例仅为 1.4% 和 2.9%，而 75 岁及以上者的比例却有 8.8% 和 23.1%，显然医疗及长期护理需求的增加也将导致社会安全成本的增加。因此，从日本人口老龄化和"高龄化"同步发展的态势来看，日本已是名副其实的"超老龄社会"，同时也是目前世界上老龄化程度最严重的国家。

　　日本的人口老龄化较之欧美主要发达国家的又一特征是人口老龄化速度快。人口衰老的速度一般是通过老龄化率从 7%（"老龄化社会"）到 14%（"老龄社会"）所需的年限来衡量的（见表 2-1）。1950 年，日本 65 岁及以上的人口还不到总人口的 5%，但 1970 年突破 7% 之后经历了人口老龄化的快速发展。1994 年，日本的老龄化率超过了 14%，这意味着在 1970 年至 1994 年的 24 年间，日本从一个"老龄化社会"迅速过渡到了"老龄社会"。相比之下，比日本早一步进入老龄化社会阶段的欧洲国家则花了 40 到 100 多年的时间才完成了这一过程的转变，其中英国、德国分别用了 46 年、40 年，法国、瑞典更是分别用了 126 年、85 年，北美地区的美国也是用了 72 年的时间才完成了这一转变。可以看出，日本的人口老龄化速度远快于欧美发达国家。不过，值得注意的是日本人口老龄化的快速发展与经济的快速增长同步而行，在 20 世纪 50 年代初期，日本的人均收入不到美国的 20%，但从 50 年代中期之后的大约 20 年间里，日本实现了年均 10% 的高速增长，到了 70 年代中后期，人均 GDP（国民生产总值）已接近美国的 60%，此后又经过了近 10 年年均 5% 左右的中高速增长，在 90 年代初期，日本的人均 GDP 已达到美国的 80% 以上②。可以说，日本的人口老龄化与经济社会的发展几乎是同步实现的。

---

① 厚生労働省. 令和元年度介護保険事業状況報告（年報）[R/OL]. 厚生労働省ホームページ, 2019.
② 伊藤隆敏, 星岳雄. 繁荣与停滞：日本经济发展和转型 [M]. 郭金兴译. 北京：中信出版集团, 2022.

二、人口老龄化的成因分析

日本的人口老龄化之所以进展迅猛，一方面是由于二战后生活环境的改善、膳食营养水平的提高以及医疗技术的进步等，人口死亡率大幅下降，而平均寿命得到大幅延长。根据内阁府《令和 4 年版老龄社会白皮书》① 数据，从标准化死亡率②的推移来看，二战后日本人无论男女均呈现下降趋势，2020 年男性、女性的标准化死亡率分别从 1947 年的 23.6%、18.3%降至 13.3%、7.2%，同时平均寿命从 1950 年的 58 岁、61.5 岁升至 81.56 岁、87.71 岁。而随着平均寿命的延长，老年人口的基数必然会越来越大，进一步推动了老龄化进程的加剧。据《老龄社会白皮书》的预测，日本未来平均寿命仍将呈现上升态势，到 2065 年将达到 84.95 岁和 91.35 岁。

日本人口老龄化程度高的另一方面原因则是生育水平的低下。如果说寿命延长是影响人口老龄化的积极因素，那么超低生育水平就是其消极因素了。在日本，由于受到经济增长趋缓导致的育儿成本昂贵、晚婚化等诸多因素的影响，近年来总和生育率③持续降低，年少人口日益减少，即少子化程度正在逐年加深。日本在二战后经历了两次婴儿潮（即生育高峰期），1949 年总和生育率一度高达 4.32，从 20 世纪 50 年代中期到 70 年代中期的大约 20 年的时间里，总和生育率基本维持着平稳上升的动态，但之后连续多年呈现下滑趋势，2005 年时降至历史最低的 1.26，而一般认为发达国家的该项指标应维持在 2.1 左右才趋于合理。之后虽有些许上升，到 2020 年也不过 1.33。目前，14 岁及以下年少人口约为 1500 万，不到总人口的 12%。据推测，今后少子化进程仍将继续，日本总人口也将呈现长期减少趋势。预计到 2055 年，总人口将跌破 1 亿大关，降至 9744 万，届时 14 岁及以下年少人口将降至 1012 万；到 2065 年，年少人口将减少到现在的一半左右（见图 2-3）。可以看出，日本的人口老龄化与少子化也几乎是在同步发展。

---

① 内閣府. 令和 4 年版高齢社会白書［R/OL］. 内閣府ホームページ，2022.

② 标准化死亡率（standardized mortality rate）也称按年龄调整的死亡率，是用同一年龄构成作为权数来计算不同地区、不同时期的人口死亡率。由于不同地区的人口年龄构成不同，死亡率水平也不相同，人口学一般采用标准化死亡率的方法来把握死亡率的真实情况。

③ 总和生育率（total fertility rate）是指一个国家或地区的女性在育龄期间（一般为 15 岁到 49 岁之间）平均生育的子女数。根据联合国的定义，少子化是一个国家或地区的总和生育率长期低于标准为 2.1 的人口置换水平。

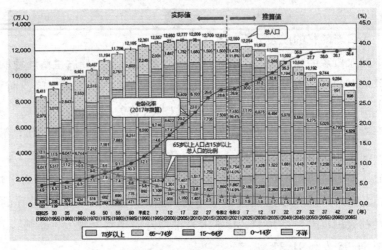

图2-3 日本老龄化率的变化及未来推算

资料来源：笔者根据内阁府《令和4年老龄社会白皮书》（2022年）图1-1-2修改而成。

第三节 日本老年人的生活状况

如前所述，预期寿命的持续延长和生育率的不断降低直接导致了日本人口老龄化程度的加深。依据图2-3数据的计算结果，自20世纪50年代以来，日本的老年抚养比①一直处于上升态势。1950年仅为8.3%，到刚进入"老龄化社会"的1970年增至10.3%，2000年已达25.3%，到2020年更是高达48.0%，预计到2035年将会继续增至58.2%，2065年将达到74.7%，也就是说届时将会出现每4个劳动年龄人口平均要抚养3个65岁及以上老年人的局面。在未来人口老龄化趋势难以缓解的情况下，如此沉重的老年抚养比显然会加重老年赡养负担，为日本的年金制度乃至整个社会保障体系等带来巨大挑战。

日本早在20世纪60年代起就已开始实施"国民皆保险""国民皆年金"体制，近年来为减少年金等老年相关支出、缓解社会保障体系以及国家财政的压力，更是在年金、雇用、医疗等多方面不断大力推行相关制度改革来予以应对。

---

① 老年人口抚养比也称老年人口抚养系数，指的是某一国家或地区的老年人口数与劳动年龄人口数之比，通常用百分比表示。劳动年龄人口是社会总人口中处于劳动年龄范围内的人口，国际上一般把15~64岁列为劳动年龄人口，日本也是如此。但在我国，男性16~60周岁、女性16~55周岁人口均被视为劳动年龄人口。

以下结合公共年金制度及医疗保险制度改革，从收入和健康两个方面分析日本老年人的生活状况。

一、老年人的经济状况及公共年金福利

（一）老年人的经济状况及相对贫困问题

日本老年人的收入水平在二战后大致呈现三个发展阶段，即 20 世纪 50 年代到 20 世纪 60 年代中期的渐进增长阶段，在日本经济高速增长的 20 世纪 60 年代后期到 20 世纪 80 年代中期的加速增长阶段，以及 20 世纪 80 年代后期至今的缓慢乃至负增长阶段①。从厚生劳动省公布的《国民生活基础调查》② 数据来看，日本老年家庭可支配平均收入③在 1995 年为 333.8 万日元，只有全国平均水平的一半左右，之后经过一番增减后，2018 年降至 312.6 万日元，同期全国水平亦处于缓慢增减态势，在 2018 年为 552.3 万日元，仍然比老年家庭的该项数据高出 76.7%（图 2-4）。这一点从人均可支配收入的变化来看更加显著，日本老年家庭的人均可支配收入在 1995 年为 208.3 万日元，低于全国平均水平 3.7%，到 2018 年仅增至 218.5 万日元，而同期全国平均水平则达到 290 万日元，比老年家庭的该项数据高出 32.7%。可见，日本老年家庭人均可支配收入水平不仅一直低于全国平均水平，而且差距还在逐渐扩大。目前，全国老年家庭约有 2581 万户，占全部家庭的 49.7%，其中年收入水平中以 "100 万~150 万日元未满" "150 万~200 万日元未满" 者居多，占比均超过 12%，加上收入在 "100 万日元以下" 的家庭，比例共计 37% 左右。世界银行认为收入只有或少于平均收入的 1/3 的社会成员便可以视为相对贫困，如果按照该标准估算，可以说约有四成的日本老年成员家庭处于相对贫困状态④。

从老年人自身因素来看，进入年金生活前的生活储备不足以及老年期间的

---

① 张士斌. 日本老年人收入演进中的分配政策变革与借鉴 [J]. 现代日本经济，2022，41（6）：79-80.

② 厚生労働省. 国民生活基礎調査 [DB/OL]. 厚生労働省ホームページ，2022-11-20.

③ 家庭可支配收入是指从家庭收入中扣除税收和社会保险费后的实得工资。这里的 "老年家庭" 指的是 65 岁及以上老年人夫妇组成的家庭或加上未满 18 岁未婚孩子组成的三口之家，1995 年数据的老年家庭中，老年女性指的是 60 岁及以上女性。另外，家庭人均可支配收入是指一个家庭的可支配收入除以家庭成员数量的平方根，以调整家庭成员数量的差异。

④ 相对贫困是指在一个国家或地区的标准内进行比较时，比大多数人更贫困的状态，也是高收入国家面临的主要贫困形式。就收入而言，一般是指一个家庭的收入低于该国可支配收入中位数（贫困线）一半的情况。

收入来源有限，再加上护理等医疗负担加重及其他家庭支出增加等，均有可能导致老年人的相对贫困。仅就存款而言，有民间机构调查发现，在进入年金生活之前需要准备的最低存款金额平均为 2016 万日元，但由于 20 世纪 90 年代初泡沫破裂、日本经济出现大倒退，很多人遭遇大规模的裁员潮，无法进行家庭存款储备①。根据总务省统计局的相关调查，2020 年老年家庭的平均存款金额为 2324 万日元，但值得注意的是，其中存款金额在 2000 万日元以下的约占六成，甚至有 7.9% 的家庭存款低于 100 万日元，而存款在 4000 万日元以上者却有 17.3%②，可见老年人在自身的生活储备方面存在两极分化现象。

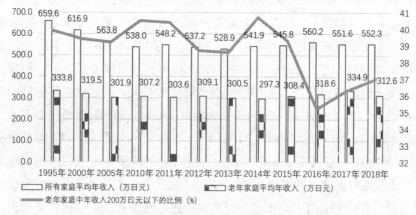

图 2-4　1995—2018 年日本家庭平均年收入的变化

注：这里的"老年家庭"指的是 65 岁及以上老年人夫妇组成的家庭或加上未满 18 岁未婚孩子组成的三口之家。1995 年数据的老年家庭中，老年女性指的是 60 岁及以上女性。

资料来源：笔者根据厚生劳动省公布的各年度《国民生活基础调查》数据制作而成。

（二）老年人的公共年金福利

日本老年人的经济收入来源主要包括公共转移收入（公共年金及其他养老保障收入）、劳动工资收入、财产性收入及其他收入（如家庭内部转移等）四个部分。虽然日本在 1941 年就已针对民间劳动者颁布了《年金保险法》，但由于

---

①　金融広報中央委員会. 家計の金融行動に関する世論調査［二人以上世帯調査］（平成 28 年）［EB/OL］. 知るぽると-金融広報中央委員会ホームページ，2018-06-14.
②　内閣府. 令和 4 年版高齢社会白書［R/OL］. 内閣府ホームページ，2022.

保险覆盖率较低、支付规模较小以及不同职业间年金待遇差距较大等①，在 20世纪 60 年代之前，公共年金对老年群体的经济收入贡献都很有限，大部分老年人仍然主要依靠自身储蓄、劳动收入以及家人的转移支付满足经济生活所需。1961 年日本正式实施《国民年金法》之后，随着保险覆盖率及年金支付标准的大幅提高，公共年金支出在 1964—1990 年人均增长了近 28 倍，年金支出总量在GDP 中占比也从 1.0% 提高到 5.3%②，年金所得开始成为老年人收入的主要来源。20 世纪 80 年代以后，日本的年金制度经历了多次大规模改革，尤其是在2015 年雇员年金一元化法案③实施后，原本各职业群体之间差异较大的年金待遇问题逐步得到缓解。

目前，日本已形成三个层次的养老保障体系，即覆盖全民的国民年金（基础年金）制度、覆盖全部职员（包括公务员、公共部门职员、企业职员）的厚生年金制度及各种非强制性的补充福利（包括雇主为其职员设立的职业年金、一次性退职金等）④。在此过程中，日本老年人对公共年金制度的依赖愈发显著。从各年度《国民生活基础调查》数据来看，在 1995 年的每户老年家庭平均收入中，年金等公共转移收入占比 55.1%，其次是劳动工作所得占 33.4%，之后虽然曾有数次增减变化，但到了 2021 年，年金等公共转移收入达到 207.4 万日元，所占比例也增至 62.3%，而同期劳动工作所得占比则减至 21.5%⑤。

就目前的日本公共年金制度下的福利而言，2022 年国民年金的支付水平为

---

① 日本的公共年金制度的建立最早可追溯至明治维新时期，1875 年日本政府为军人建立了年金制度，并于 1884 年将该制度扩大到公务员群体，筹资全部由政府税收承担。随后，各类公共部门机构也建立起不同的共济组合，由职员和公司共同缴费。在 1920 年前后，日本已基本建立起覆盖公务员、中央部门职员的公共部门年金制度。在私立部门，日本政府 1940 年开始导入海员保险，1942 年又为 10 人以上规模的私营企业男性蓝领工人建立了养老保险制度（即厚生年金的前身）。但是，当时各种年金制度依据职业、身份等待遇差距很大，这种差距在二战后很长时间内都没有得到妥善解决。具体请参考朱恒鹏、潘雨晴、孙梦婷《缴费给家乡的父母养老——制度结构约束下日韩养老金体系演进的共性与差异》，国际经济评论，2023（3）。
② 张士斌. 日本老年人收入演进中的分配政策变革与借鉴 [J]. 现代日本经济，2022，41（6）：80-82.
③ 因年金待遇在各职业群体之间存在的较大差异一直为人诟病，日本政府为此进行了多次改革。2015 年实施的雇员年金一元化法案将公务员及私立学校老师的共济组合并入厚生年金，原本由其独享的职业附加公共福利也被废除，这一举措进一步促进了日本公共年金制度从分散走向统一。
④ 朱恒鹏，潘雨晴，孙梦婷. 缴费给家乡的父母养老——制度结构约束下日韩养老金体系演进的共性与差异 [J]. 国际经济评论，2023，165（3）：139.
⑤ 厚生劳动省. 国民生活基础调查 [DB/OL]. 厚生劳动省ホームページ，2022-11-20.

每月每人 64816 日元，厚生年金（包括已婚夫妇基本年金在内的标准年金金额）为每月 219593 日元，全国约有 4051 万人已获得领取公共年金福利的权利，就老年家庭而言，约 60% 的收入来自公共年金，约 50% 的家庭完全依靠公共年金的收入生活①。该数据一方面表明年金福利在支持老年人的基本经济生活需求方面发挥了重要作用，另一方面也意味着不少老年人收入来源过于单一，一旦遇到生活储备不足、医疗负担加重或者其他家庭支出增加的情况，有的可能难以维持正常的生活需求。实际上，在厚生劳动省有关国民生活意识的调查中②，约有一半的老年家庭认为"生活困难"，如果加上认为"生计有些困难"的老年家庭，其比例则高达 60.4%，高于全国平均水平 8.7 个百分点。

老年群体的相对贫困一直是困扰日本这个超老龄社会的严重问题之一。学者唐镰直义③认为从老年阶层的年收入来看，近一半的老年人可能会成为社会孤立的预备军；阿部彩④通过问卷调查结果，也强调贫困者比非贫困者超出约 4 倍的概率会受到社会排斥。而根据东京都检查医务院的统计，2020 年东京都 23 区内 65 岁及以上单身生活老年人在自己居所的死亡人数就有 4238 人⑤，这也进一步佐证了学者们的观点。另外，不少学者认为日本老年人的相对贫困率会随着年龄的增长而不断提高，在巨大的经济压力下，部分生活困苦的老年人甚至会走上犯罪的道路⑥。由于老年人较之年轻人更容易陷入贫困，且一旦陷入贫困，很难依靠自身力量走出来，国家、社会及家庭的援助就显得尤为重要。根据日本各年度《老龄社会白皮书》数据，近年来接受生活救助的 65 岁及以上人口一直呈现缓慢增长态势，2019 年为 105 万人，在接受救助总人口中所占比例为 51.2%，较之 21 世纪初期增加了大约 60 万人，占比也增加了 10% 以上。

（三）公共年金制度的最新改革动向

为缓解老年群体的相对贫困问题，进一步增加老年人经济收入，日本政府

---

① 厚生労働省. 令和 4 年版厚生労働白書-社会保障を支える人材の確保［R/OL］. 厚生労働省ホームページ, 2021.

② 厚生労働省. 2021 年国民生活基礎調査の概況［DB/OL］. 厚生労働省ホームページ, 2022-11-20.

③ 唐鎌直義. 公的年金［M］//江口英一编著. 生活分析から福祉へ—社会福祉の生活理論. 東京：光生館, 1998：148.

④ 阿部彩. 包摂社会の中の社会的孤立-他県からの移住者に注目して［J］. 社会科学研究, 2014, 65（1）：26.

⑤ 内閣府. 令和 4 年版高齢社会白書［R/OL］. 内閣府ホームページ, 2022.

⑥ 高强, 李洁琼, 孔祥智. 日本高齢者"孤独死"现象解析及对中国的启示［J］. 人口学刊, 2014, 36（1）：43-44.

除采取促进老年人再就业以增加其劳动工资收入等举措外①，对年金制度也进行了更深层次的改革。2020 年，日本政府颁布《为加强年金制度功能的国民年金法等法律修正法》（以下简称"2020 年修正法"）。2020 年修正法至少涉及以下三个方面的内容②。

一是扩大保险覆盖范围。自 2022 年 10 月起，保险覆盖范围扩大到 100 名以上职员规模的企业，2024 年 10 月将进一步扩大到 50 名以上职员规模的企业，5 名或以上职员的律师、税务会计等个人事务所也被包含其中。如此一来，如果短时间劳动者（即短工）作为国民年金第 1 号被保险人加入保险，将不再支付国民年金保险费和国民健康保险费，只要支付厚生年金保险费和健康保险费即可，且其中一半的保费将由雇主负担；如果作为国民年金第 3 号被保险人（家庭主妇或丈夫）加入保险，虽会产生新的保费负担，但除了未来会有更丰厚的年金保障外，还将增加劳动工资收入，而不必再担心作为被抚养人的收入门槛③。

二是导入"在职定期修订制度"（2022 年 4 月生效）。在之前的规定中，如果老年人在已获得厚生年金领取权后再就业，就需要将领取年金后的投保期加入其退休或达到 70 岁的期限中，以此修改厚生年金的领取额度。新法案导入"在职定期修订制度"后，65 岁及以上厚生年金领取者如果仍然在职，每年 10 月均可对年金领取额度进行修改，这就有效避免了在职老年人因投保期变动造成的年金损失。

三是修订"在职老龄年金制度"（2022 年 4 月生效）。该制度之前规定，如果支付给 60~64 岁在职老年人的月工资达到 28 万日元，就不予支付特殊老龄厚生年金，现在月工资额度提高到与 65 岁及以上老年人相同的 47 万日元。也就是说，在该制度下，老年人选择再就业时的工资上限得到了进一步提高，这对于增加老年人经济收入有直接的推动作用。同时，之前的年金制度规定原则上可以从 65 岁开始领取，如果愿意的话，也可以在 60 岁到 70 岁之间选择开始领

---

① 关于日本政府在老年就业方面的具体举措以及老年就业问题，具体请参照本书第三章和第四章。

② 厚生劳働省. 令和 4 年版厚生劳働白書-社会保障を支える人材の確保［R/OL］. 厚生劳働省ホームページ，2021.

③ 根据日本国民年金的相关规定，如果家庭主妇（或丈夫）作为国民年金第 3 号被保险人加入国民年金，其年劳动工作收入不能超过 130 万日元的上限。

取的时间，领取时间越晚年金额度越高①。在此次修订中，开始领取年金的时间上限从 2022 年 4 月起提高至 75 岁，进一步扩大了老年人的领取时间选择，也增加了可能领取的年金额度。

此外，今后政府还将继续实施年金领取者支援补助金制度。该制度于 2019 年 10 月开始实施，以每月 5000 日元为基准，在年金之外支付，主要是为依靠年金的低收入老年人、残疾人以及其他即使领取年金但仍生活贫困的人提供经济援助。该补助金制度规定由本人申请并获得认定方可领取，正在领取的人如果符合条件仍可继续领取。

二、老年人的健康状况及公共医疗福利

（一）老年人的健康状况及医疗保险制度

日本在全球人均寿命排名中已多年位居前列，厚生劳动省的调查数据显示，2019 年日本男性、女性的平均寿命分别为 81.41 岁和 87.45 岁②。同时，日本人的健康寿命即无须护理等即可健康度过日常生活的寿命自开始统计的 2001 年起，也一直处于稳步增长态势，2019 年男性、女性的健康寿命分别为 72.68 岁、75.38 岁，较之 2001 年分别增长了 3.28 岁和 2.73 岁（见图 2-5）。另据日本运动厅发布的《令和 3 年版体力和运动能力调查报告》③，65~79 岁老年人的握力、仰卧起坐、坐位体前屈、睁眼单腿站立、10 米障碍物行走、6 分钟步行等 6 项内容的测试总分，自 2002 年起无论男女均呈现上升趋势，从年龄层来看，2020 年 65~69 岁男性、女性的测试总分最高，均在 42 分以上，75~79 岁女性的测试总分提高幅度最大，2020 年为 36.2 分，较之 2002 年提高了 4.8 分。在 2020 年内阁府开展的有关老年人生活和意识的国际比较调查中④，虽然回答"健康"的比例（50.8%）远低于美国（70.5%）和瑞典（67.1%），但回答"虽然不太健康，但没有生病"的比例（40.9%）较高，二者合计达到 91.7%，

---

① 在修订前，老年人如果在 65 岁之前领取年金，提前一个月领取会减少 0.5%，最多减少 30%；在 2022 年 4 月以后，领取金额每提前一个月减 0.4%，最多减少 24%。相反，如果 66 岁以后领取，晚一个月领取会增加 0.7% 的领取金额，按此计算的话，如果改为 75 岁，增加额度将超过 80%。具体请参考池田幸代《年金制度的结构与特征》（2021 年）。

② 内閣府. 令和 4 年版高齢社会白書 [R/OL]. 内閣府ホームページ, 2022.

③ スポーツ庁. 令和 3 年度体力・運動能力調査報告書 [EB/OL]. スポーツ庁ホームページ, 2022-10.

④ 该项调查自 1980 年起每五年开展一次，最新调查是 2020 年进行的第 9 次调查。具体请参照内阁府《第 9 次老年人生活与意识的国际比较调查》（2021 年）。

和美国（94.3%）、瑞典（90.7%）等国的差距并不明显①。可以说，在主要发达国家中，日本老年人的健康发展状况也属于较高水平。

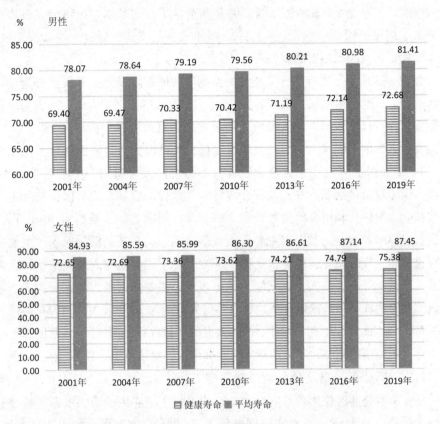

图 2-5 2001—2019 年日本健康寿命和平均寿命的变化

资料来源：笔者根据内阁府《令和 4 年老龄社会白皮书》（2022 年）图 1-2-2-2
修改而成。原图数据源自厚生劳动省相关调查数据。

日本老年人良好的健康状况除了和老年人自身的健康意识、日常饮食习惯等密切相关，国家完善的老年医疗保障制度也为超老龄社会下老年人特殊的医疗护理需求提供了可能。日本的医疗保险制度（以下简称"医保制度"）起源

---

① 内閣府. 高齢者の生活と意識に関する国際比較調査（第 9 回）［R/OL］. 内閣府ホームページ，2021.

于 1922 年以德国医保制度为原型设立的《健康保险法》，之后几经改革①，于1938 年正式颁布了《国民健康保险法》，到 1943 年已有 74.6% 的国民加入公共医保制度②，为二战后日本医保制度的复苏奠定了坚实基础。1958 年，日本出台新的《国民健康保险法》，并于 1961 年正式开始实施，通过全民参保形式，基本实现了公共医保制度的全民覆盖。

如表 2-3 所示，现行的日本公共医保制度按照职业及年龄等大致分为以下三种类型。一是高龄医保，主要参保对象为 75 岁及以上老年人，以个人为单位参保，其保费标准依据老年人的收入情况确定，目前参保人数约为 1803 万人，占总参保人数的 15.7% 左右。二是职员医保，又可细分为共济医保（适用于公务员）、组合医保（适用于大企业职员）和协会医保（适用于中小企业职员）三类，保障对象包括职员本人及符合被抚养人条件的家属，职员医保与其工资直接挂钩，由职员和用人单位各负责 50% 保费，目前参保人数约为 7013 万人，占比超过 60%，也是三类医保中参保人数最多的一类。三是国民医保，主要参保对象为非正规劳动者、自营职业者、74 岁及以下退休老年人及其他不符合第一和第二类参保条件的人，以家庭为单位参保，主要依据各户的家庭收入、家庭资产及家庭成员数等确定保费，目前参保人数约为 2660 万人，约占总参保人数的 23.2%。此外，还有一种针对低收人群的"医疗扶助制度"，该制度属于最低生活保障制度的范畴，其医药费支出全部由国家财政负担。

（二）高龄医保制度的发展与现状

从日本的公共医保体系可以看出，65 岁及以上老年人的医保根据年龄被分为两大部分。一是 65~74 岁"前期老年人"，如果仍在职可以加入职员医保，如果已退休离开职场，就可以加入国民医保；二是高龄医保，即在全民医保的大框架下专门为 75 岁及以上"后期老年人"提供的特殊医保制度。此外，二者中的低收入者经认定后，也可加入"医疗扶助制度"。在这三层保障体系下，无论老年人的年龄、职业、身份如何，基本可实现公共医疗保障的全员覆盖。

---

① 《健康保险法》于 1927 年针对《工厂法》和《矿业法》覆盖的劳动者正式开始实施，之后被保险人的覆盖范围不断扩大，1935 年开始向其他蓝领阶层拓展，1939 年，日本政府又颁布了以白领职员为保险对象的《职员健康保险法》。1942 年，政府将两法合并，将被保险人的家属也纳入医保范围。以此为基础，日本于 1938 年正式颁布《国民健康保险法》。

② 蒋浩琛，李珍. 从参保机制看日本医疗保险制度的经验与教训［J］. 社会保障研究，2021（5）：104-105.

表 2-3　日本的公共医疗保障类型的现状

医保类型	国民医保	职员医保			高龄医保
		协会医保	组合医保	共济医保	
保险机构数/个	1716	1	1388	85	47
参保人数/万人	2660	4044	2884	85	1803
参保人平均年龄/岁	53.6	38.1	35.2	32.9	82.5
65~74 岁参保人比例/%	43.6	7.7	3.4	1.4	1.7
年度人均医疗费/万日元	37.9	18.6	16.4	16.3	95.4
年度人均收入/万日元	86	159	227	248	86
年度人均缴费/万日元	8.9	11.9	13.2	14.4	7.2
公费负担情况	保险费支出的 50%+保险费减免	保险费支出的 16.4%	对后期老年人支援金等的补助	无	保险费支出的约 50%+保险费减免
公费负担额度/亿日元	43034	12360	725	无	85885

注：（1）参保人数、参保人平均年龄、65~75 岁参保人比例、年度人均医疗费、年度人均收入、年度人均缴费为 2019 年数据，保险机构数为 2020 年 3 月末数据，公费负担额度以 2022 年预算为基础。

（2）职员医保中不包含退休职员，因此，职员医保中的 65~74 岁参保人是指这一年龄段仍在就业的职员或符合条件的职员被赡养人。

（3）高龄医保主要针对 75 岁及以上老年人，但年龄在 65~74 岁且有残障的老人被认定后也可加入该医保，因此，该医保中也有部分 65~74 岁的老年人。

资料来源：笔者根据厚生劳动省《令和元年国民健康和营养调查报告》（2021 年）修改而成。

高龄医保源于 1973 年针对 70 岁及以上老年人实施的免费医疗制度，该制度原本是为了提高"后期老年人"的医疗福利，但却导致老年人经常光顾医院，甚至长期住院的现象频发，致使老年人口的医疗支出急剧增加，已从 1973 年的 4289 亿日元增至 1983 年的 33185 亿日元[1]，再加上 1974 年石油危机以后日本经

---

① 小林成隆，西川義明. 後期高齢者医療制度の混乱をめぐって-個人と世帯の視点から検証［J］. 名古屋文理大学紀要，2009（9）：26.

济增速减慢，免费医疗制度逐渐面临严峻的财务困境。为此，社会开始普遍认为老年人也应承担一定保费比例，于是日本政府在 1983 年建立了老年保健制度，规定老年人缴费比例为 10%，其他资金再由其他年轻参保者和各级政府以7∶3 的比例分担筹措。但该制度收效不大，日本的医疗卫生支出在一般财政支出中所占比例一直在持续上升，从 1980 年的 11.7% 增至 2007 年的 17.9%①。为此，日本政府不得不继续进行医保改革，2008 年将 75 岁及以上"后期老年人"单列出来，成立了专门的高龄医保制度。虽然在支付端，高龄医保的参保者所享受的医药服务种类、医疗机构、报销政策等所有医疗服务与其他类型医保并无差别，但在以下几个方面存在着其特殊性：在参保人方面，当其他类型医保的参保人年龄到达 75 岁时，除被认定为享受"医疗扶助制度"的老年人外，都会被强制性地转入高龄医保；在自付比例方面，参保人以个人名义参保，只要在规定收入限额以内，自付比例一般为 10%，而其他医保类型多为 30%；在筹资方面，来自保费的资金仅占 10%，其他主要来自政府转移支付和其他医保制度的援助金，二者各占比 50% 和 40%②。

日本选择为 75 岁及以上的"后期老年人"建立相对独立的医保制度，仍是人口老龄化程度不断加深下、力求减轻政府财政压力的一项重要举措。如前所述，日本"后期老年人"人口总量在 2021 年为 1867 万，在 65 岁及以上老年总人口中占比已超过一半，预计到 2065 年将继续增至六成以上。该群体作为医疗服务的使用主体，其人均医疗费支出在 2019 年达到 95.4 万日元，分别是国民医保、职员医保参保者的 2.5 倍和 5.6 倍（见表 2-3）。如此庞大的医疗开支显然对国家财政是一个巨大挑战，同时由于高龄医保参保者的年人均收入相对较低，仅靠其个人缴纳的保费显然更是无法维持。因此，高龄医保的筹资除依靠政府转移支付外，主要依靠其他医保制度的援助金，也就是说高龄医保作为规避"后期老年人"的年龄风险而建立的医保制度，很大一部分是通过把支付负担转移给相对年轻的其他医保制度的参保者，也就是代际转移来实现的。除年龄差距外，收入差距也是日本公共医保制度的重要调节因素。如在公共医保覆盖的医疗支出中，70~74 岁患者的自费比例为 20%，75 岁以上者为 10%，但如果 70~74 岁、75 岁以上老年人家庭的年收入高于 520 万日元或者单身者的年收入高

---

① 厚生労働省. 医療保険制度の財政状況［DB/OL］. 厚生労働省ホームページ, 2007.
② 吴妮娜，高广颖，李莲花等. 老龄化背景下日本医保体系与卫生体系的协同变革与启示［J］. 中国卫生政策研究, 2021, 14 (11)：73.

于 383 万日元，自费比例也将会被提高到 30%，待遇等同于其他医保类型的参保者①。

高龄医保为提高"后期老年人"的医疗福利做出了重要贡献，正如学者们指出的那样，日本的医保模式是适应筹资可持续性风险和高龄者灾难性疾病经济负担的改革措施，"提高了老年人卫生服务在经济上的可及性"②。但也有学者认为日本的高龄医保制度破坏了传统家庭的羁绊，给"工作一代"带来的负担过重③，同时也加剧了公共医保制度的碎片化和复杂程度④。

实际上，在日本少子化程度不断加深、劳动年龄人口不断减少的发展态势下，高达四成的筹资比例依靠代际转移的高龄医保制度，未来极有可能会面临难以为继的局面。日本政府认为有必要"审查现有的社会保障制度结构（即对劳动年龄人口提供的福利较少，侧重于老年人福利，负担主要由劳动年龄人口承担）"，建立一个"面向所有年龄层的（公平的）社会保障制度"⑤。在 2021 年颁布的《以建立全社会保障体系为目标的健康保险法等修正法》中，政府指出现行的高龄医保支付体系必须得到"工作一代"的理解，让更多的人作为援助一方努力工作，并强调应当让"后期老年人"根据自己的能力负担医疗支出，以减轻"工作一代"的压力。该修正法规定从 2022 年 10 月起，应税收入在 28 万日元以上且单身者年收入在 200 万日元以上或夫妇年收入合计在 320 万日元以上的"后期老年人"，需要支付总费用的 20%⑥。可见，未来随着日本人口老龄化和少子化的持续加剧，"后期老年人"需要分担的医疗支出比例可能还会进一步增加。对日本政府来说，如何在维持高龄医保制度有效运行的基础上，合理解决代际互助问题显然仍是一个需要继续深入探讨和研究的课题。

---

① 高山宪之，王新梅. 日本公共医疗保险制度的互助共济机制［J］. 社会保障评论，2020，4（1）：65.
② 吴妮娜，高广颖，李莲花等. 老龄化背景下日本医保体系与卫生体系的协同变革与启示［J］. 中国卫生政策研究，2021，14（11）：70.
③ 小林成隆，西川義明. 後期高齢者医療制度の混乱をめぐって-個人と世帯の視点から検証［J］. 名古屋文理大学紀要，2009（9）：17-27.
④ 蒋浩琛，李珍. 从参保机制看日本医疗保险制度的经验与教训［J］. 社会保障研究，2021（5）：103-111.
⑤ 厚生労働省. 令和 4 年版厚生労働白書-社会保障を支える人材の確保［R/OL］. 厚生労働省ホームページ. 2021.
⑥ 厚生労働省. 令和 4 年版厚生労働白書-社会保障を支える人材の確保［R/OL］. 厚生労働省ホームページ. 2021.

第三章　日本老年人延迟退休的政策演变①

日本自20世纪70年代步入老龄化社会之后，老龄化进程日益加剧，逐渐成为世界上老龄化程度最严重的国家。人口老龄化不仅意味着老年赡养负担的加重，更会带来一系列就业问题，导致老年人再就业面临严峻的态势。为此，日本将促进老年人再就业确立为重要的劳动就业政策之一，开始尝试通过逐步延迟退休年龄的方式，以劳动市场内部的就业维持政策来解决老年人的再就业问题。

由于日本的老龄化问题由来已久，日本国内围绕老年人就业问题的研究已较为成熟，如清家笃、山田笃裕②从经济学视角针对老年人就业的考察，樋口美雄③围绕"团块世代"（即1947—1949年第一次生育高峰期出生的人口）退休对日本经济及老年人就业影响的分析等均是极具代表性的研究。从整体来看，日本学界大多认为日本的老龄化导致劳动力不足、老年人就业必不可少且应积极推进。相较而言，我国国内研究多偏重于日本老龄化的现状研究以及老龄化对经济发展尤其对年金等社会保障问题的探讨，虽然有些学者认为日本已建立了完善的政策体系，可全方位为老年人就业提供支持④，老年劳动者在一定程度上缓解了劳动力不足问题并增加了老年人的经济收入⑤，肯定了日本开发老

---

① 本章根据笔者论文《老龄化背景下的日本高龄者雇用政策》修改而成，原载于《安徽师范大学学报（人文社会科学版）》2014年第3期，该文被人大复印报刊资料《劳动经济与劳动关系》2014年第8期全文转载。

② 清家篤，山田篤裕. 高齢者就業の経済学［M］. 東京：日本経済新聞社，2004.

③ 樋口美雄，财务省综合政策研究所. 団塊世帯の定年と日本経済［M］. 東京：日本評論社，2004.

④ 谢立黎，韩文婷. 日本促进老年人就业的政策改革与启示［J］. 人口与经济，2022（6）：77-92.

⑤ 丁英顺. 日本促进高龄劳动者就业的经验启示［J］. 人民论坛，2021（17）：89-93.

年人力资源的经验对我国的借鉴意义①，但国内学界关于日本老年人就业政策的研究有待进一步深入。基于此，本章将吸取国内外研究成果，考察和分析人口老龄化背景下的日本老年人就业政策，尤其是以延迟退休年龄为主要目标的老年人雇用维持政策的实施背景及政策演变，并对其进行综合性评述，以便为今后我国在科学决策老龄化问题方面提供借鉴和参考依据。

第一节　日本老年人延迟退休的政策实施背景

如第二章所述，与世界主要发达国家相比，日本的老龄化虽然起始时间晚，但其速度之快却为世界罕见。日本的老龄化率在 1970 年首次突破 7% 之后，其老龄化进程突然加快，仅用了 24 年（在 1994 年）就递增到了 14%，而同样的进程，英国经过了 46 年，法国则经过了 126 年（见表 2-1）。之后，日本的老龄化率持续上升，2002 年已达到 18.5%，超过欧美诸国，成为世界上老龄化程度最严重的国家。内阁府《令和 4 年版老龄社会白皮书》数据显示（2022 年），截止到 2021 年 10 月 1 日，日本总人口为 1.255 亿，其中 65 岁以上老龄人口创历史新高，为 3621 万人，老龄化率高达 28.9%，尤其是 75 岁及以上老年人已占一半比例，且今后老龄化态势还将继续发展。据日本国立社会保障和人口问题研究所推测，日本在战后第一次婴儿潮时期（1971—1974 年）出生的人口，即"团块世代"到 75 岁时（2025 年），老龄人口数量将达到 3677 万。正是由于"团块世代"所代表的高龄人口的持续增加以及少子化所导致的年少人口的持续减少，未来日本的老龄化率仍会继续上升，2036 年将增至 33.3%，即 3 人中将有 1 人为 65 岁及以上老年人，2065 年更将发展为每 2.6 人中就有 1 人的老龄化程度，其中 75 岁及以上老年人比例将高达 25.5%，即会出现 3.9 人中就有 1 人为 75 岁及以上老年人的局面。

在日益加剧的人口老龄化背景下，日本政府将促进老年人再就业确立为重要的劳动就业政策之一，尤其是在 20 世纪 70 年代中期以后，开始实施以渐进式延迟退休年龄为主要内容的老年人就业政策。而日本政府之所以将延迟退休年龄作为老年人就业政策中的重要内容，主要是出于以下四方面的考虑。

第一，老龄化的日益加剧必然会逐渐加重老年赡养负担，对日本的年金制度乃至整个社会保障体系等带来巨大压力。日本的公共年金制度是国民的基本

---

① 胡澎. 日本老年雇佣制度的经验与启示［J］. 人民论坛，2020（9）：129-131.

养老保障，采取的是"后代人扶养前代人"的方式，即由在职的一代缴纳的保险费直接用于支付退休者的退休金，这就意味着随着老龄化程度的不断加深，年金缴纳者越来越少而领取年金者却越来越多。据统计，年金支付金额在1973年为1.1万亿日元，在日本老龄化率达到14%的1994年已大幅增加到28.6万亿日元，目前已高达55万亿日元①，而且随着"团块世代"的退休，年金支付金额还在进一步增加。年金支付费用的大幅增加直接导致了老年人相关支出及社会保障总支出的猛增，如图3-1所示，老年人相关支出自20世纪70年代开始猛增，2010年后虽然占比有所减少，但2019年总额度仍超过80万亿日元，在社会保障总支出中的比重为66.2%，而同期社会保障总支出在国民生产总值中所占比例也由5%左右上升至30.88%。因此，在老龄化背景下，为减少年金等老年人相关支出、缓解社会保障体系以及国家财政的巨大压力，政府有必要积极推行年金制度改革来予以应对，同时为了避免退休职员因推迟年金的领取时间而出现收入空白期，在就业方面逐步延迟退休年龄也被认为是有效的应对措施之一。

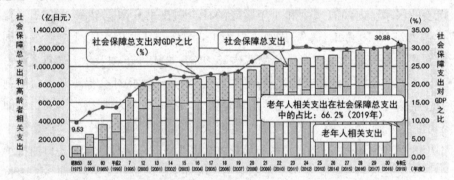

图3-1 1975—2019年老年人相关支出与社会保障总支出的推移

注：老年人相关支出包括年金保险支出、老年人医疗支出、老年人社会福利支出、老年人继续就业援助金等费用。

资料来源：笔者根据内阁府《令和4年版老龄社会白皮书》（2022年）图1-1-13修改而成。

第二，在老龄化背景下，人口平均寿命的延长与退休年龄偏低的矛盾凸显。一方面，二战后，在日本以大企业为中心，55岁退休制为主的退休制度被广泛采用。1973年劳动者《就业管理调查》显示，企业规模为1000人以上的大企业

---

① 国立社会保障・人口問題研究所. 人口統計資料集（2003年版、2013年版）［DB/OL］. 国立社会保障・人口問題研究所ホームページ，2022-10-18.

几乎全部采用退休制、100~999人规模的企业约有90%采用退休制、30~99人规模的企业有55%采用退休制，且以采用55岁退休制的为最多，平均退休年龄约为57岁①。另一方面，由于二战后生活环境的改善、膳食营养水平的提高以及医疗技术的进步等原因，人口死亡率大幅下降，而平均寿命则得到大幅延长。1970年日本男性的平均寿命已从二十年前的59.57岁延长至69.31岁，女性则从62.97岁延长至74.66岁②，55岁时的平均余命则分别为19.76年、21.83年③。之后，由于平均寿命呈继续增加趋势，如表3-1所示，到了2010年，55岁时的男女平均余命已分别延长至25.48年、31.40年。在此态势下，如果继续维持55岁退休制，那么就意味着将有大量人员在退休后拥有20多年，甚至更长时间的非工作时期，这无论对老年人个人还是社会而言，都无疑将是一个巨大的损失。因此，面对老龄化背景下的人口平均寿命延长与退休年龄偏低的矛盾，无论是政府还是社会均认识到，老年人作为具备潜在能力的人力资源，应被更有效地利用，而延迟偏低的退休年龄不外乎是最好的举措。

第三，在老龄化背景下，以终身雇用制和年功序列工资制为核心的日本传统的雇用制度已无法适应社会经济环境的激变，成为阻碍老年人再就业的根本原因之一。终身雇用制是指以刚从学校毕业的学生为主要就业对象，一旦就业，原则上只要该企业不陷入严重的经营困境，或者其本人没有严重违纪行为，将确保其被雇用到退休，而与之相辅相成的工资管理体制就是工资以工作年数增加而递增的年功序列工资制④。由于二者所具备的就业保障以及收入保障功能在退休后就会完全结束，"在雇用多名退休职员的时候，因牵扯到人工费和如何保证老年人工作等问题，企业们的态度非常消极"⑤，由此导致老年人一旦中途离职或退休，就很难被其他企业中途雇用。因此，虽然二者在日本的经济发展过程中发挥过重要作用，但在老龄化导致的高龄人口日益增加的态势下，显然已逐渐成为老年人再就业的阻碍。而延迟退休年龄、使已到退休年龄的职员得以继续就业，则意味着确保了退休职员的就业和收入安定，可以说是针对传统雇用制度实施的一项重要变革。

① 梶原昭一. 高齢者の雇用安定と定年延長 [J]. 経営の科学, 1976, 21 (7): 362.
② 厚生労働省. 統計情報・白書（生命表・結果の概要）[R/OL]. 厚生労働省ホームページ, 2022-01-03.
③ 萱沼美香. 高年齢者雇用における助成金施策について [J/OL]. DISCUSSION PAPER (47), 2010-12.
④ 张玉来. "神器"的黯然：日本终身就业制改革 [J]. 现代日本经济, 2008 (1): 55.
⑤ 伊藤实. 日本的高龄者雇佣政策与实态 [EB/OL]. 豆丁网站, 2010-04-27.

表 3-1 日本平均寿命及特定年龄平均余命的推移 单位：岁

年份	平均寿命		55 岁时的平均余命		65 岁时的平均余命	
	男	女	男	女	男	女
1950	59.57	62.97	—	—	11.35	13.36
1960	65.32	70.19	—	—	11.62	14.10
1970	69.31	74.66	19.76	21.83	12.50	15.34
1980	73.35	78.76	—	—	14.56	17.68
1990	75.92	81.90	—	—	16.22	20.03
2000	77.72	84.60	—	—	17.54	22.42
2010	79.55	86.30	25.48	31.40	18.74	23.80
2011	79.44	85.90	—	—	18.69	23.66
2035	82.40	89.13	—	—	20.93	26.17
2060	84.19	90.93	—	—	22.33	27.72

注：1950 年平均寿命和 65 岁时的平均余命是 1950—1952 年的平均数。

资料来源：笔者根据厚生劳动省《统计信息和白皮书》（2022 年）、萱沼美香《关于老年人雇用的援助金政策》（2010 年）修改完成。

第四，在老龄化背景下，老年人在外部劳动市场中的再就业状况更加严峻。在日本，老年人一直具有较强的再就业意愿，但是人口老龄化带来的高龄人口数量的大幅增加，"不仅意味着社会保障资金的增加以及诱发的国民负担的加重，同时也意味着老年人就业机会的丧失"①。从图 3-2 中各年龄层完全失业率的推移来看，在 20 世纪 70 年代以后的 30 多年间，55~64 岁男性人口的完全失业率虽然起伏较大，但一直远高于平均值，说明随着高龄人口的增加，老年人失业人数也在增加，就业形势远远比不上年轻人。另从有效求人倍率来看，55~59 岁、60~64 岁、65 岁及以上年龄层在 1975 年，分别为 0.15 倍、0.08 倍、0.03 倍（平均值为 0.65 倍），1985 年为 0.26 倍、0.16 倍、0.06 倍（平均值为 0.77 倍），到了 1995 年，55~59 岁、65 岁及以上两个年龄层有好转迹象，但 60~64 岁年龄层又降为 0.08 倍（平均值为 0.63 倍）②。可见，在外部劳动市场中，与年轻人相比，老年人再就业困难，长期处于供大于求的局面，劳动力供求严

---

① 阎莉. 关于日本人口老龄化与就业问题的探讨［J］. 日本研究，2001（4）：35.
② 萱沼美香. 高年齢者就业政策の变迁と现状に关する考察［EB/OL］. DISCUSSION PAPER（48）. 2010-12.

重失衡。因此，随着老龄化导致的高龄人口的增加，仅仅依靠外部劳动市场、对从企业离职或退休后的中老年人实施再就业援助的方式，已无法从根本上解决问题；而如果通过延迟退休年龄、由职员所在企业对其继续雇用，却可在内部劳动市场自行解决老年人的再雇用问题，避免产生失业。

由于以上人口老龄化背景下产生的诸多问题的影响，日本政府为促进老年人再就业，尤其是 20 世纪 70 年代中期以后，开始尝试将老年人就业政策从中老年人失业政策向就业维持政策转变，逐步延迟退休年龄开始成为老年人就业政策中的最重要内容。

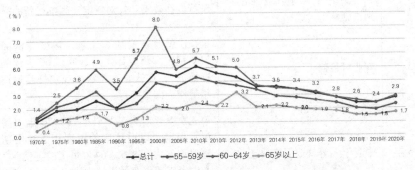

图 3-2 1970—2020 年日本男女平均完全失业率的推移

注：本图中的完全失业率是各年度 12 月份的数值。

资料来源：笔者根据日本总务省统计局《劳动力调查长期时间序列数据》（2022 年）表 3-（9）的数据制作而成。

第二节 日本老年人延迟退休的政策演变

在日本，所谓老年人延迟退休政策就是促进中途离职或退休后的老年人被企业继续雇用或再次雇用的政策，从广义上来说，包括常规雇用（企业通过外部劳动力市场新雇用员工）、继续雇用、创业支持等多项内容。但由于日本在 20 世纪 70 年代进入老龄化社会后，其老年人就业政策主要是以分阶段实现延迟退休年龄为主要目标的（见表 3-2），或者说延迟退休政策的发展变迁充分展现了日本老年人就业政策的演变轨迹。因此，这里将以老年人延迟退休政策的萌芽期、实现 60 岁退休制的时期、实现 65 岁退休制的时期以及实现 70 岁退休制乃至终身就业的时期等四个阶段，来考察和分析步入老龄化社会后的日本渐进式延迟退休政策的演变与发展趋势。

表 3-2　二战后日本有关老年人延迟退休政策的演变

时间	主要相关法律	政策动向及法律修正内容
1963 年	职业安定修正法	针对处于就业困难的中老年人提供就业指导补助金或职业训练补助金，设立"中高龄失业者等的就业促进施施"制度
1966 年	就业对策法	设立积极援助 44~65 岁中高龄失业者求职活动的职业转换补助金制度，设立中老年雇用率制度（努力义务）
1971 年	关于中老年人等就业促进特别措施法	维持以往政策并针对特定地区推行新的举措
1973 年	就业对策修正法	第二次就业对策基本计划（1973 年内阁决议）规定"将退休年龄延迟至 60 岁作为目标推进"，在就业对策法中规定把延迟退休年龄作为国策施行
1976 年	中老年人等就业促进修正法	第三次就业对策基本计划（1976 年内阁决议）规定"以退休后的再雇用、雇用期限延迟等方式促进 60~64 岁员工的再就业"，在中老年等就业促进法中设立老年人雇用率制度
1979 年		第四次就业对策基本计划（1979 年内阁决议）规定"努力实现 60 岁退休制一般化"
1986 年	中老年人等就业促进修正法（老年人就业安定法制定）	规定企业有努力实行员工 60 岁退休的义务
1990 年	老年人等就业安定修正法	规定企业有努力实行员工退休后再就业的义务
1994 年	老年人等就业安定修正法	规定企业有实行员工 60 岁退休的义务
1999 年		第九次就业对策基本计划（1999 年内阁决议）规定"在未来十年间，有必要将退休年龄提高到 65 岁"
2000 年	老年人等就业安定修正法	规定为确保老年人到 65 岁的安定就业，企业有努力实行退休年龄（未满 65 岁的）的提高、继续雇用制度的导入等必要措施的义务

续表

时间	主要相关法律	政策动向及法律修正内容
2001 年	就业对策修正法	规定企业有努力实行招工、录用时禁止限制年龄的义务
2004 年	老年人等就业安定修正法	规定企业有逐步实行老年人雇用确保措施的义务（2006 年 4 月施行），规定企业对未满 65 岁上限年龄的招工、录用时提交理由的义务
2007 年	就业对策修正法	规定企业有实行招工、录用时禁止限制年龄的义务
2013 年	老年人等就业安定修正法	规定企业有义务将员工的退休年龄延迟至 65 岁
2020 年	老年人等就业安定修正法	规定企业有采取措施为 65～70 岁老人提供继续就业机会的义务

注：本表是笔者根据松浦民惠《老年人雇用现状与课题》（2012 年）图表 5、郭桂玲《日本企业苦于应对高龄就业法 过半公司将减薪》（2013 年）、厚生劳动省《老年人雇用安定法修正——确保工作到 70 岁的就业机会》（2021 年）修改、补充而成。

一、老年人延迟退休政策的萌芽期

由于二战后初期至 20 世纪 50 年代中期，日本尚处于战后恢复阶段，即使是年轻阶层也处于劳动力过剩状态，政府并没有对老年人就业问题给予太多关注。但值得注意的是，日本企业的退休年龄虽然一般维持在 55 岁，但实际上，企业挑选部分已到退休年龄的职员，以非正式雇用的方式予以再次雇用的惯例却早已存在，这为之后延迟退休政策的推行奠定了基础。

从 20 世纪 50 年代中期到 20 世纪 70 年代中期，日本经济进入高速增长期，之前的劳动力过剩状态得到了很大改善，但与年轻人相比，中老年人的就业形势却依然很严峻。但是，日本的老龄化进展迅速，老龄化率已从 1950 年的 4.9% 上升到 1960 年的 5.7%[1]。对此，日本政府开始将目光投向中老年人的再就业问题，在 1961 年经济白皮书中首次指出，随着人口老龄化的进展，处于再

---

[1]　国立社会保障·人口问题研究所. 人口统计资料集（2003 年版、2013 年版）［DB/OL］. 国立社会保障·人口问题研究所ホームページ，2022-10-18.

就业困难状态的中老年人的比重也在增加①。政府开始出台一系列促进老年人再就业的法律法规，如表 3-2 所示，1963 年公布的《职业安定修正法》中，规定针对就业困难的中老年人提供就业指导补助金或职业训练补助金，并设立"中高龄失业者等的就业促进措施"制度；1966 年的《就业对策法》中设立了积极援助 44~65 岁中高龄失业者求职活动的职业转换补助金制度，同时确立了中老年人的雇用率制度，规定企业有努力实现 6% 以上的老年人雇用比例的义务；1971 年的《关于中老年人等就业促进特别措施法》则针对特定地区推行新的举措，并将中老年人的定义分别改为 45 岁及以上和 55 岁及以上、中高龄失业者的范围定为 45~65 岁（不包括 65 岁）。

从总体来看，20 世纪 60 年代至 20 世纪 70 年代初的老年人就业政策大多是中老年人的再就业促进对策，也就是说，主要是从外部劳动市场促进从企业离职或退休后的中老年人的再就业而实施的对策，和以往一样，依然属于失业对策的范畴。但是 1966 年设立的中老年人雇用率制度说明政府已开始试图以维持就业的方式、通过内部劳动市场来解决老年人的再就业问题。应该说，这项政策的颁布，意味着老年人就业政策已经出现从事后对策向预防性对策转变的萌芽，也可以说是日本延迟退休政策的发端。

二、实现 60 岁退休制的时期

20 世纪 70 年代以后，随着人口老龄化程度进一步加深，55 岁以上劳动力人口数量增速加快，1975 年已达到 797 万人②。但 55 岁以上中老年人再就业依然困难，在劳动力市场处于严峻的供求失衡状态。为此，日本传统的雇用制度和以 55 岁退休为主的退休制开始受到质疑，被认为如果想从根本上解决老年人的再就业问题，就应该实施延迟退休年龄的政策③。

在此背景下，1973 年内阁决议通过了《第 2 次就业对策基本计划》，首次提出在计划期间（即 1972—1976 年）将退休年龄延迟至 60 岁作为目标推进的内容，并在同年通过了《就业对策修正法》，确定把延迟退休年龄作为国策施行的方针（见表 3-2）。之后，延迟退休年龄屡次成为日本国会讨论的重要议题，1976 年《第 3 次就业对策基本计划》规定以退休后的再雇用、雇用期限延迟等

---

① 王晓璐，傅苏. 日本超老龄社会及其影响 [J]. 现代日本经济，2012（5）：65.
② 国立社会保障・人口问题研究所. 人口统计资料集（2003 年版、2013 年版）[DB/OL]. 国立社会保障・人口问题研究所ホームページ，2022-10-18.
③ 厚生劳动省职业安定局. 高龄者雇用对策の推进 [M]. 东京：劳务行政出版社，2003：140.

方式促进 60~64 岁职员的再就业，同年在《中老年人等就业促进修正法》中设立了老年人雇用率制度；1979 年内阁决议通过的《第 4 次就业对策基本计划》中，进一步规定企业应"努力实现 60 岁退休制一般化"（见表 3-2）。同时，为促进其顺利实施，政府开始从对实施企业提供多项资金援助，如以中小企业为对象的"退休延长奖励金"（1973 年设立，1976 年实施范围扩大到了大企业），以促进 60 岁以上职员退休后再雇用或雇用延长的"继续雇用奖励金"（1973 年）等①（厚生劳动省职业安定局，2003）。可以看出，尤其是 20 世纪 70 年代中期以后，日本政府开始将促进老年人再就业确立为重要的劳动就业政策，而试图在劳动市场内部解决老年人就业问题的雇用维持政策、通过"延迟退休年龄"的方式开始成为老年人就业政策中的最重要内容。

进入 20 世纪 80 年代以后，随着大规模的年金制度改革，政府开始为老年人就业政策向 60 岁退休制的立法化而努力，1986 年《中老年人等就业促进修正法》规定企业有努力实行职员 60 岁退休的义务，1994 年《老年人等就业安定修正法》中规定到 1998 年企业有实行职员 60 岁退休的义务（见表 3-2）。可以说，日本在 20 世纪 90 年代末基本实现了延迟至 60 岁退休义务化的目标。

三、实现 65 岁退休制的时期

进入 20 世纪 90 年代以后，在日本政府的政策诱导下，60 岁退休制得到顺利推广。1990 年，在实施退休制的企业中，有六成以上采用了 60 岁退休制，而经过 1994 年有关 60 岁退休义务化的《老年人等就业安定修正法》的颁布，到了 1998 年，日本已基本实现了 60 岁退休制的延迟退休目标。但是，如前所述，60~64 岁年龄层的完全失业率在 1995 年高达 5.7%，超过平均值 2.5 个百分点，同年有效求人倍率为 0.08 倍（平均值为 0.63 倍）②，可见 60~64 岁老年人在外部劳动力市场中的就业形势依然不容乐观。但另一方面，由于老龄化进程继续加快，1994 年老龄化率已递增到了 14%，55 岁以上劳动力人口比例已超过 20%，其中 60~64 岁及 65 岁以上劳动人口数量增长迅速，已接近 900 万人，劳动力人口进一步呈现老龄化趋势。同时，"团块世代"问题也开始受到重视，因为多达 800 万人的"团块世代"在 2007 年达到 60 岁，在 2012 年达到 65 岁后，日本将面临更严重的老年人再就业问题。

---

① 厚生劳动省職業安定局. 高齢者雇用対策の推進［M］. 東京：劳务行政出版社，2003：191-192.

② 萱沼美香. 高年齢者就业政策の変遷と現状に関する考察［EB/OL］. DISCUSSION PAPER（48），2010-12.

对此，政府不得不开始考虑进一步推行 65 岁退休制，而作为导火索出现的就是 20 世纪 80 年代中期以后进行的大规模公共年金制度改革。1985 年，政府将"老龄厚生年金"的支付年龄从现行的 60 岁阶段性地提升至 65 岁，1994 年又进一步推出"特别支付老龄厚生年金"制度①，将 60~64 岁老年人的"老龄厚生年金"分为"报酬比例部分"和"定额部分"，前者将在老年人被继续雇用或被再次雇用期间与工资一起支付，后者则将在 2001—2013 年逐步将支付年龄提升至 65 岁。如此一来，如果企业职员 60 岁退休，便不可避免地将出现 5 年的收入空白期，这意味着很多人将面临退休后暂时无法领取年金的困境。因此，年金制度改革迫使老年人就业政策也不得不随之做出相应的改革，即确保职员到 65 岁后仍被继续雇用。

1999 年，日本政府在《第 9 次就业对策基本计划》中首次提出在未来十年间，有必要将退休年龄提高到 65 岁，紧接着在 2000 年《老年人等就业安定修正法》中规定为确保老年人到 65 岁的安定就业，（实行未满 65 岁退休制的）企业有努力实行退休年龄的提高、继续雇用制度的导入等必要措施的义务（见表 3-2），进而在 2001 年的《老龄社会对策大纲》中，指出在老龄化迅速进展的过程中，为维持经济社会的活力，使老年人充分发挥其知识和经验，成为支撑经济社会的重要支柱，政府将完善老年人就业环境，通过延迟退休年龄及采用继续雇用制度等措施，确保有意愿的老年人都能够工作到 65 岁。之后的 2004 年《老年人等就业安定修正法》基本上秉承了该大纲的老年人就业方针，并确定了具体的老年人雇用确保措施，2013 年《老年人等就业安定修正法》进一步规定企业有义务将职员的退休年龄延迟至 65 岁，最终基本实现了 65 岁退休义务化的目标。

如前所述，日本在 20 世纪 70 年代步入老龄化社会后，为促进老年人再就业，政府先后出台了 10 多项以逐步延迟退休为主要内容的法案。其中，对目前企业的老年人就业产生重大影响的则是 2004 年颁布、2006 年 4 月开始实施的《老年人等就业安定修正法》。该法案仍是以实现老年人延迟退休为主要目的，但与以往不同的是，该法案规定了到 65 岁为止的雇用确保措施的实施义务化等多项条款，并在措施中规定自 2006 年 4 月开始企业有义务逐步实施以下三项措施中的任何一项：（1）逐步延迟退休年龄至 65 岁，到 2013 年必须达到 65 岁；

---

① 在 2000 年年金制度改革中，该制度中"报酬比例部分"的男性支付年龄，2013—2025 年被分阶段提升至 65 岁，女性将推迟 5 年执行。这意味着到 2030 年"老龄厚生年金"的支付年龄将被全部提升至 65 岁。

（2）废除退休制；（3）采取继续雇用制度，即可维持现有退休制度，但对有继续工作意愿的退休职员必须实现再次雇用或延迟劳动合同①。虽然在再次雇用标准、工资等相关待遇等问题上没有特别的规定，企业在执行过程中仍有很大的自由度，但该法案原则上要求企业有义务确保所有希望继续工作的职员可以被再雇用到 65 岁，可以说，"是对至今以 60 岁退休为前提的人事制度进行的大幅度改革"②。

根据厚生劳动省发表的调查结果③，到 2013 年再次修正的《老年人等就业安定修正法》颁布时，已实施雇用确保措施的企业约占 92.3%，其中，采取继续雇用制度措施的企业占了 81.2%，而分别采取逐步提升退休年龄至 65 岁、废除退休制的只有 16.0%、2.8%（见图 3-3），这说明虽然绝大多数企业已经认可该措施，但对后两项规定仍有一定的抵触。另外，在这些企业中，对 65 岁以上希望继续被雇用的职员进行无条件就业的只有 65.5%，采取符合条件方可继续雇用的企业占了 1/3 以上，而过去一年中，在达到 60 岁退休年龄的职员（36.7 万人）中，被继续雇用者占总人数的 76.5%，而希望被继续雇用却没被雇用的职员仅占 1.2%④。这表明目前企业在对有继续工作意愿的退休职员进行继续雇用时，仍会根据需要有所选择，对不符合再雇用条件的职员不再雇用，但大多数企业都会采取某种形式，尽量让职员继续工作到 65 岁。如此一来，老年人的就业人数也有了大幅增加，2013 年 60 岁以上者为 272 万人，其中，65~69 岁者为 61 万人，而 51 人以上规模企业的 60 岁以上常用劳动者约为 246 万人，比雇用确保措施义务化之前（2005 年）增加了 141 万人（见图 3-3）。因此，总体来说，在该法案实施后，大多数企业都会尽量实施对有继续工作意愿的老年职员的再雇用，日本的老年人就业人数也由此处于不断增长态势。

---

① 松浦民惠. 高齢者雇用の現状と課題［J］. JILPT 第 2 期プロジェクト研究シリーズ，2012（1）：47.
② 前田展弘. 高齢者雇用政策の展望［J/OL］. ジェロントロジージャーナル，12（10）. 2013-03-11.
③ 当时该项调查的对象是全日本约 14 万家职员在 31 人以上的企业（其中 301 人以上为大企业），职员总数为 2818 万人。
④ 厚生労働省. 平成 25 年高年齢者の雇用状況集計結果［R/OL］. 厚生労働省ホームページ，2013-10-31.

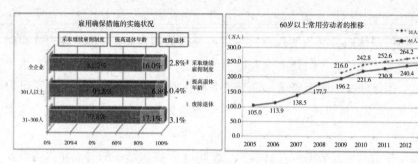

图 3-3　2013 年老年人就业状况调查结果

注：本表是笔者根据厚生劳动省《平成 25 年老年人雇用状况统计结果》（2013 年）表 3-1 和表 8 修改而成。

四、实现 70 岁退休制乃至终身就业的时期

在人口老龄化进一步深化发展的趋势下，日本政府针对老年人就业的改革步伐并未因 2004 年、2013 年《老年人等就业安定修正法》的有效实施而停止。如前所述，根据日本国立社会保障和人口问题研究所的推算数据，日本总人口数量未来持续下滑，预计至 2053 年将首次跌破 1 亿人口，为 9924 万人，2065年将进一步下滑至 8808 万人；而与之相对的则是老龄化的加速发展，2036 年老龄化率将达到 33.3%，2065 年将继续升至 38.4%，其中 75 岁及以上人口将达到 25.5%，即 3.9 人中就有 1 人为 75 岁以上老年人[①]。

面对无法抑制的老龄化发展趋势，内阁府在《平成 27 年度老龄社会对策》[②] 中提出，未来需构建一个与老年人的实际年龄无关，只要处于健康状态且有意愿和能力就可以继续工作的"终身就业社会"（日语中称为"生涯社会"）。2019 年 6 月，内阁府发布的《2019 年经济财政管理和改革的基本方针》涉及日本老年人就业方式的改革，有意将退休年龄从目前的 65 岁延长到 70 岁。随后，2020 年 3 月日本国会正式表决通过新的《老年人等就业安定修正法》（2021 年 4 月起正式实施），该法案规定为确保 65~70 岁的老年人就业，企业有努力采取以下五种措施中至少一种的义务：（1）把退休年龄提高至 70 岁；（2）导入到 70 岁的继续雇用制度；（3）取消退休年龄；（4）与有创业意愿的老年人持续签订业务委托协议至 70 岁；（5）对在其他企业或社会贡献项目的再就业提

---

① 内閣府. 令和 4 年版高齢社会白書［R/OL］. 内閣府ホームページ，2022.

② 内閣府. 平成 27 年版高齢社会白書［R/OL］. 内閣府ホームページ，2015.

供支援等①。

　　不过，新法案虽然要求企业努力为 65~70 岁员工在个人有意愿、有能力继续工作的情况下提供继续就业的机会，但并未强制企业实施，也未要求员工一定遵守，不具备强制效应。就像厚生劳动省指出的那样，新修订的法案是根据劳动者的多样化特色和需求而制定，在法律制度方面也予以企业方多样化选择②。但该法案的推出是日本为实现 70 岁退休制的阶段性措施之一，也是日本希望未来实现与年龄无关的"终身就业社会"的试金石。

第三节　日本企业针对老年劳动者的多样化雇用案例

　　不少日本学者认为，为了应对快速老龄化和人口萎缩的情况下劳动力不足的挑战，保持老年人的高劳动参与率极为重要，很多老年人在劳动力市场仍具有很大潜力，"超老龄化社会的形态是否能够发生重大变化取决于这些老年人是否可以作为劳动力的一部分加以利用，以及他们是否可以被纳入国家力量的一部分"③。在超老龄社会的日本，通过国家政策制度的顶层设计，为健康状况良好并有足够工作动力和工作意愿的老年人构建完善的就业体系势在必行。同时，由于老年人个体存在的诸多差异，企业一方在具体实施过程中最大限度地适应或制度化其个体愿望也是很有必要的。

一、弹性化：充分利用老年人才资源以提供最优质服务④

　　泊洋商事有限公司是一家大楼综合管理公司，始创于 1972 年，总公司位于日本德岛县阿南市，目前拥有 3 个营业所，截至 2019 年，共有 30 名正式员工以及数十名兼职员工，其中中老年员工占半数左右。

　　该公司从 1982 年左右开始雇用中老年员工，但当时并不是因为拓展业务的

---

① 内匠功. 高齢者雇用の現状と課題［R/OL］. 明治安田総合研究所ホームページ, 2020-08.
② 厚生労働省. 高年齢者雇用安定法の改正——70 歳までの就業機会確保［R/OL］. 厚生労働省ホームページ, 2021-04-13.
③ 吉野未来. 高齢者雇用の意義とは何か-シルバー人材センターによる高齢者雇用は高齢者の生きがいと社会とのつながりに貢献しているか［D/OL］. 早稲田大学ホームページ, 2016: 297.
④ 资料来源主要为泊洋商事网页以及由老龄残障求职者就业支援机构网页中发布的《平成 24 年老年人多样化工作案例集》（2012 年）。

需要，仅仅是因为缺少必要的劳动力，所以企业方不得不忽略员工的年龄，同意只要对方能够为公司工作就可以雇用。当然，从该公司的业务范围来看，工作本身并不需要高深技能也是中老年人被雇用的重要原因之一。该公司的门田社长认为这种日常清扫工作即使到65岁也能承担，与退休年龄关系不大。据说该公司最出色的员工就是一位68岁的兼职员工，但考虑到70岁左右有增加工伤的可能性，所以该公司的雇用标准一般是到70岁。

目前，该公司在工作合同、工作时间和薪资制度方面均实行了弹性化制度。首先在合同方面，公司与员工的聘用合同期限因人而异，有的合同期限仅为1年。其次在工作时间方面，中老年员工主要承担日常清洁等大楼维护工作，一般是直接去固定的工作场地，完成后直接返回，工作时间因工作地点的不同而不固定，在工作地点清扫所需的时间就是工作时间。公司原本规定每天必须完成6个小时的工作量，但考虑到中老年人体力等方面的情况，目前也在探讨取消这种严格的工作量要求，并依据员工本人提出的希望工作时间尽量为其调整。再次在工作报酬方面，中老年人的薪资是以该地区的最低工资和市价为基准确定的，并在聘用合同上予以明示。职业介绍所登载的该公司的聘用时薪为800~1200日元不等。虽然没有定期加薪制度，但有时也会根据公司与客户的合同单价的变化而调整时薪。另外，为了出勤方便，公司会尽量雇用住在工作地点附近的中老年人，如果该地区劳动力资源较为缺乏，那么雇用的中老年人时薪也会高于其他地区。应该说，该公司所制定的弹性化工作制度为中老年人的就业或再就业提供了更多的可能性。

该公司对于中老年员工的评价很高，认为年轻人对大楼维护的认知度还很低，年轻员工中经常有人认为这不是年轻人要做的工作而不能长久坚持。由于工作态度不够认真，在年轻人负责的工作场所，有时会发生擅自移动放置的物品而不进行清扫等的投诉。而中老年员工出于错过这个工作就没有其他工作的危机感，一般会持续坚持工作，而且很少突然请假，即使需要休息也会提前通知公司，工作态度也极为认真。

综上所述，该公司利用了公司业务本身并不需要就业者的高端技能和丰富学识，没有任何工作经验的老年人也可从事工作，以及老年人比年轻人更加珍惜工作机会并能认真、坚持工作等特点，基于业务特色并兼顾老年员工需求，在工作合同、工作时间和薪资制度方面均实行了有利于老年人就业的弹性化制度，可以说是在老年雇用方面较为成功的企业案例。

二、老年主体化：以老年人为主角进行企业经营以促进地区振兴①

三州足助公司始创于 1980 年，位于以国家公园香岚溪为主要景观的著名红叶观光胜地——日本的爱知县丰田市足助町，目前业务范围主要包括三州足助宅邸及百年草的运营等。其中，三州足助宅邸是以发展山区产业及传统手工业传承为目的的民俗资料馆，游客在这里可以体验当地人的织布、蓝染、抄纸、竹制品加工等工作，也可以参观打铁匠、烧炭工和抄纸匠等手工业者表演的传统手工艺等。该业务部门原本是由基于旧足助町条例的团体"足助町绿村协会"组织运营，2004 年该团体与旧足助町其他三家团体组织合并，作为"株式会社足助公社"重新出发，之后在 2005 年的市町村合并中，作为丰田市的指定管理者发展至今。后者的百年草则主要是为市民提供余暇场所以及促进老年人福利而设立的公司，兼有宾馆功能。该公司的常驻员工约 100 名，其中足助宅邸包括 10 多名 65 岁以上员工，而百年草的员工中约有一半是由银发人才中心派遣的老年劳动者。

在足助宅邸创立之初，其业务重点就被放在展览与演示方面，而不是仅仅是作为展览中心而存在。因此，招聘拥有足助地区传统手工艺、技术和经验的人才，对于公司运营来说非常重要。但是由于该业界已呈现老龄化发展趋势，招聘到的员工多是老年人。也就是说，该公司并非有意识地雇用老年人，而是出于业务发展的需要以及当地特色产业人口老龄化发展的结果。不过，百年草在成立之初就被设想为老年人可以工作的场所，因此吸收了大批当地银发人才中心派遣的老年员工。

足助公司的名义上退休年龄为 60 岁，但实际没有上限年龄的规定，只要能安全上下班，无论多大年龄都可以继续工作。超过 60 岁的员工可以基于继续就业制度，以"雇员"或"临时雇员"的非正式员工身份继续工作。雇员身份的员工是和正式员工在相同时间段工作，也按照月薪支付报酬，每月 20 万~25 万日元，奖金是正式员工的 60% 左右。临时雇员一般每周出勤 3~4 天或冬季休息，工作形式较为自由，采取的是时薪制度，每小时大约 800 日元，奖金会根据工作天数一次性支付。在足助宅邸，老年员工被分配在各个部门，和年轻人一样成为重要的劳动力来源，业务以 11 月为中心的春、夏、秋三季较为忙碌，特别是在旺季的 11 月份，有时只能有几天假期，加班时间非常多，而老年员工也会

---

① 资料来源于株式会社三州足助网页、由老龄残障求职者就业支援机构发布的《平成 24 年老年人多样化工作案例集》（2012 年）及职业介绍所招聘信息网（2021 年）。

一起加班。百年草则是老年员工居多，该业务部门根据工作时间长短分为四种工作班型，如工作时间最短的负责面包等的销售，其他轮班负责餐厅、面包作坊、火腿作坊等部门的工作，员工们可以根据自己的时间和兴趣需求选择合适的工作班型。

足助宅邸的冈村馆长认为，"人口稀少地区的老人还很健康，还可以做很多事情"，过去还有工作到 90 岁的老年人，因此没有必要以年龄的高低来区分是否可以工作。实际上，由于老年人基于相对低廉的劳动力成本就可以出产高质量的劳动成果，产品价格因此也不会被设定得太高，公司既能出售价廉物美的商品，扩大生产量，又能促进就业，实在是一举数得。可以说，三州足助公司以老年人为主角从事企业经营，不仅为老年人创造了就业机会和就业场所，也为振兴地区经济、促进地区活力做出了贡献。

三、互助性：创建老年人及残障人士的互助工作模式以促进社会和谐①

最佳集团是一家从事福利、护理服务业务的集团公司，始创于 2003 年，总部位于日本三重县津市。截至 2020 年 9 月，该公司包括"最佳生活"和"最佳支援"两家分公司，拥有 28 处营业所，可提供 37 项福利和护理服务。该公司提供的服务大致分为残疾福利服务和护理福利服务两种，包括为残疾儿童提供儿童发展支援事务所、放学后日托等服务，为成年残障人士提供照顾服务、继续就业支援服务等，为老年人提供收费养老院、上门护理、看护等各种服务。

目前该公司员工总人数 273 人，其中 60~64 岁者 35 人，65 岁及以上者 66 人，年龄最大的员工为 77 岁，可以说三成以上是 60 岁及以上老年员工。从职业介绍所登载的招聘广告来看，大多职位对于员工的退休后再雇用都没有设定年龄上限，非正式雇用薪资应该是因地区而异，如东京时薪 1500 日元左右，其他地方城市会低一些。

关于该公司雇用老年员工的初衷，最佳生活公司的董事辻口洋子说："我们在为老年人和残障人士提供服务的同时，也希望能够为即使是高龄或残障也能工作的人提供工作机会，使他们能够继续活跃于社会，我们把这种理想形式作为奋斗目标。"公司认为虽然工作要求因职业而异，但年龄过大或有残疾并不会造成太大的问题，实际上老年人力资源和年轻人一样在从事工作，并对年轻一代产生积极影响。包括老年人在内的新员工们无论年龄，都需要接受公司提供

---

① 资料来源于最佳集团网页、福冈县 70 岁现役支援中心发布的《老年人雇用企业案例集》（2021 年）及职业介绍所招聘信息网（2021 年）。

的专业培训以及其他能够提高服务技能的各种研修。而无论年龄如何，无论身体是否有残疾，只要有工作能力和意愿，都能够在公司内找到适合自己的工作。

例如，有的接受公司继续就业支援服务的残障人士，负责养老院内的清扫、烹调、洗涤等业务，也有老年员工把自己有精神疾病的孩子委托给公司的生活支援服务部门，自己调整出可以工作的时间为公司工作等。在这些事例中，不乏中高龄老年人的身影，如冲津千惠子女士经过"70岁现役支援中心"介绍进入公司时已经69岁，被安排在儿童发展援助服务部门，负责学龄前残疾儿童的生活习惯培养、帮助他们适应集体生活等工作。她在进入该公司前是营养师，虽然接受了研修之后才跨入这个完全不同的领域，但最初仍因不熟悉工作，经常感到很疲惫。为了获得精神上的寄托和心灵的慰藉，不被社会所孤立，她最终选择坚持下来，目前已完全融入公司并成功升职。冲津女士说："只要自己体力允许，就会一直工作下去。"

可以说，最佳集团公司多年来一直为老年人及残障人士提供继续活跃社会的机会，并努力构建员工们可以互相帮助的职场支援体制，尤其对于那些处于各种困境但又渴望改善现状的老年人来说有着积极意义。虽然这样的案例还比较少，但在日本未来老龄化持续发展的态势下，相信这种互补、互助的老年雇用模式会越来越多。

第四节 关于日本延迟退休政策的思考及启示

如果说日本在20世纪60年代的老年人就业政策主要是针对从企业离职或退休后的失业中老年人的再就业而实施的事后弥补措施，那么20世纪70年代步入老龄化社会以后的政策就可以说主要是通过延迟退休年龄的方式、由内部劳动市场自行解决，以避免产生失业的预防性对策①，这不能不说是日本老年人就业政策的一个巨大进步。且如前所述，日本政府在促进老年人再就业方面的政策扶持，尤其是以延迟退休年龄到65岁、维持继续就业为主要内容的2004年《老年人等就业安定修正法》的实施确实在很大程度上增加了60岁及以上老年人的就业机会，应该予以积极评价。政策得以顺利实施的背后有许多因素的影响，尤其是以下几点不容忽视。

---

① 厚生劳动省職業安定局. 高齢者雇用対策の推進［M］. 東京：劳务行政出版社，2003：2.

　　第一，政策具备的渐进性与阶段性的特点为政策的顺利实施提供了重要条件。在老龄化背景下，日本政府先后出台了 10 多项有关逐步延迟退休年龄的政策法规，以促进老年人再就业。如表 3-2 所示，自 1973 年首次提出将退休年龄延迟至 60 岁的目标到 1998 年 60 岁退休义务化目标的基本实现，时间跨度长达 25 年，而为实现退休年龄从 60 岁延迟至 65 岁，并最终确立 65 岁退休制的过程也经历了 14 年的时间，到确保延迟退休到 70 岁的法案颁布时间又经历了 7 年时间，充分说明了日本老年人延迟退休政策具备渐进性与阶段性实施的特点。正是这种渐进性的实施模式，在政策推行时才没有引起来自企业和社会的强烈反弹，反而逐步得到了绝大多数企业的认可，甚至很多老年人自己都认为过了 60 岁仍继续工作是一件理所当然的事情。

　　第二，大多数政策内容比较宽松，且不是由政府发布行政命令来强制执行的，而是通过向企业大量提供援助金等方式来进行间接的政策诱导的①。例如，在促进企业延迟退休年龄等方面，日本自 1997 年至 2007 年的十年间持续实施"促进继续雇用奖励金"制度，并在该制度实施结束后，紧接着新设了主要针对中小企业的"提高退休年龄奖励金"，以鼓励企业将雇用年龄延迟至 70 岁，此外，还有 2009 年设立的"老年人雇用模范企业奖励金"、2010 年设立的"确保老年人雇用奖励金"等，如果再加上其他有关老年人雇用的援助金，早在 2010 年日本年度预算中援助金总额已高达近 400 亿日元②。政府向企业提供的高额援助金显然大大调动了企业对老年人的雇用热情，调查发现，超过一半以上的企业认为政府提供的援助金对老年人就业具有良好的促进作用③。2019 年 60 岁以上老年人的就业率超过七成，其中 65~69 岁老年人就业率也达到了 48.8%④。目前，根据厚生劳动省设立的"雇用开发助成金"的相关规定，短期雇用或雇用 2 年以上 60~65 岁老年人的企业可获得每人每年 40 万日元、60 万日元的资金援助；如果雇用 65 岁以上老年人，依据人数的不同，企业最高可获得 145 万日元的"促进 65 岁以上雇用助成金"⑤。

①　田香兰. 养老事业与养老产业的比较研究-以日本养老事业与养老产业为例［J］. 天津大学学报（社会科学版），2010（1）：33.

②　萱沼美香. 高年齢者雇用政策の変遷と現状に関する考察［J/OL］. DISCUSSION PAPER（48），2010-12.

③　厚生劳动省職業安定局. 高年齢者雇用対策の現状と課題［R/OL］. 厚生劳动省職業安定局ホームページ，2011-01.

④　内匠功. 高齢者雇用の現状と課題［R/OL］. 明治安田総合研究所ホームページ，2020-08.

⑤　蒋丰. 日本社会积极帮助老人"退而不休"［EB/OL］. 中国新闻网，2017-09-20.

　　"渐进式"延迟退休政策虽然扩大了老年人的再就业机会，但也表现出一定的局限性。一是企业的雇用期待较低。根据日本劳动政策研究和研修机构的相关调查①，针对2020年新出台的确保到70岁雇用义务化的法规，截至2019年，在接受调查的16万家企业中仅有10.5%的企业回答如果（员工）希望只工作到70岁，就可以继续雇用他们，相当多的企业对于延迟到70岁的继续雇用所带来的工作制度、人事制度的改革表示忧虑。二是被雇用的老年人的就业形态、薪资待遇等并没有因此得到很大改善。根据上述研究机构针对老年人个人的调查，不少企业是把老年员工作为企业的非正式职员（合同工、钟点工等）进行继续雇用的，在60~64岁接受调查的老年人中从事正式工作的仅有14.8%，这说明企业尽管雇用老年人的人数在增加，但为控制人工成本，多数仍选择了人力成本较低的非正式雇用形态。正因为如此，老年人被企业继续雇用后的薪资水平大多也无法达到退休时的水平，多数都在七成以下。而社会地位以及薪资水平的下降对老年人的再就业意愿也造成了直接影响。在日本，老年人较高的再就业意愿可以说是有关延迟退休年龄的政策法规得以顺利实施的前提，政府今后的目标是继续延迟退休年龄到70岁，并最终建立一个"与年龄无关的、只要有工作意愿就能够工作的社会"，但如果不能抑制老年人再就业意愿的下滑趋势，那么该目标显然很难实现。因此，政府在促使企业扩大对老年人雇用的同时，也应制定一定的行业标准，对企业的老年人雇用形态、工资待遇体系等进行指导或援助，以便进一步改善老年人再就业环境。

　　老年人就业政策通过延迟退休年龄等方式保障了老年人得以继续就业的同时，也引发了日本社会关于是否影响年轻人就业的担忧。在2013年《老年人等就业安定修正法》中有关"65岁退休义务化"的新法规出台后，日本《读卖新闻》曾对全国约2.3万家企业实施了问卷调查，结果显示，回答"控制中途聘用职员"和"控制聘用新毕业生"的企业分别占11.8%、11.0%，也有7.7%的企业回答将"削减60岁以下职员的薪酬"②，说明延迟退休年龄的法规确实抑制了不少企业对雇用年轻人的愿望。另据当时由大型企业组成的日本经济团体联合会的调查，随着老年人再就业人数的增加，以后5年内企业支付的薪资总额将增加2%，为此，1/3的企业认为，如果继续雇用60岁以上的职员成为义务

① 独立行政法人劳働政策研究・研修机构. 70歳就業時代の展望と課題［R/OL］. 労働政策研究報告書 NO. 211. 独立行政法人劳働政策研究・研修机构ホームページ，2021－06－18.

② 郭桂玲. 日本企业苦于应对高龄就业法 过半公司将减薪［EB/OL］. 中国新闻网，2013－04－23.

化制度，将减少年轻人的雇用数量①。可以看出，至少在一定时期内企业对老年人的再雇用势必对年轻人就业造成一定影响。因此，在年轻人雇用形势严峻的情况下，让企业无条件地持续延长老年人雇用期限显然也不现实。对企业来说，技术革新及生产能力提高所带来的老年人新职位、新业务的开发，以及相应的人事制度、就业体系的改革很有必要。而对于政府而言，在继续实施延迟退休年龄政策的同时，为减轻对年轻人就业的影响，更要对企业改革提供援助，并积极扩大与各类行政机构、经济团体、劳动团体等相关部门的合作，强化对老年人提供再就业技能培训、职业设计咨询和支援等措施的实施，从多方面有效推动并改善日本的老年人再就业环境。

目前，我国也正在逐渐步入老龄化社会。据国家统计局发布的《国民经济和社会发展统计公报》，我国第七次全国人口普查数据显示，截至 2020 年 11 月我国 65 岁及以上人口为 19064 万，占比 13.5%，其中 12 个省份的占比已超过 14%，已提前进入了深度老龄化社会。与人均 GDP 近 4 万美元的日本相比，我国人均 GDP 刚过 1 万美元，这就意味着我国面临着人口发展"未富先老"的严峻形势。作为一个发展中国家，我国将和日本一样面临老龄化快速发展的问题。为应对老龄化日益加剧带来的养老金缺口逐步扩大等问题，2013 年《中共中央关于全面深化改革若干重大问题的决定》首次提出"研究制定渐进式延迟退休年龄政策"。根据最近的延迟退休年龄方案，女性退休年龄每 3 年延迟 1 岁，男性退休年龄每 6 年延迟 1 岁，直到 2045 年同时达到 65 岁②。

需要注意的是，中日两国在国情及经济发展等方面存在诸多差异，我国应认真研究和审视日本多年来积累的经验与教训，尤其是在延迟退休政策方面的尝试和探索，并根据我国的国情予以合理的借鉴与参考。

---

① 何德功. 日本推迟退休年龄孰喜孰忧［N/OL］. 经济参考报，2012-07-26.
② 华律网. 2022 退休年龄的最新规定以及延迟退休新消息［EB/OL］. 华律网，2022-09-15.

第四章　性别比较视角下日本女性老年人的就业状况①

　　人口老龄化的"女性化"问题一直是学界所关注的重要课题。在人口老龄化过程中，女性人口寿命普遍高于男性人口，男女两性之间的寿命差距加大，老年女性人口数量正处于快速增长期。这种由于老年女性人口规模的大幅增加及比重的急速提高而导致的老年人口"女性化"现象，在女性老年人口的经济、健康和医疗保障以及婚姻、家庭等方面带来一系列新问题。与此同时，老年女性群体参与社会的意义以及如何参与社会的问题也已引起国际社会的关注。联合国在 1982 年颁布的《老龄问题维也纳国际行动计划》中指出，在世界很多地区仍存在着年龄和性别歧视，"年龄较长人士争取参加工作和有利于他们为整个社会生活与社会福利做出贡献的经济活动的努力都碰到了重重困难"，"这种情况对妇女的影响往往更为严重"，"各国政府应当为老年人参与社会经济生活提供便利"②。

　　在日本，立足于老龄化导致劳动力不足、老年人口就业必不可少且应积极推进的观点早已受到广泛支持。但由于以大企业为中心的日本企业以男性作为骨干劳动者形成了"内社会"③，即使日本老年女性人口的劳动参与愿望以及参与程度在世界上居于前列，日本学术界专门针对老年女性人口就业问题的研究

---

① 本章根据笔者论文《中日两国老年女性就业现状的对比研究》《超老龄社会中的日本女性再就业问题》修改而成，原文分别载于《华中科技大学学报》（社会科学版）2016年第 3 期、《妇女研究论丛》2015 年第 3 期。
② 联合国. 联合国老龄化议题——老龄问题维也纳国际行动计划［EB/OL］. 联合国中文网站，1982.
③ 在这里，是指日本大企业以男性作为骨干劳动者，在与其建立长期而正式的雇佣关系的基础上，通过薪资、税金的抚养免除、年金制度等特殊福利使其家人同时享受福利，从而实现劳动市场的内部化。具体请参照大内章子《日本的企业社会——关于女性劳动的考察》（1995 年）。

也并不多。例如，永濑伸子①对日本老年女性就业行为的影响因素进行了分析和探讨，认为日本的养老金制度对非单身老年女性的就业行为以及家庭内生产活动（如家务、看护等）的选择均有很大影响；小崎敏男②肯定了劳动时间的缩短、与年龄无关的技能培训等就业环境的改善对低龄老年女性人口就业的促进作用，认为在劳动雇用体制以及社会体制得到改善的条件下，日本 50~74 岁老年女性人口的劳动参与程度存在提高的可能性和潜力。我国学界在 20 世纪 80 年代也已提出应广泛开辟老年劳动资源渠道的观点（董式珪③；涂礼忠④），之后更是出现了大量从就业状况、影响因素、相关政策等多视角、多层面展开的老年人就业问题研究（钱鑫、姜向群⑤；杜鹏⑥）。但是，我国关于老年女性问题的研究大多聚焦于其生存现状及养老问题（张恺悌⑦；秦秋红、王苗苗⑧），关注老年女性就业问题的研究很少，从性别视角探讨日本的研究就更少了。

　　在人口快速老龄化和经济体制快速转变的今天，不仅是老年男性人口，老年女性人口也不应只作为单纯的被抚养者和消费者而存在，也应成为整个劳动资源的一个重要组成部分，老年女性人口的就业问题也应成为国家相关老龄政策制定的重要内容之一。我国作为拥有世界上最为庞大的老年女性人口的发展中国家，应切实关注到男女老年群体的不同生存境况，需要在养老金制度等方面进行创新设计，也"需要消除劳动力市场从进入、晋升到退出各个层面的性别歧视"⑨。因此，在老龄化和老年人口日益女性化的形势下，正确认识老年女性劳动资源的地位、作用以及现状和特点，对于积极开拓老年女性的劳动力资源，促进和保障老年女性人口的就业及再就业具有重要意义。虽然我国和日本在国情及经济发展等方面存在着很大差异，但日本多年来在推进女性老年人口

①　永瀬伸子. 高齢女性の就業行動と年金受給-家族構成，就業履歴から見た実証分析 ［J］. 季刊社会保障研究，1997（3）：272-285.

②　小崎敏男. 人口の高齢化と高年齢女性の就業対策. 東海大学紀要政治経済学部. 2013（45）：67-86.

③　董式珪. 关于离退休人员的再就业问题［J］. 中州学刊，1988（6）：39-40.

④　涂礼忠. 老年劳动资源问题［J］. 人口研究，1989（5）：18-24.

⑤　钱鑫，姜向群. 中国城市老年人就业意愿影响因素分析［J］. 人口学刊，2006（5）：24-29.

⑥　杜鹏. 我国人口老龄化现状与变化［J］. 中国社会保障，2013（11）：13-15.

⑦　张恺悌. 中国老年女性人口状况研究［M］. 北京：中国社会出版社，2009.

⑧　秦秋红，王苗苗. "白发浪潮"下老年女性养老问题探究——性别差异视角的制度思考. 思想战线，2012（3）：40-44.

⑨　贾云竹. 从"三个平等"看新时期我国老年妇女问题［J］. 中国妇运，2014（10）：28.

就业方面的尝试和探索可为我国提供一定的借鉴。基于此，本章从性别比较视角出发，以日本老年人为研究对象，以我国老年人为参照，通过劳动年龄人口结构、就业率、行业分布、就业形态等多维度分析，把握日本女性老年人的就业现状及主要特征，并着重分析女性老年人就业的阻碍因素和促进因素。

第一节　性别比较视角下日本女性老年人的就业现状及特征

一、劳动年龄人口结构的变化

日本总务省统计局公布的《人口推计》（2022 年）① 数据表明，由于老龄化及少子化趋势迅猛，近年来日本的人口结构也已发生了很大变化。日本在1970 年 65 岁以上老年人口比例（即老龄化率）首次突破 7% 之后，1994 年就递增到了 14%，截至 2021 年 10 月，65 岁及以上老年人口已突破 3627 万，老龄化率已高达 28.9%。其中，65 岁及以上老年女性人口比例为 31.8%，高于男性约6 个百分点，从表 4-1 也可看出日本女性的老龄化率一直高于男性。另外，在日本，总和生育率自 20 世纪 70 年代中期以来连续多年呈现下滑趋势，目前也仅维持在 1.4 左右，15 岁以下少年儿童人口在 2021 年已减至 1453 万，仅占总人口的 11.8%。老龄化及少子化的日益严重导致日本 15～64 岁劳动年龄人口日益减少，2021 年为 7395 万人，占总人口的比例已从 1990 年的 72.5% 跌至 59.4%，其中 15～64 岁女性劳动年龄人口仅占女性总人口的 57%，低于男性近 5 个百分点（见表 4-1）。据推算，今后日本老年人口仍会继续增加，而年少人口仍会继续减少，2060 年日本的老龄化率将高达近 40%，届时劳动年龄人口比例必将继续呈急剧下降趋势，可以说日本未来将面临日益严重的劳动力短缺问题。

表 4-1　日本各年龄层人口结构的变化　　　　　　　　单位：%

年龄层人口	2000 年			2010 年			2021 年		
	合计	男性	女性	合计	男性	女性	合计	男性	女性
总人口（比例）	100.0	100.0	100.0	100.0	100.0	100.0	100.0	100.0	100.0

① 総務省統計局. 人口推計（令和 4 年 9 月報）［DB/OL］. 総務省統計局ホームページ，2022-04-01.

续表

年龄层人口	2000 年			2010 年			2021 年		
	合计	男性	女性	合计	男性	女性	合计	男性	女性
65 岁以上人口	17.4	14.9	19.7	23.0	20.2	25.7	28.9	25.8	31.8
其中：65~74 岁人口	—	—	—	11.9	11.6	12.3	14.0	13.8	14.2
其中：75 岁以上人口	—	—	—	11.1	8.6	13.4	14.9	12.0	17.6
15~64 岁人口	68.1	69.9	66.3	63.8	65.9	61.8	59.4	61.8	57.0
0~14 岁人口	14.6	15.3	13.9	13.2	13.9	12.6	11.8	12.4	11.2

注：2021 年数据是截至该年度 10 月 1 日的数据。

资料来源：笔者根据内阁府《老龄社会白皮书》2002 年版、2012 年版、2022 年版相关数据修改制作。

在我国，由于自 20 世纪 70 年代后期开始实施的计划生育政策人为地降低了出生率，20 世纪 80 年代以后 0~14 岁少年儿童人口比例在持续降低，已从 1982 年的 33.5% 降至 2020 年的 18.0%，而同期 65 岁以上老年人口比例从 4.9% 上升至 2020 年的 13.5%①，虽然该比例远低于日本，但我国也已进入老龄化社会却是不争的事实。不过，目前我国的老年男女性别比例差距明显小于日本，如表4-1 所示，日本 65 岁及以上男女比例相差 6 个百分点，而中国在这两个年龄段的男女比例差距仅为 0.27 个百分点。另外，我国的人口结构虽呈现出年少人口比例持续减少、老年人口比例持续增加的现象，15~64 岁的人口比例亦有增减趋势，但目前仍维持在 68.5%，远高于日本。即使从我国普遍认定的 15~59 岁的劳动年龄人口来看，目前劳动力供应也是较为充裕的。第七次人口普查数据（2020 年）显示，我国 15~59 岁人口总量略有下降，2020 年约为 8.9 亿，占总人口的比例仍达到近 70%。但是，据中国社科院预测，如果按总和生育率 1.5 计算，该年龄层人口在 2020—2030 年将年均减少 790 万，2030—2050 年将年均减少 835 万②。可以说，目前我国劳动力市场中青壮年的劳动力供应虽然仍

---

① 2020 年数据来自国务院第七次全国人口普查领导小组办公室的《中国人口普查年鉴（2020）》（2022 年），其他数据来自中国国家统计局人口和就业统计司出版的《中国人口和就业统计年鉴 2014》（2014 年）。

② 欧昌梅. 我国劳动年龄人口连续三年减少，这并不是特别大的危机 [EB/OL]. 澎湃新闻网，2015-01-21.

较为充足，但在老龄化程度持续快速发展的情况下，如果不能提高总和生育率，那么未来我国劳动力市场也会像日本一样出现青壮年劳动力短缺问题。

二、老年人就业率的变化

自20世纪70年代以来，日本65岁及以上老年劳动人口比例一直维持着持续上升态势，1980年仅为4.9%，2019年已上升至13.2%，数量也从276万人增至907万人，增加了23.3倍。日本总务省统计局各年度《劳动力调查》数据显示，从65岁及以上男女性就业人口增长状况来看，1970年男性为157万人（占男性就业人口总数的5.1%），女性为75万人（占女性就业人口总数的3.7%），到了2021年，男女人口数量分别增长至547万人（占比14.7%）、373万人（占比12.5%）。女性老年人在就业人口数量上虽然远远不及男性，但前者增长了近4倍，高于同期男性增幅近1.5个百分点。另外，从图4-1所示的老年人就业率的变化来看，1972年65岁及以上老年人平均就业率为30.6%，其中男性为49.0%，女性为16.4%，之后各相关比例有增有减，到了2021年平均就业率减低至24.8%，其中男性为34.1%，女性为17.6%，男性就业率降幅明显大于女性。可以说，从就业人口性别结构来看，目前日本老年女性就业人口总量及就业率仍远低于男性，但老年女性就业人口较于男性增长迅速，在就业率方面男女差距也正在缩小。

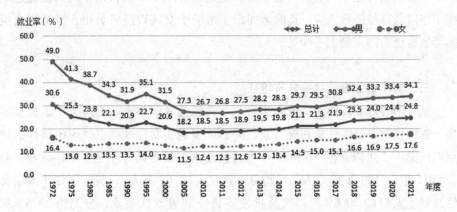

图4-1 1972—2021年日本65岁及以上老年人就业率的变化

资料来源：笔者根据日本总务省统计局《劳动力调查（长期序列数据）》表1b-6修改而成。

在我国，老龄化进程虽然也在加快，老年就业人口比例有所提高，但劳动力市场始终以青壮年劳动力为主，老年人就业率仍较低。有数据显示，1982年我国超过法定劳动年龄但仍在就业的人口约 2430 万，仅占全部就业人口的4.6%，占同龄人口的 26.1%①。之后增加态势明显，在第七次全国人口普查数据中，2020 年老年就业人口已超过 6600 万，占就业总人口的 8.8%，其中 65 岁及以上者占比 5%。从性别来看，女性 60 岁及以上就业人口占女性总就业人口的比例为 8.1%，仅低于男性该项比例 1.2 个百分点。虽然男女就业人口在数量上仍有较大差距，老年男性的就业率也远高于女性老年人，越来越多的老年女性正在进入劳动力市场，老年女性的就业与男性差距也正在缩小。不过，我国目前仍在普遍实施女性 55 岁、男性 60 岁退休制，而日本在继续雇用制度的推行下，正在把包括女性在内的职员退休年龄提高至 70 岁乃至终身就业。因此，在此背景下，我国老年人想要达到与日本同样水平就业率的可能性很小。

另外，值得注意的是，与日本相比，我国城市老年人的就业水平显著低于农村老年人。2020 年，我国农村地区老年就业人口占农村就业总人口的 16.5%，如果加上"镇"的相关数据，该比例更是超过了 20%，而城市地区的该项比例仅有 2.5%。农村老年人选择继续工作的原因很复杂，其根本在于我国农村老年人口比重本身就很高，随着农村青壮劳动力的外出，农村土地的管理、耕种等农业劳动理所当然就成了留守老年人的工作。此外，经济因素方面的原因也不容忽视，有学者指出，由于在我国的农村地区养老金制度尚未广泛推行或者实施不到位，农村老年人依靠养老金难以生活，导致不少农村老年人只能通过继续工作以获得经济收入②。其他诸如出于帮助子女减轻经济负担、缓解重大疾病等家庭压力的实例也不少见。

三、老年就业者的行业分布特征

从日本各行业就业人口分布来看，女性就业者多年来一直多集中于批发零售、餐饮住宿以及医疗福利等行业，60~64 岁老年女性就业也呈现出同样的特点。从图 4-2 可以看出，60~64 岁女性就业人口最多的行业是医疗福利业，截至 2015 年 9 月约为 45 万人，远超男性就业人口（8 万人），吸收了该年龄层女性总就业人口的 20.6%。其次是批发零售业和餐饮住宿业，分别为 18.8% 和10.1%，前者约 41 万人，与同年龄层男性就业人口相差无几，后者则超出男性就业人口 5 万。与之相比，65 岁以上女性就业人口比例最高的是批发零售业（16.6%）、农林牧渔业（16.3%），其次才是医疗福利业（12.3%）和餐饮住宿

---

① 涂礼忠. 老年劳动资源问题 [J]. 人口研究, 1989 (5): 20.

② 杜鹏. 我国人口老龄化现状与变化 [J]. 中国社会保障, 2013 (11): 14-15.

业（11.6%），但后两者远超出该行业中的同年龄层男性就业人口。同时，在老年男性人口就业较为集中的建筑业、制造业以及运输邮政业等行业，老年女性就业人口明显较少。总的来说，日本老年女性就业者人口集中于批发零售、餐饮住宿以及医疗福利等服务性行业的行业特征较为明显。

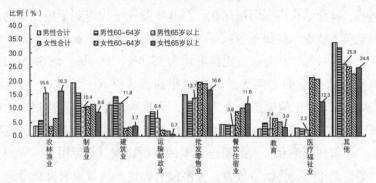

图 4-2   日本老年人各产业就业人口分布（2015 年）

资料来源：笔者根据日本总务省统计局《劳动力调查——e-Stat 政府统计综合窗口》数据计算、修改而成。

有学者认为，日本女性的职业选择与其教育水平及专业培养有着密切关系①。教育水平和专业选择的不同，会对进入职场前的职业选择以及进入职场后的职业培训水平产生很大影响，可以说女性的教育水平以及专业培养是影响女性职场生涯的根本性因素。日本人平均受教育水平都很高，但高等教育中女性所占比例一直低于男性，呈现出教育层次越高女性比例越低的特点，而且所学专业具有较明显的性别特征。日本文部科学省 2022 年公布的《学校基本调查》数据显示，目前日本短期大学在校生总数约为 9.4 万人，其中女性占了 87.4%，并集中于"教育""家政""保健"等专业，同年日本的大学在校生总数约为 293 万人，其中女性比例为 44.5%，而从该年度研究生情况来看，在 26.2 万人的在校生中，女性比例仅占三成左右。显然，这种教育水平的差异限制了女性的职场发展，"贤妻良母"式的专业选择也决定了包括老年人在内的日本女性就业者在进行职业选择时显示出明显的性别特征。

在我国，随着城市化以及工业化进程的不断推进，城镇对劳动力就业的吸纳能力持续增强，农村劳动力加快了向城镇转移的步伐。2022 年，由中国人力

---

① 杨春华.日本女性回归家庭意愿上升的社会学分析［J］.南开学报（哲学社会科学版），2015（4）：157.

资源和社会保障部公布的《2021 年度人力资源和社会保障事业发展统计公报》显示①，2021 年我国城镇就业人员总数已达 46773 万人，占全国就业人口总数的比例也已超过 62.7%，第一产业就业人口比例从 1978 年的 70.5% 下降至 22.9%，而第二产业和第三产业分别达到了 29.1% 和 48%，尤其是第三产业上升幅度明显，就业结构得到明显优化。与整体就业结构得到不断优化的趋势相比，我国老年人就业结构却不容乐观。根据第七次人口普查数据，2021 年我国男女就业人口在农林牧渔业所占比例平均为 18.6%、23.4%，而 60 岁以上老年就业人口所占该行业的比例无论男女都很高，其中 60 岁及以上男性比例为 64.4%，女性的该项比例更是高达 74.6%，而日本同年龄层女性该项比例仅为 6.4%，男性也仅有 5.7%，也就是说我国包括老年女性就业者在内的老年就业者大多集中于农林牧渔业，远远超过日本的该项比例。其原因，一方面如前所述，农村地区老年人经济压力较大，大多没有固定收入或农村基础养老金较少无法维持正常生活，不得不继续从事农林牧渔业工作；另一方面也是由于农村地区老年人所受教育水平有限，再加上年龄限制，进城务工的机会较少，只能留在技术含量较低的第一产业工作。

此外，我国有别于日本的另一特征是就业结构没有表现出明显的性别特征。除农林牧渔业外，制造业、批发和零售业的老年女性就业人口比例都较高。这种男女相似的就业结构与我国计划经济时期政府的人为行政干预有关，在新中国成立后的一段时期内，政府为保障女性就业，通过行政手段将女性安置在各个行业，并鼓励妇女进入制造业等以往男性为主的劳动领域。虽然市场经济体制确立以来，随着就业制度的变革和产业结构的调整升级，大量女性劳动力由第二产业特别是农业和制造业逐渐向更适合女性特点的第三产业转移，但与日本的劳动力配置结构相比，我国男性与女性之间的性别差异仍较小，老年人口就业的行业特征也是如此。

四、老年人的就业形态特征

根据日本总务省统计局的《劳动力调查（基本集计）》（2022 年），与 10 年前（2011 年）相比，2021 年 65 岁以上老年就业人口增加了 341 万，其中男性增了 54.5%，女性则增长了 68.5%，增幅明显高于男性。从就业形态来看，近 30 年间，各年龄层女性非正规就业比例均有大幅增加，女性的非正规就业化

---

① 中国人力资源和社会保障部. 2021 年度人力资源和社会保障事业发展统计公报［R/OL］. 中国人力资源和社会保障部网站，2022-06-07.

进一步加深。如图4-3所示，2021年（除公务人员以外）女性非正规就业比例已超过半数，为53.6%，其中55~64岁者从1995年的39.1%增至65.7%，65岁以上者则从50.0%进一步增至82.2%，可见中老年女性的非正式就业率不仅涨幅较大，且呈现出年龄层越高非正规就业比例就越高的现象。与之相比，在2021年，2994万名男性就业者（除公务人员以外）中中老年人口所占比例为26.3%，65岁及以上老年人的非正规就业比例为70.9%，低于女性该项数据。但男性平均非正规就业比例以及55~64岁者非正规就业比例分别仅为21.8%和26.0%，比女性比例均低了30个百分点以上，且近30年间非正规就业比例的增长幅度也低于女性（见图4-3）。另外，据统计，55岁及以上老年女性的非正规就业中八成以上是小时工和短工，但55~64岁男性非正规就业者中小时工和短工所占比例仅为三成左右，65岁及以上者比例也只有五成左右。这是因为男性职员退休后仍被原公司继续雇用时经常采用的雇用形态为契约职员、嘱托职员，这两种雇用形态占了中老年男性就业者的一半以上，其雇用形态的稳定性和职员待遇普遍高于小时工和短工。因此，与中老年男性相比，日本中老年女性的非正规就业化程度很高，且近年来增幅明显。

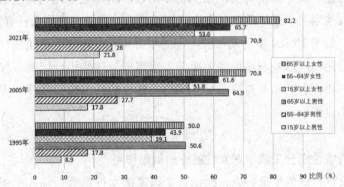

图4-3 日本老年人就业形态的变化

注：总人数中是除了公务人员以外的数据。

资料来源：笔者根据日本总务省统计局《劳动力调查（基本集计）》（2021年）表6-1计算制作。

我国女性的平均劳动参与程度远高于日本女性，但自20世纪90年代以来，随着市场经济的转型和大规模的产业结构调整，在城镇地区女性就业受到了比男性更为普遍的影响和冲击。一些传统产业吸纳劳动力的能力下降，城镇女性下岗职工占下岗职工总数的比例较高，且下岗后比男性更难有机会重返正规就业领域。由于非正规部门涵盖范围宽、就业方式灵活且成本低廉，对于那些没有一技之长或文化水平比较低的城市下岗女职工以及农村剩余劳动力来说极具吸引力。根据我国 2005 年 1% 人口抽样调查数据，我国城镇非农就业者中非正规就业者比例达六成左右，其中女性比例为 42.4%，且其非正规就业比例已高于正规就业比例①。另据国家信息中心统计结果，目前在中国共享经济中服务提供者约 8400 万人，而国家统计局则表示 2021 年底我国灵活就业人员已达到 2 亿人左右②。其中，中老年女性劳动力作为就业竞争中的弱势群体，由于在年龄、受教育程度以及技能等方面与市场需求有很大差距，获得正规就业的机会较之同年龄层男性以及其他年龄层女性更少，大多数求职者无法被企业或公司正规雇用，其非正规就业化趋势日益显著。

第二节　从性别视角看日本女性就业的阻碍因素

如前所述，目前日本老年女性就业者虽然就业数量及就业率均有增加趋势，但其就业总量、就业质量与层次依然低于男性。从职业生涯的角度看，有序进行职业生涯规划对于退休后仍可作为"职场老人"继续发挥作用具有重要意义。但在日本，处于 16~64 岁劳动年龄阶段的中青年女性面临着传统的性别分工意识、劳动雇用制度以及职场待遇差距等多重阻碍，这些不利因素不仅影响了她们的就业积极性和劳动参与率，对其到达退休年龄后的继续就业或再就业活动也产生了不良影响。

一、传统性别分工意识对女性就业的阻碍作用

由于女性特殊的生理特点，无论哪个国家的女性都会面临或承担生子育儿的责任，但日本已婚育女性较之其他国家女性更容易放弃工作的根本原因则是社会因素的影响，即传统性别分工意识（"男主外、女主内"）的影响更根深蒂固。在日本，尤其是大企业以男性作为骨干劳动者，在与其建立长期而正式的雇佣关系的基础上，通过薪资、税金的抚养免除、年金制度等特殊福利使其

---

① 薛进军，高文书. 中国城镇非正规就业：规模、特征和收入差距 [J]. 经济社会体制比较，2012（6）：4-5.

② 李力行，周毅. 传统意义上的"非正规就业"，未来可能成为常态？[EB/OL]. 新浪网，2022-08-04.

家人同时享受福利，从而实现了劳动市场的内部化，也就是所谓的企业"内社会"①。在这种"内社会"前提下，男性是一家之长，专职照顾家庭的妻子及孩子是其需要负责抚养的家人，而反过来也可以说，由于作为专职主妇的妻子的存在，丈夫才可以全心全意地投入工作。在20世纪60年代，被雇用者有七成以上都属于这一类家庭形态，但由于近年来"夫妻共同工作型"（即双职工）家庭的增加以及晚婚化、未婚化及离婚现象等导致的单身家庭的增加，这种以"内社会"为前提的家庭形态正在逐渐失去社会的主体地位。但即使目前越来越多的女性活跃于职场，日本民众对传统性别分工意识表示赞成的比例也呈现下降趋势，但从相关调查结果来看，仍有一半以上的人认为男性在职场上受到优待，反之认为女性受到优待的回答比例仅占5%，认为职场上男女平等的回答比例仅有三成左右②。可见，近年来这种传统性别分工意识的影响仍然普遍存在于日本社会，也直接影响了日本已婚育女性的就业意愿。

在日本，虽然政府为鼓励女性就业，呼吁照顾家庭以及育儿的责任应由家庭中的丈夫来分担，甚至推出了诸如男性育儿休假等措施，但总体上来说由于来自家庭成员及社会的支持不足，家庭中的妻子仍不得不独自或大部分承担育儿的责任。总务省于2016年公布的《社会生活基本调查》结果显示，接受调查的拥有不满6岁孩子的家庭中，双职工家庭中妻子用于照顾年幼的孩子及从事各种家务劳动的时间是丈夫的4.5倍，而在"男主外、女主内"的单职工家庭中，妻子的劳动时间是丈夫的7.6倍③，妻子所承担的比例显然依然远高于丈夫。因此，育儿责任由家庭中的妻子独自承担或大部分承担的模式仍是日本家庭的主流。内阁府儿童和育儿本部的相关调查发现④，婚前有工作的女性中以结婚为由选择离职的人仍有很大比例，并且有六成左右的女性在生第一个孩子时选择离职，随着第二个及第三个孩子的出生，该项比例更高。而关于最后一个孩子出生后选择离职的理由，正式职员中回答比例最高的是"虽然想继续工作，但无法兼顾工作和育儿，只好辞职"（30.2%），非正式职员中做出同样回答的比例也有29.7%。可见，由于传统性别分工意识根深蒂固的影响，家庭中

---

① 大内章子. 日本の企業社会-女性労働についての考察［J］. 三田商学研究, 1995（6）：2.

② 内閣府男女共同参画局.「男女共同参画社会に関する世論調査」の概要［R/OL］. 内閣府男女共同参画局ホームページ, 2019-11.

③ 内閣府男女共同参画局. 男女共同参画白書（令和3年版）［R/OL］. 内閣府男女共同参画局ホームページ, 2022-06-10.

④ 内閣府子ども・子育て本部. 少子化社会対策白書［R/OL］. 内閣府子ども・子育て本部ホームページ, 2022-10-24.

的其他成员或社会对育儿责任无法承担或承担不足，这也是很多已婚育日本女性选择放弃工作的重要原因之一。

另外，传统性别分工意识也对女性的职场地位也产生了一定影响。无论管理职中的女性比例，还是拥有管理职女性的企业比例，日本在世界发达国家中均处于较低水平，其原因也许有很多，但值得注意的是不少日本女性自己也并不希望升职。这种现象看似有悖常理，但对于日本人来说，又显得非常合情合理。有学者认为，在男女均等法颁布后，管理职女性人数及比例在上升的同时，企业对管理职女性的要求也逐渐等同于男性，以致管理职女性被迫进行长时间工作，这种等同于男性的工作强度导致管理职女性的很大一部分被迫做出了不结婚或者结婚后不生子的选择①。对于大多数日本女性来说，这种以牺牲个人生活为代价的职位选择与传统性别分工意识明显相悖。事实上，在现实生活中，与男性多优先选择工作相反，更多女性会选择家庭生活。可见，传统性别分工意识仍根存于日本社会，对包括老年人在内的日本女性的就业来说，其影响也是毋庸置疑的。

二、传统的劳动雇用制度对女性就业的阻碍作用

有学者指出，以男性为中心的养老金、税收等社会经济制度对日本女性就业有制约作用②，但笔者认为日本传统的劳动雇用制度已无法适应人口老龄化等社会、经济环境的巨变，这才是阻碍女性就业的根本原因之一，老年女性的就业自然也会受到不利影响。在日本传统的雇用制度中，以刚从学校毕业的学生为主要雇用对象的终身雇用制原则上一旦雇用，将确保其被雇用到退休，而与之相辅相成的就是以工作年数增加而递增的年功序列型的工资及晋升制度。对于因婚育而中途退职的女性来说，即使有机会再度成为企业的正式职员，这些制度也会使她们在工资及晋升方面处于绝对劣势；而对于已进入退休年龄的女性来说，即使之前一直没有放弃工作，那么被继续雇用后保留原职或正式职员身份的可能性也极小。实际上，厚生劳动省的调查显示，约有三成的日本企业没有系长以上管理职位的女性，在管理职女性不满一成或者根本没有的企业中，有一半以上回答"目前企业里没有具备必要的知识、经验及判断力的女性

---

① 遠藤雄二. 男女雇用均等法下の女性労働［J］. 九州大学経営学論集，1994（64）：162.

② 旦まゆみ. 求められる子育て支援策とは［J］. 実践女子短期大学紀要，2009（30）：87-88.

的缘故"①。因为对于女性来说，就业人口开始下降的 30~34 岁年龄层正是开始升职的时期，而这个年龄层的很多女性却因结婚或生子而选择了退职，即使她们有机会再度返回职场，也未必有机会再回到原来的工作岗位，更不用说升职加薪了，老年女性显然更不具备竞争力。可以说，以终身雇用制和年功序列工资制为核心的传统雇用制度的存在对女性就业产生了不小的阻碍。

日本虽然有针对退职职员的再雇用制度，但该制度的存在并不意味着可以公平地适用于每一位退职女性②。例如，企业在对已退职女性职员实施再雇用时，往往会在工作年限、在职时的工作业绩、退职理由、退职时的年龄、退职到再雇用的年限间隔以及再雇用年龄等方面设定各种限制，法律虽然规定女性可以享受再雇用制度，但是显而易见，如果该退职女性不能达到企业一方的再雇用要求，被该企业再雇用或者作为正式职员被再雇用的可能性是很小的。即使退职女性有较高的再就业意愿，但在肩负家务、育儿或看护重任的女性作为正式职员工作的社会环境尚未完善的情况下，因企业一方提出的再雇用条件过于严苛而放弃再就业的情况也很常见。应该说，这也直接影响了已婚育女性的再就业意愿，也会迫使有再就业意愿的老年女性选择放弃就业或再就业。

三、职场待遇差距对女性就业的阻碍作用

"道格拉斯—有泽法则"（douglas and arisawa laws）认为，家庭中的妻子是否选择婚后继续工作与丈夫收入水平的高低有着直接关系。有学者虽然对该法则存疑③，近年来日本女性的劳动力率也有所上升，但"丈夫的收入越高，妻子的就业率就越低"的规律在这期间并没有太大变化，该法则仍适用于一般日本家庭。在笔者针对日本女大学生所做的一项就业及婚姻意识调查中④，发现日本的年轻女性更认同就业所带来的"维持生活""增加经济收入、补贴家用"等工作的"经济型意义"。工作的"社会价值型意义"重视从工作中实现自我社会价值，这是持续工作的重要精神动力。尤其对于已婚女性而言，全职工作就意味着必须面对与家务、育儿等的家庭平衡问题，必须克服时间以及个人体

---

① 内阁府男女共同参画局. 男女共同参画白書（平成 26 年版）［R/OL］. 内閣府男女共同参画局ホームページ，2014-06.
② 早坂明彦. 戦後の女性雇用管理史［J］. 聖徳大学研究紀要，2000（11）：21.
③ 真鍋倫子. 女性の就労行動の学歴差——夫の収入と妻の就労［J］. 東京学芸大学紀要，2004（55）：29.
④ 笔者曾于 2014 年、2015 年先后两次在东京的多所大学，围绕女性婚育意识问题对日本男女大学生进行问卷调研，有效调研问卷共 227 份。具体调查内容请参考崔迎春等《中日女大学生就业、婚育及家庭意识比较研究》（2017 年）。

力等的各种制约。因此，越是重视工作的"社会价值型意义"的人，工作在生活中的重要程度就越高，就越不会轻易放弃工作。而"经济型意义"正好相反，如果为了"经济型意义"而从事工作，那么一旦"经济型意义"得到满足，就有可能选择放弃工作、回归家庭。

同时，笔者认为日本职场待遇的巨大差距对女性就业的阻碍作用也不容忽视。在日本，女性职员的平均工资收入普遍低于男性职员，且由于女性职员的职位难以提升、因婚育等导致工作时间较短等，随着年龄的增长，男女工资收入的差距会越来越大。而老年女性多以非正式雇用形态被企业雇用，作为"边缘劳动力"，不仅在企业不景气时会成为被裁减的对象，而且得到的薪酬也普遍低于同等职位的男性员工。厚生劳动省公布的《工资构造基本统计调查》结果显示，男性在55~59岁月工资水平达到最高的41.4万日元，而女性在50~54岁最高水平时也只有27.8万日元，到了60~64岁年龄段时，男女月工资差距也在10万日元左右①。因此，尽管经济因素对于日本女性的就业问题来说未必是最重要的原因，但在日本，如果家庭中丈夫的收入完全可以让一家人生活无忧时，妻子就有可能选择放弃再次步入劳动力市场。而对于老年女性来说，如果所在家庭的已有资产、年金等收入足以维持老年生活，那么也有可能放弃工作机会。

第三节　从性别视角看日本女性老年人就业的促进因素

虽然性别在职业发展中给女性带来了额外的负担，但我们也应看到，政府的政策措施、人均寿命及健康程度、就业意愿等因素均对日本女性老年人的就业起到了重要的促进作用。

首先，政府的政策支持是老年人实现就业及再就业可能的重要保障。如第三章所述，自20世纪70年代中期以来，随着老龄化进程的日益加剧，日本政府开始将促进老年人再就业确立为重要的劳动雇佣政策之一，试图通过"延迟退休年龄"的方式，在劳动市场内部解决老年人的就业问题。从1973年在《就业对策修正法》中首次提出将延迟退休年龄作为国策施行以来，1986年和1994年的《老年人等就业安定修正法》等的实施使日本在20世纪90年代末基本实现了企业职员60岁退休的目标。而1999年的《第9次就业对策基本计划》、

---

① 厚生労働省. 令和3年賃金構造基本統計調査結果の概況［R/OL］. 厚生労働省ホームページ，2022-10-20.

2000年尤其是2004年的《老年人等就业安定修正法》中确保就业措施的颁布与实施，使企业职员65岁退休制成为可能。2020年3月日本国会正式表决通过新的《老年人等就业安定修正法》，使日本老年人看到了未来将退休年龄提高至70岁乃至实现"终身就业社会"的可能性。在促进女性就业方面，日本政府在1986年实施了鼓励女性就业的《男女雇用机会均等法》后，又陆续颁布了《男女共同参与社会基本法》（1999年）、《援助女性再就业计划》（2008年）等女性就业相关法案，为女性的就业及再就业提供了坚实的法律保障。同时，也实施了诸如鼓励女性自主创业的"无偿事业补助金"等就业扶持政策，以便在女性就业特征较为明显的第三产业中的家庭护理、保育等服务性领域提供更多的就业渠道。

总务省发布的关于劳动力调查的数据显示，2021年60~64岁年龄段者的就业率为71.5%，65~69岁年龄段为50.3%，70~74岁为32.6%，甚至75岁以上年龄段也有10.5%，其中老年女性就业比例虽然仍远低于男性，但60~64岁、65~69岁年龄段的该项比例分别达到了60.6%、40.9%，增加趋势明显①。可见，日本政府虽然并没有针对老年女性的专项就业扶持政策，但以上10多项政策法规以及援助金制度的颁布和实施显然为老年女性也提供了有力的就业及再就业保障。因此，如果试图推进老年女性的就业或再就业，那么来自政府部门的法律保障以及相关的鼓励措施是必不可少的，可以说政府的政策支持是推进老年女性就业的重要保障。

其次，人口平均寿命及健康寿命的延长是老年人实现就业及再就业可能的客观和必要条件。由于二战后生活环境的改善、膳食营养水平的提高以及医疗技术的进步等原因，在日本，人口死亡率大幅下降，而平均寿命则得到大幅延长。据相关统计，日本人的寿命多年居世界前列，2020年男性平均为81.56岁，女性更高，达到了87.71岁，预计到2060年男女平均寿命将进一步分别延长到84.66岁、91.06岁②。同时，日本老年人的健康水平也在不断提高。厚生劳动省的《国民健康和营养调查》数据表明，2019年65~74岁、75岁及以上男性中有运动习惯的人分别占比38%、46.9%，女性相关比例略低，也有31.1%、37.8%，均高于20~64岁年龄段男女的平均水平③。对于自己的健康状态，72.1%的65岁及以上老年人认为自己的健康状况良好或一般，认为自己的健康

---

① 内阁府. 令和4年版高龄社会白书 [R/OL]. 内阁府ホームページ, 2022.
② 内阁府. 令和4年版高龄社会白书 [R/OL]. 内阁府ホームページ, 2022.
③ 厚生劳働省. 令和元年国民健康・荣养调查报告 [R/OL]. 厚生劳働省ホームページ, 2021-10-11.

状况不好或不太好的人不到三成比例，实际上 2019 年日本男性的健康寿命（对日常生活没有影响的期间）已达 72.68 岁，女性为 75.38 岁，与 2001 年相比分别增加了 3.28 岁和 2.73 岁①。在人口平均寿命以及健康寿命大幅延长的态势下，二战后日本以大企业为中心曾长期广泛采用的 55 岁退休制显得非常不合时宜，甚至延长至 60 岁、65 岁退休时，仍将有大量仍处于健康状态的人员在退休后拥有很长时间的非工作时期。应该说，对于日本老年人来说，除自身较强的社会参与意识外，这种在人口平均寿命以及健康寿命大幅延长的态势下逐渐形成的共识也有力地刺激了他们的就业意愿，再加上日本政府持续多年实施的诸多老年就业支持政策，延迟偏低的退休年龄、继续服务社会已逐渐被认为是顺应时代发展的理所当然的举措。可见，人口平均寿命以及健康寿命的延长应该是老年人实现就业及再就业可能的客观条件，也是必要条件。

再次，就业意愿的提高是老年人实现就业及再就业可能的前提。日本老年人的劳动参与程度位于世界前列，不仅高于我国，也高于美国、德国、法国等欧美发达国家，高就业意愿也成为日本女性老年人维持高劳动参与率的重要前提。在 2020 年日本内阁府进行的第 9 次《老年人生活和意识的国际调查》中，对于"今后是否希望（继续）从事有收入的工作？"的回答，在接受调查的日、美、德、瑞典四国的 60 岁及以上老年人中，日本老年人的回答比例最高，为 40.2%，美、德、瑞典分别为 29.9%、28.1%、26.6%。从性别视角看，日本女性老年人回答比例也达到 34.1%，虽然仍低于日本男性老年人该项比例 12.9 个百分点，但也说明在日本目前普遍推行 65 岁退休制的态势下，越来越多的女性老年人也开始希望有高于该退休年龄的更长的工作时间。当然，日本女性老年人的高就业意愿与前述高平均寿命及高健康寿命有直接关系，也有观点认为老年人口为了缓解孤独感以及增加家庭收入也有继续工作的意愿。

第四节　结语及启示

中日两国在就业率变化、行业分布特征以及就业形态特征等方面的对比分析表明，我国老年人口在劳动力市场中的地位与作用明显小于日本。虽然日本女性面临更多职场的不公平对待，老年人尤其是女性老年人就业的各种促进因素对我国却有一定的启示和参考意义。

---

① 内閣府. 令和 4 年版高齢社会白書 [R/OL]. 内閣府ホームページ, 2022.

我国早在 1958 年就颁布了第一部有关退休老年人继续参与社会工作的法律规定——《关于安排一部分老干部担任某种荣誉职务的决定》,1996 年的《中华人民共和国老年人权益保障法》首次以国家基本法的形式确立了老年人积极参与社会发展的权利,并实现了其主体范围由"特权"到"普惠"的转变①。近几年,国务院相继印发了《国家人口发展规划》《国家老龄事业发展和养老体系建设规划》等多项政策规划,以推动老年社会参与的发展。其中,国务院于 2021 年印发的《"十四五"国家老龄事业发展和养老服务体系规划》表明,要"加强老年人就业服务","鼓励各地建立老年人才信息库,为有劳动意愿的老年人提供职业介绍、职业技能培训和创新创业指导服务。健全相关法律法规和政策,保障老年人劳动就业权益和创业权益。支持老年人依法依规从事经营和生产活动,兴办社会公益事业。按照单位按需聘请、个人自愿劳动原则,鼓励专业技术人才合理延长工作年限"。但从整体来说,这些政策法规尚缺乏细则规定,为使各地方政府、企事业单位等在具体实施过程中能够做到有法可依、有据可查,我国还是应先完善相关法律法规建设,给予老年人就业更系统而全面的指导性规定。另外需要注意的是,与日本相比,我国人口的平均寿命近年来虽有所提高,但与日本相比仍有很大差距,因此,在延迟退休年龄以促进老年人就业方面,我国也需要充分考虑人口的平均寿命以及健康寿命的现状,在进一步推进和完善老年人的健康服务体系,促进老年人社会保障及就业体系的公平性与可持续性发展方面做出更多的努力和尝试。

此外,从性别视角来看,我国老年女性劳动力就业状况不容乐观,就业率低、城乡差距显著、就业者大多集中于农林牧渔业、非正规就业化程度更高,总体就业水平明显低于日本老年女性。尤其值得关注的是与日本老年人的高就业意愿相比,我国老年女性的就业意愿很低。我国老龄科学研究中心的相关研究显示,在受调查的城市 60 岁及以上老年人中,约有四成男性表示愿意从事有经济收入的工作,而女性相关比例还不到三成②。另有以城市作为调查对象的研究结果也表明我国老年人的就业意愿很低,有的地区老年女性就业意愿比例甚至还不到一成③。有学者认为,我国老年女性就业意愿的比例之所以远低于

① 李宗华. 近 30 年来关于老年人社会参与研究的综述 [J]. 东岳论丛, 2009, 30 (8): 61.
② 钱鑫, 姜向群. 中国城市老年人就业意愿影响因素分析 [J]. 人口学刊, 2006 (5): 26.
③ 江维. 北京市老年人再就业意愿影响因素分析 [J]. 山西农业大学学报 (社会科学版). 2013 (1): 106.

男性，不仅是因为前者在受教育程度上低于后者而缺少参与再就业的条件，更因为她们的家务负担比较重，是长期照料的主要提供者，使得她们没有时间和精力投入就业中来①。另有研究调查也表明，在我国的城镇从业者中，女性因生育而中断工作的比例仅为17%，而由家庭中夫妻一方的父母来照顾孩子的比例则达到了48.5%②。可以说，我国老年人尤其是老年女性承担了抚育孙辈及家务的重要责任，不少人认为这样可以让儿女们专心工作，也是继续为家庭、为社会做贡献的一种方式。而在日本，尤其是在幼儿抚育问题上，与我国代际的支持起到的重要作用不同，老年人很少承担抚育孙辈的责任，育儿责任由家庭中的妻子独自承担或大部分承担的模式是日本家庭的主流。因此，在日本，女性以结婚或生子为由辞去工作，待孩子可自立或成年后又再次步入劳动力市场的再就业行为比较普遍。笔者在这里无意探讨这种女性再就业型生活模式的好坏，但认为在幼儿抚育及家庭服务方面，政府和社会如果能够通过进一步培养相关人才、增设公共服务机构等措施来提供更完善的社会服务，不仅可以为社会增加更多的就业机会、创造更多的社会财富，同时也可让抚育期的女性有效地兼顾工作与家庭，并以此来解放大量老年劳动力，提高其就业意愿，使其更有效地继续服务于社会。

目前，女性老年群体已成为我国老年人口中极为重要的一个群体，解决女性老年人口问题就是解决我国人口老龄化问题的关键所在。由于制度不完善、保障体系不健全等诸多因素的影响，女性老年群体较之男性在社会经济资源的占有和享用水平上处于更加不利的地位。在如何改善女性老年群体的生存困境方面，我国除了积极制定和完善与老年女性有关的教育、医疗保健、养老金等社会保障政策，也应该赋予她们（尤其是低龄老年女性）与男性一样平等参与社会发展、平等分享社会发展成果的权利。正确认识我国老年女性劳动资源的地位、作用以及现状和特点，提高整个社会对老年女性的社会参与行为的认可度以及老年女性自身的社会参与意识至关重要。同时，在老年劳动雇佣政策中纳入社会性别视角，切实保障女性老年群体的合法权益，以维护和完善老年女性劳动力的就业环境也将成为一个重要课题。

---

① 钱鑫，姜向群. 中国城市老年人就业意愿影响因素分析［J］. 人口学刊，2006（5）：26.

② 佟新，周旅军. 就业与家庭照顾间的平衡-基于性别与职业位置的比较［J］. 学海，2013（2）：74-76.

第五章　日本老年人志愿服务活动的
参与现状及政策环境

　　随着社会问题的多样化、复杂化发展，志愿服务作为社会治理的补充性力量，不仅能够协助政府协调多方资源、调节隐患矛盾，还可以使个体通过与他人互动而获益①。有研究指出，社会关系数量较少的个体容易通过志愿服务，与社会重新整合，改善其心理健康，更能通过志愿服务意识到自身的重要性，进而影响其心理健康②。古谷野③、志贺文哉④等不少日本学者也通过实证研究论证了参与志愿服务改善日本老年人的生活满意度、提高其幸福感、促进身心健康的可能性。

　　日本老年人参与志愿服务活动大多是通过各种地缘型志愿组织团体来实现的。日本的志愿型组织（voluntary association）始于 20 世纪 60 年代末的社会建设政策，随着 20 世纪 80 年代以居民为主导的社区建设或社区营造的快速发展，志愿型组织逐渐萌芽，不仅促进了社区治理，也扩大了居民的社区参与路径。1995 年，面对阪神大地震带来的严重灾害，累计有 130 万人次的志愿者赶赴受灾区，被称为日本"志愿者元年"。以此为契机，日本政府开始重视志愿型组织的发展，1996 年正式成立"日本 NPO 中心"，1998 年颁布了《特定非营利活动促进法》（通称 NPO 法），并设定了医疗、福利、文化、艺术、体育、国际协助、人权、和平等 17 个"特定非营利活动"范畴。根据全国社会福利协议会的相关调查，以老年福利作为主要活动内容的市民活动团体占了一半以上，六成

---

① 张文超，吴远洋，杨华磊. 志愿服务、年龄差异与主观幸福感 [J]. 南方经济，2021 (3)：106.

② PILIAVIN J A, SIEGL E. Health benefits of volunteering in the wisconsin longitudinal study [J]. *Journal of Health and Social Behavior*, 2007, 48 (4)：450-464.

③ 古谷野亘. QOLなどを測定するための測度（2）[J]. 老年精神医学雑誌. 1996, 7 (4)：431-441.

④ 志賀文哉. 高齢者の社会参加とその支援に関する一考察 [J]. とやま発達福祉学年報，2020 (11)：3-10.

以上的 NPO 法人从事医疗和福利领域的活动①。截至 2019 年 3 月，日本 NPO 认证法人数已达到 51610 个②，老年人福利是其重要活动内容之一，而在众多的志愿服务活动中，也不乏老年人活跃的身影。

本章将主要考察日本老年人参加町内会、老年人俱乐部等地缘型组织的状况，分析日本政府的相关政策措施，并通过案例进一步考察其多元化志愿服务模式。

第一节　日本老年人志愿服务活动的参与现状

一、老年人参与地缘型组织活动的现状

日本社区老年人的志愿服务型社会活动往往与"地域社会"活动相关联。"地域社会"是研究社会变迁的重要概念之一。较早提出该概念的英国社会学家麦基弗（MacIver）③ 强调，"地域社会"是可被视为共同生活的任何领域。20 世纪 60 年代，日本面对产业化和城市化带来的社会空间结构的巨变，开始了有关"地域社会学"的研究热潮。日本的《社会学小辞典》认为地域社会是"具有一定范围而由生活在其中的居民归属意识所规定的社会。地域社会的范围可以小到近邻及社区，也可以大到一个地区"④。《世界大百科事典》（第 2 版）将其理解为"由一定地区的人际关系联系起来的社会。因为是以地缘为契机形成的社会，所以也被称为'地缘社会'"⑤。实际上，日本学界对其概念的界定多年来并未达成一致。在日语中，"地域社会"的概念往往随着工业化、城市化等的社会变动，有逐渐多样化和扩大化的趋势，从广义上来说，是包含城市和农村以及多样、广泛的地域生活共同关系的总称；从狭义上来说，也可以指类似于社区的小范围⑥。有学者指出日本的"地域社会"就是指在一定范围内的人

---

① 崔月琴，胡那苏图. 日本地域社会治理及社区志愿者组织发展的启示——以名古屋市"南生协"的社区参与为例 [J]. 福建论坛（人文社会科学版），2019（12）：85.

② 内閣府. 令和元年版高齢社会白書 [R/OL]. 内閣府ホームページ，2019.

③ MACLVER R M. community：A Sociological Study [M]. London：Macmillan & Co，1917.

④ 濱嶋朗，竹内郁郎，石川晃弘. 社会学小辞典 [M]. 東京：有斐閣. 1997.

⑤ 株式会社平凡社. 世界大百科事典第 2 版——"地域社会"の意味 [EB/OL]. コトバンク，2009.

⑥ 森岡清美，塩原勉，本間康平編集代表. 新社会学辞典 [M]. 東京：有斐閣. 1994：984.

与人发生相互关系并产生归属感的社会①，该概念本身就蕴含了对当地文化及传统的尊重，地域活动的展开能够帮助当地居民重新燃起对本地文化的热爱，并在此基础上重构居民对地域社会建设的"共同体"意识②。在日本"地域社会"的范畴中，町内会③、老年人俱乐部等地缘型组织以及 NPO 等公益型组织等共同成为地域社会治理的重要组成部分。

町内会作为统合全体居民并服务于全体居民的自治性组织，和老年人俱乐部、儿童会、妇人会等被统称为地缘型组织。该组织起源于日本传统村落社会中，因生产力低下而由居民自发形成的自助和互助共同体，由于"二战"期间一度成为国家军事动员的基础组织，"二战"初期曾被禁止，但自 1952 年《旧金山对日和平条约》签订后又被重新恢复。尤其在 20 世纪 60 年代中后期，在居民的地域社会参与意识和诉求逐渐增强，同时因经济发展缓慢导致政府财政压力增大等多方原因的促使下，政府不得不将越来越多的管理权交还给町内会等地缘型组织。町内会于 1991 年获得法人资格，通过与行政机构以及其他社会组织等多元主体间的合作，近年来进入了"协同治理"阶段，也成为老年居民参与地域社会志愿活动的重要途径之一。

根据内阁府公布的《有关老年人经济生活调查结果》④，目前 60 岁及以上老年人正在参加的社会服务活动中，回答"正在参加（某种活动）"的比例为36.7%，其中参加"自治会、町内会等自治组织的活动"的比例最高，为21.8%；其次是"通过兴趣、体育等进行的志愿者、社会服务等活动"，为16.9%；参加其他活动的比例都较少。从年龄层来看，70~74 岁老年人参加某种活动的比例最高，为 41.0%；其次分别是 65~69 岁年龄层为 39.4%，75~79岁年龄层为 39.0%，80 岁以上者仅为 25.3%（见图 5-1）。从性别来看，男性中70~74 岁年龄层参加某种活动的比例最高，为 41.7%；其次是 60~69 岁年龄层，回答比例都接近 40%。女性中 75~79 岁年龄层的回答比例最高，为 43.1%；其次是 70~74 岁年龄层，为 40.4%。从活动内容来看，男女均仍以参加"自治会、

---

① 郑南，丹边宣彦. 日本社会建设新思维：地域社会的新公共性建设——以丰田市团体活动为例 [J]. 东北亚论坛，2013，22（5）：78-79.

② 娜仁高娃 日本地域性社会教育的定位及特质——基于对长野县饭田市社会教育实践的调查 [J]. 现代远程教育研究，2019，31（4）：79-80.

③ 町内会和自治会的功能相似，前者的说法显得陈旧一些，一般老住户地区多称町内会，而后来建立的公共住宅、公寓区等多称为自治会。具体请参考陈竞《日本公共性社区互助网络的解析——以神奈川县川崎市 Y 地区的 NPO 活动为例》（2007）.

④ 内阁府. 令和 3 年度高龄者の日常生活·地域社会への参加に关する调查结果（全体版）」[EB/OL]. 内阁府ホームページ，2021.

町内会等自治组织的活动"的比例最高。另外，无论男女，80岁及以上者正在参加某种社会活动的比例都较低，有七成以上没有参加活动，显然高龄带来的体力不足会给老年人的社会参与带来显著影响，这也是已有研究中被证实的结论。

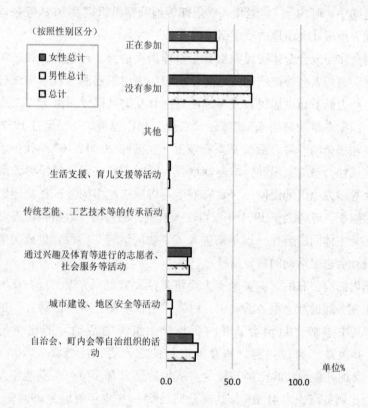

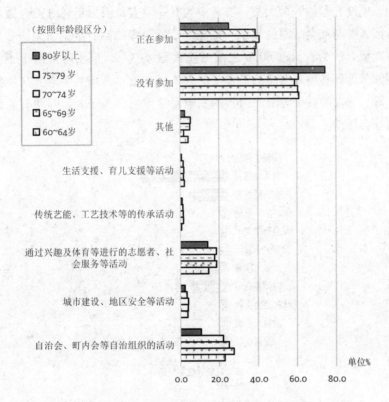

（按照年龄段区分）
■ 80岁以上
□ 75~79岁
□ 70~74岁
□ 65~69岁
□ 60~64岁

正在参加

没有参加

其他

生活支援、育儿支援等活动

传统艺能、工艺技术等的传承活动

通过兴趣及体育等进行的志愿者、社会服务等活动

城市建设、地区安全等活动

自治会、町内会等自治组织的活动

单位%

图 5-1　日本老年人参加志愿服务活动的现状

注：本图数据为多选项回答，无回答比例除外。

资料来源：笔者根据内阁府《令和 3 年老年人日常生活和地域社会参与调查结果》（2021）数据制作。

从以上调查结果中的"没有参加社会活动"的数据来看，男女总计比例高达 63.3%（图 5-2）。在问及理由时，回答"体力困难"（30.5%）、"没有活动意愿"（28.7%）、"时间不充裕"（28.0%）的比例较高。从年龄层来看，60~64 岁、65~69 岁老年人回答"时间不充裕"的比例较高（50.6%、40.1%），这与前述政府鼓励老年人持续就业到 65 岁以及试图普及 70 岁就业的延迟退休政策有关。但从性别来看，与女性回答比例最高的"体力困难"（34.0%）不同，男性的回答中，以"没有活动意愿"比例最高，为 32.8%。内阁府的另一调查显示①，没有参与社会活动的老年人分为"有参与意识，但无法参加""没有参

① 内閣府. 平成 28 年度高齢者の経済・生活環境に関する調査結果［R/OL］. 内閣府ホームページ，2018-05-27.

与意识，也没有参加"两大类，前者中约有一半人是因为年轻时没有做好健康管理，或者参与社会所需的知识、技能以及资金等的储备不足而无法参与。虽然约有六成人认为在自己 60 岁之前就应该积极参与，但实际上由于工作、育儿、照顾父母等各种原因而疏于参与的人不在少数，再加上年老后身体健康水平的下降、朋友的减少等阻碍因素的影响，导致很多人年老后即使有意愿也无法参与社会活动。

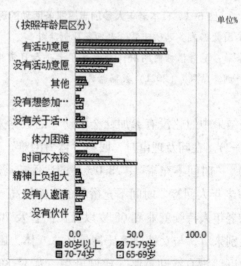

图 5-2　日本老年人参加志愿服务活动的意愿及原因

注：本图数据为多选项回答，无回答比例除外。

资料来源：笔者根据《令和元年度老年人经济生活调查结果》(2019) 图表 2-1-4-2 修改制作。

　　另外，特别值得注意的是居住形态对老年人参与地域志愿服务活动的影响。町内会等地缘型组织主要是依靠居住在同一社区内的居民及企业，以共同处理社区中发生的各种共同的问题①。在以上调查中，自己持有住宅的老年人回答参加"自治会、町内会等自治组织的活动"的比例较高（23.1%），而租住的老年人回答比例显著低于前者（9.5%），"通过兴趣、体育等进行的志愿者、社会服务等活动"的回答比例也呈现了同样的状况，实际上在"没有参加社会活动"的提问中，有79.6%的租住者做出了肯定回答。老年人离开工作岗位后，社会网络缩小，社会网络的重心也逐渐从工作单位转向社区、家庭，因而一个相对稳定的居住环境对于帮助老年人，尤其是独居老年人或单身老年人参与社会活动显然有着重要意义。根据日本总务省统计局发布的《平成30年住宅及土地调查结果》②，1993年，日本有65岁及以上老年成员的家庭中有八成以上拥有自己的住宅，租赁住宅者比例仅为14.3%。其中，由老年夫妇组成的家庭拥有自己住宅的比例为84.9%，租赁者比例为14.3%，但独居老年人家庭拥有自己住宅的比例仅为64.8%，租赁比例超过了三成。到了2018年，虽然有65岁以上老年成员的家庭的住宅租赁比例有所下降，独居老年人家庭的住宅租赁比例仍达到33.5%。随着人口老龄化程度的加深以及未婚化、不婚化的持续发展，有预测认为未来租赁型住宅的比例仍将处于增加态势，以东京为例，有65岁以上老年成员的民间租赁型家庭，将会从2015年的32.8万户增加到30年后的42.5万户③。

　　如前所述，内阁府公布的数据显示④，目前60岁及以上老年人正在参加的团体或组织中，回答"町内会、自治会"的比例最高，如果加上"虽然没有参加，但希望参加"的回答比例，达到了34.6%。但对于参加地域志愿服务活动的条件，接受调查的60岁及以上老年人表示自身健康最重要（68.1%），其次回答比例最高的就是"活动场所离自己家不要太远"（43.7%）、"有一起参加活

① 中田实，张萍. 日本的居民自治组织"町内会"的特点与研究的意义 [J]. 社会学研究，1997（4）：25-26.

② 総務省統計局. 平成30年住宅・土地統計調査-調査の結果 [EB/OL]. 総務省統計局ホームページ，2019-09-30.

③ 沖有人. 老後の住宅難民が東京で100万人超!? 未婚化が招く衝撃シナリオ [EB/OL]. Yahoo! JAPAN，2018-06-07.

④ 内閣府. 令和3年度高齢者の日常生活・地域社会への参加に関する調査結果（全体版）」[EB/OL]. 内閣府ホームページ，2021.

动的伙伴"（42.3%）。小池高史等人①也曾以临近东京都的和光市老年人为研究对象，指出在去除其他因素后，住宅类型中的租赁住宅类型是容易使老年人陷入孤立状态的重要因素，由于居住环境不稳定，难免与当地居民关系淡薄、缺乏与他人及所在社区交流的机会。可见，稳定的居住环境对老年人参加这些地缘型志愿服务活动的重要性。

二、老年人俱乐部的发展状况及问题

老年人俱乐部是以地域社会为主体的日本最大的老年人自主活动组织。从性质上来说，老年人俱乐部和町内会、自治会一样，也属于地缘型组织，只是相较于后者的混龄式结构，前者才是专门针对老年人设立的民间团体。如表5-1所示，据说以庆祝长寿为名的平安时代的"尚牙会"，以及随佛教一起从中国传入日本的民众互助组织"讲"是日本老年人俱乐部的起源，之后明治时代成立的"博多高砂会"（福冈县）及"乐寿老人会"（京都府）、大正时代成立的"上田地区老人会"（熊本县）等被认为是现代老人俱乐部的基础。"二战"后，面对当时社会混乱的困局，对晚年感到不安以及关心养老问题的人们开始呼吁"用自己的手守护自己老年的幸福"，1946年千叶县八日市场町率先建立了战后最早的老年人俱乐部，之后全国各地纷纷响应，1962年"全国老年人俱乐部联合会"成立。之后老年人俱乐部被纳入老年人福利体系，《老年人福利法》（1963）第十三条规定："地方各级人民政府可以自愿、积极地参加有利于老年人身心健康的文科课程、娱乐等项目。地方政府应努力促进旨在改善老年人福利的业务，并努力向老年人俱乐部和其他从事此类业务的人提供适当的援助。"可以看出，老年人俱乐部在成立之初就被定位为促进老年人福利事业的组织。

表5-1　日本老年人俱乐部的发展历程

阶段	发展历程
缘起	以庆祝长寿为名的平安时代的"尚牙会"，以及随佛教一起从中国传入日本的民众互助组织"讲"是日本老年人俱乐部的起源，之后明治时代成立的"博多高砂会"及"乐寿老人会"、大正时代成立的"上田地区老人会"等成为现代老人俱乐部的基础

---

① 小池高史，铃木宏幸，深谷太郎，等. 居住形態別の比較からみた団地居住高齢者の社会的孤立［J］. 老年社会科学，2014（3）：303-312.

阶段	发展历程
草创期 （20世纪40—60年代）	1946年，千叶县八日市场町成立战后第一个老年人俱乐部 1952年，全国各地的社会福利协议会建议各地成立老年人俱乐部 1954年，根据最初的老年人俱乐部数量调查，其数量已达到112个 1962年，全国老年人俱乐部联合会成立 1963年，国家开始对老年人俱乐部提供援助
扩大和发展期 （20世纪70—80年代）	1973年，《老年人俱乐部运营指导》制定 1980年，全国"不生病运动"开始（1984年改称"促进健康运动"） 1986年，在"促进健康运动"的基础上，"友爱活动""社会服务日"一齐发起活动，"健康、友爱、奉献"的全国三大运动由此展开
面向21世纪的活跃期 （20世纪90年代）	1991年，《面向21世纪的新型老年人俱乐部的构建》发布 1992年，"杜绝一病不起运动"在全国展开 1993年，"支援（老年人）住家福利友爱活动"在全国展开 1995年，《老年人俱乐部计划》制定（2003年修订） 1997年，"医药的学习和实践活动"在全国展开
面向新课题的挑战期 （进入21世纪后）	2000年，《基层（老年人）俱乐部21》制定 2005年，"守护儿童巡查活动"在全国展开 2010年，《老年人俱乐部振兴3年计划》开始

资料来源：笔者根据全国老年人俱乐部联合会网《什么是老年人俱乐部——发展历程》翻译修改而成。

目前，老年人俱乐部的活动宗旨是"健康""友爱""奉献"，其中"奉献"的日语是"奉仕"，指的就是为营造安全安心的社区所从事的志愿活动。其活动内容多种多样，大致包括公共设施和道路清洁、美化、绿化、花卉制作，资源回收活动，老年设施的志愿者，社区（儿童）守卫巡逻活动，预防犯罪和防灾活动，传承及多年龄层交流活动，老年人及社区活动的支援，等等。除了这些日常的志愿服务活动，由老年人俱乐部组织开展了全国性志愿服务活动"社会服务日"，倡导于每年9月20日与社区组织及居民合作，以绿化、美化和回收资源垃圾等活动为中心，开展广泛的志愿服务活动，以表达对当地社区的感谢，同时向全国国民展示作为社区倡导者的活力。

从组织结构看，"基层老年人俱乐部"是最基层的组织，每个市町村组成

"市町村老年人俱乐部联合会"、每个都道府县及指定城市组成"都道府县及指定城市老年人俱乐部联合会",最后由全国统一完成"全国老年人俱乐部联合会"的组织建构(全国老人联合会网)。老年人俱乐部的会员一般为60岁及以上的老年人,只要支付一定的年费,就可以加入。根据厚生劳动省的统计,2020年"基层老年人俱乐部"数量约8.9万个,会员数达到471.2万人(见图5-3)。单从会员数来看,老年人俱乐部可以说是日本最大的老年人活动团体。但是,近年来老年人俱乐部也面临着基层俱乐部数量以及会员人数减少的挑战。从图5-3中可以看出,从1975年至2016年,"基层老年人俱乐部"数量一直维持在10万个以上,最高峰期时(1995)一度高达13.4万个、会员数高达880.3万人,但之后俱乐部及会员数量开始呈现下降趋势。

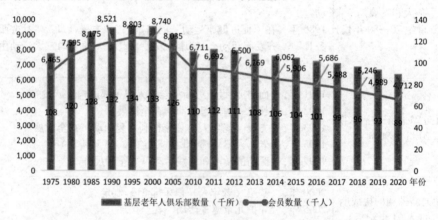

图5-3 日本基层老年俱乐部数量和会员数量变化

资料来源:本图是根据内阁府《令和4年老龄社会白皮书》(2022)图2-2-5修改而成。

除了前述老年人居住形态的影响外,首先,还应考虑到老年人俱乐部组织本身正在老化,导致年轻员工难以顺利过渡到业务运营,使一些基层老年人俱乐部难以维系;其次,老年人俱乐部的加入条件之一是60岁及以上的老年人,但如前所述,政府在进入21世纪之后开始大力推行65岁延迟退休政策,老年就业率的逐年增加也使60~64岁的低龄老年人无暇参与老年人俱乐部的活动;最后,老年人俱乐部的卡拉OK、围棋象棋、健康体操、门球等活动可以满足70多岁会员的需求,但与健康且具有较强社会活动意愿的中低龄老年人的需求不匹配,尤其是对以婴儿潮一代为标志的"二战"后出生的一代新晋老年人来说,"老年人俱乐部"中的"老人"一词的负面印象显然容易让他们望而却步。在日本电通研究所针对60~79岁老年人的调查中,超过七成的人说:"'老人'这个词对我来说还为时过早。"① 因此，今后为促进老年人俱乐部的发展，有必要消除"老年人俱乐部"名称中的负面形象，同时也需要以年龄层区分活动内容，如 80 岁以上的老年人也许需要的是生活支援或兴趣爱好的享受，但体力上仍精力充沛的中低龄老年人也许更需要增加社会服务活动的参与。随着人口老龄化的日益加剧，老年人俱乐部的存在对于维持地域社会发展的重要性是毋庸置疑的，老年人在未来通过该组织的志愿服务活动在振兴地域社会发展中也将发挥更大的作用。

第二节　日本老年人志愿服务的相关政策和措施

一、《老龄社会对策大纲》的制定和修订

现行日本老龄社会对策的基本框架是以 1995 年颁布的《老龄社会对策基本法》（平成 7 年法第 129 号）为基础的。为进一步加强跨部门和跨机构的协调与合作，日本政府在该法案颁布的第二年（1996）召开了老龄社会对策会议，以首相为会长，以各部委部长为成员，起草了《老年社会对策大纲》提案，并由内阁会议制定通过，以作为老年社会对策的指导方针。该大纲之后经过多次修订，最近一次是于 2018 年 2 月根据当前老龄社会的发展状况进行的修订，内容涉及就业、养老金、护理、医疗、教育、城市规划、住房和技术创新等各个领域。《新大纲》指出："由于老年人的体能年龄越来越年轻，而且他们更愿意以某种形式参与社会活动，如工作和社区活动，因此将 65 岁以上的人统一看成'老年人'已不合时宜，70 岁以后的人们仍有意愿并且能够发挥自己的能力。"为此，政府推出"日本 1 亿总活跃计划"，期待能够"实现一个无论女性、男性，无论老年人、年轻人，无论经历过失败的人，还是残障人士或患有不治之症的人，都能够在家庭、工作场所、社区或其他领域发挥积极作用的社会"②。《新大纲》鼓励老年人积极参与社会活动，认为通过社区服务、NPO 等非营利组织活动参与社会，不仅可以体现生存价值，保持健康并预防社会孤立，同时也有利于地域社会福利。

---

① 斉藤徹. 浮上する「老人クラブ」の「高齢化問題」［EB/OL］. Yahoo! JAPANニュース，2016-05-12.
② 内閣府. 平成 30 年版高齢社会白書［R/OL］. 内閣府ホームページ，2018.

在老龄社会对策相关预算中，如表5-2所示，预算内容在2012年和2017年分别做过调整，总体来看在促进就业和收入、健康和福利、学习和社会参与、生活环境、调查研究等措施方面，取得了稳步进展。从一般会计预算来看，总预算从1995年的8兆1553亿日元增加到了2021年的22兆6912亿日元，增加了约2.8倍。从各领域来看，"就业·收入"（或"就业·年金"）、"健康·福利"一直占比较高，基本处于增加趋势，其他领域的预算则远低于前两者，且各有增减。以"学习·社会参与"领域为例，在2009年之后降幅明显，其中与"学习"领域相比，老年志愿服务相关的"社会参与"领域相对占比较小，如1995年该领域的预算总额726亿日元中，仅占比15.3%（111亿日元），之后总额虽有所下降，但在该领域中增幅明显，2021年"学习·社会参与"领域的180亿日元总预算中占比超过一半。因此，从年度预算来看，政府对老年人社会参与领域的投入可以说是处于相对增加的趋势的。

二、促进老年人参与志愿服务的政策措施

（一）促进和完善NPO等非营利组织活动的政策措施

日本把非营利组织（NPO）界定为从事各种公益活动且不以营利为目的非政府性社会团体，其主要特征为"植根于市民社会，依靠市民自发参与和支持；独立于政府和企业之外，可独立自主的运营；不以利润追求和分配为目的；以实现社会公正和社会正义为目标，具有人道主义的感情和立场"[①]。在日本，民间非营利组织最早可以追溯到历史上的宗教公益慈善组织，以及非宗教的地缘性互助互救组织，一般认为较早规范非营利组织的相关法规是明治时代颁布的《民法》（1896）。进入现代社会以后，在社会需求以及相关实践的双重推动下，日本政府逐渐改进非营利组织管理的法律基础，不断规范非营利组织管理的法律制度框架。

1998年日本颁布了《特定非营利活动促进法》，以"有助于增进不特定多数人利益为目的的活动"为基本准则，针对在11项特定事业领域从事公益活动的民间团体，设立了特定非营利活动法人（简称"NPO法人"）。该法律是通过授予法人资格等方式，承认了非营利组织的权力并对其进行监管，由于明确了其设立标准，减少了政府的裁量权，取消了财产限制，简化了审批手续，有学者认为是"绕过民法给日本非营利组织的发展创造了一个更加宽松、更加积

---

① 胡澎.日本非政府团体的对外援助活动及对我国的启示［J］.国外社会科学，2019（5）：60.

极的环境"①。2002年，日本政府通过修订相关法案，进一步简化了非营利组织
的登记手续，并把活动领域扩展到17个；2006年，日本国会通过并颁布《关于
一般社团法人以及一般财团法人法》《关于公益社团法人以及公益财团法人认定
法》《伴随实施关于一般社团法人、一般财团法人法以及关于公益社团法人、公
益财团法人认定法相关法律完善法》三部法律，将《民法》中公益法人的相关
条款终止，"打破了传统的非营利法人法律框架和组织格局，对长期以来形成的
日本非营利组织体系进行了一次根本性的变革"②；2011年通过税制改革，针对
向"认定特定非营利性活动法人"③ 等进行的捐款实施税收抵免、放宽认定要
求等的新捐赠税制，之后进一步修订《特定非营利活动促进法》；2012年4月将
特定非营利性活动法人有关的事务统一在都道府县和政令指定城市集中办理，
进一步简化相关手续等。

表5-2 老龄社会对策相关预算　　　　　　　单位：亿日元

年度	就业·收入	健康·福利	学习·社会参与	生活环境	调查研究等的推进	合计
1995	43800	36360	726	397	270	81553
1996	43269	39516	766	449	340	84340
1997	43176	41698	686	452	385	86396
1998	44078	45476	593	404	380	90932
1999	52095	49694	583	399	445	103215
2000	53386	52297	516	418	851	107467
2001	54884	55862	356	329	968	112398
2002	56387	59264	358	292	1187	117488
2003	57705	61298	346	267	1114	120730
2004	59943	63098	277	130	453	123901

① 王光荣. 日本非营利组织管理制度改革及其启示 [J]. 东北亚学刊, 2014 (2): 36.
② 王名. 日本非营利组织 [M]. 北京：北京大学出版社, 2007: 47.
③ 符合《特定非营利活动促进法》的规定并取得法人资格的民间团体被称为 NPO 法人。
作为 NPO 法人如果发展到一定程度，满足国税厅规定的条件，即可作为"认定特定非
营利活动法人"，在税收上享受一定程度的优待。

续表

年度	就业·收入	健康·福利	学习·社会参与	生活环境	调查研究等的推进	合计
2005	64355	61960	266	128	274	126982
2006	68260	61400	216	125	246	130246
2007	72294	63541	195	125	217	136373
2008	76684	64035	240	124	212	141295
2009	103194	68097	164	151	239	171845
2010	106134	68959	140	92	231	175556
2011	108876	71905	131	65	266	181243

年度	就业·年金	健康·照料·医疗	社会参与·学习	生活环境	市场活性化和调查研究的推进	基础设施建设	合计
2012	85100	76076	119	71	296	86	161748
2013	109052	80262	116	36	267	143	189875
2014	112228	83517	114	23	430	366	196678
2015	115795	84647	110	18	114	124	200809
2016	117762	85582	112	5	116	119	203697
2017	119285	87036	111	48	33	122	206634
2018	121372	88954	175	49	30	114	210693
2019	125185	91638	171	54	34	115	217197
2020	129916	94454	176	37	22	110	224715
2021	131746	94722	180	34	79	150	226912

资料来源：笔者根据内阁府颁布的各年度《老龄社会白皮书》中有关老年社会对策关系预算数据制作而成。

在纷纷出台的法律法规的规范治理及大力推动下，日本的非营利组织得到了迅速发展。根据内阁府统计，2002 年全国被认证特定非营利活动法人自 1998 年以来累计为 6596 所，而到了 2021 年 3 月，该认证数已高达 51269 所，增加了近 7 倍①。在 61 个都道府县及制定城市中，东京都以 9286 所为最高，其他超过 1000 所的也有 10 个。根据内阁府 NPO 网页中从事事业领域的检索结果，目前共有 32149 所 NPO 法人从事"保健·医疗·福利"事业，虽然无法确认与老年人事业领域相关的法人数量，但根据日本学者的研究，在《特定非营利活动促进法》颁布初期，从事老年福利事业的市民组织就已占总数量的两成左右，老年人既是这些非营利组织的潜在捐赠者，又是积极参与其中的志愿者②。在日本老龄化程度越加严重的今天，显然相关 NPO 法人的数量较之法律颁布初期只多不少，而且老年人既是其服务的对象，又是其重要的参与者。

此外，为组织和支持各类老年志愿者推广项目，日本还推出了一些具体的措施：（1）对市町村、都道府县指定城市以及各级社会福利协议会的志愿者中心提供支援，如对市町村的志愿者中心活动项目、地区福利综合推进项目等提供资金支持，前者是负责举办志愿者活动入门讲座，出版相关信息杂志，对志愿者进行登记、指导、斡旋、咨询等工作；后者是为了构建符合地区特点的细致高效综合性福利服务体制而设立。（2）支持各都道府县及指定城市的志愿者推广项目，包括为社会人提供志愿服务机会的社会福利活动体验项目，支持老年人利用丰富的知识、经验及学习成果积极参与社会活动，支持举办研讨会等活动，以培养老年人作为社区活动领导者所需的基本素质和能力等。（3）重视老年领导人的培养和相关组织建设工作，如在各都道府县建立"长寿社会建设促进组织"，通过与各相关部门合作，提高公众对老年人社会活动的认识，促进健康、体育、社区活动，培养促进社会活动的领导人。（4）在中央层面推进全国志愿者活动促进中心项目的实施，为各都道府县及指定城市的志愿者中心负责人提供培训，并协助举办全国志愿者节等③。

---

① 内閣府. 高齢化の状況及び高齢社会対策の実施の状況に関する年次報告（平成 9 年版~30 年版、令和元年版~4 年版高齢社会白書）［R/OL］. 内閣府ホームページ, 2022-10-02.

② 山内直人. 高齢社会における NPO の役割［J］. 日本オペレーションズ·リサーチ学会. 1999（12）：13-17.

③ 内閣府. 高齢化の状況及び高齢社会対策の実施の状況に関する年次報告（平成 9 年版~30 年版、令和元年版~4 年版高齢社会白書）［R/OL］. 内閣府ホームページ, 2022-10-02.

（二）促进和完善老年人社会参与的信息环境建设

为使老年人积极参与社会，近年来日本政府在信息环境改善方面也做出了不少努力。一是促进字幕广播、解说广播和手语广播的普及，以使老年人及视听障碍者等能够通过电视播放接触到相关信息。内阁府和通信部于 2007 年 10 月联合发布了《视听障碍者广播普及管理指南》，并敦促各电视台在 2017 年之前努力实现其中规定的普及目标。之后的 2018 年，日本总务省又重新确定了普及目标，并发布了《广播领域信息无障碍管理指南》，规定 NHK 以及所有地面电视台（县级除外）的所有电视节目均需附上字幕，县级电视台和卫星电视在 2027 年之前达到带字母的电视节目 80%、50% 的目标①。日本广告协会、日本广告业协会和日本民间广播联合会于 2014 年共同组成了字幕推广协议会，针对带字幕广告的研发、最佳方法的共享等进行交流，并且每年一次与残疾人组织交换意见，开展了一系列带字幕广告普及的推进活动。

二是促进老年人信息通信技术（Information and Communication Technology, 简称 ICT）的利用。早在 2010 年，政府通过"通信利用趋势调查"发现，虽然使用互联网的老年人处于增加趋势，但其利用率并不高，尤其是 70 岁及以上者约四成，80 岁及以上者仅有二成左右。在此背景下，政府力图通过促进老年人 ICT 的使用，以增加老年人了解社会并参与社会活动的机会。尤其是 2011 年日本大地震发生之后，政府通过灾区调查发现，在没有信息通信建设的地区，有的接受援助晚，有的避难所没有充分利用所安装的 ICT 设备。对此，在文部科学省的支持下，NPO 支援中心通过与民间企业及财团法人"高级视频信息中心"等的合作，开始向地震灾区派遣学生和社会人士作为"重建支援的 ICT 志愿者"，支持灾区建立 ICT 设备系统，确保灾区利用 ICT 技术传播或收集信息。该举措促使在地震发生前就为老年人开设的个人电脑教室等当地市民团体得以恢复活动，对于帮助那些暂时居住在临时住房中的老年人避免被孤立具有积极意义。之后，2012 年召开的 ICT 超老龄社会构想会议开始研究 ICT 如何应对超老龄化社会的具体推进措施，次年 5 月《实现"智能信息社会"——ICT 超高龄社会推进会议报告》，提出尽早实现"智能信息社会"的目标；2013 年 12 月又召开智能信息社会促进会议，并于次年颁布《智能信息社会促进会议报告》，开始在全国范围内部署医疗及护理 ICT 建设，通过该领域数据的共享，以期建

---

① 総務省ホームページ. 放送分野における情報アクセシビリティに関する指針［DB/OL］. 総務省ホームページ, 2018-02-07.

立 ICT 领域的预防老年人疾病的健康新模式。①

（三）促进老年人积极参与地域社会活动的补助金项目

进入老龄化社会后，日本政府陆续出台了很多促进老年人积极参与地域社会活动的补助金项目，通过各级行政机构向实施志愿服务活动的老年人俱乐部等老年人活动团体直接提供经费支援，以改善老年人参与的社会活动环境。例如，针对以地域社会为活动平台的日本最大老年人自主活动组织老年人俱乐部，各地政府大多设有针对基层俱乐部活动的援助项目，对符合要求的志愿服务类活动、提高修养类活动以及增进健康类活动等提供经费资助。具体规定和资助金额因地区而不同，如福冈市的资助对象是在市内同一地区居住的由 60 岁以上者组成的至少 30 人的基层老年人俱乐部，规定资助期限内必须有一定数量的会员参加活动，每月资助上限 4800 日元②；熊本市针对全市约 520 个基层老年人俱乐部，规定只要有 9 个月以上的活动经历（新建老年人俱乐部至少有 6 个月的活动经历）就可获得每月 4000 日元的"活动助成金"以及每年 5000 日元的"增进健康助成金"③；仙台市根据老年人俱乐部的会员人数划分为 7 个大类提供 3000~12000 日元的资助金④等。

1999 年开始的"老年人生存价值活动支援项目"也是重要的支援项目之一⑤。该项目主要通过与老年人俱乐部及银发人才中心等的合作，主要针对以从企业退休的老年人为活动主体、进行护理预防及生活支援等活动的志愿组织及 NPO 法人等提供必要的活动经费资助，目的是推动企业退休老年人在地域社会中继续发挥作用，通过有偿志愿活动获得一定收入的同时，也能够实现自己的生存价值，促进身心健康。该项目的援助对象主要是新成立或在已有业务的基础上展开新业务活动的 NPO 法人，虽然不要求法人资格，但作为接受补助金的对象需要满足以下条件：必须是从事解决老年人问题的志愿活动，如为老年人提供餐饮服务的农产品生产活动、老年人守护支援、老年人配餐支援、老年

① 内阁府. 高齢化の状況及び高齢社会対策の実施の状況に関する年次報告（平成 9 年版~30 年版、令和元年版~4 年版高齢社会白書）[R/OL]. 内阁府ホームページ，2022-10-02.

② 福岡市.（単位）老人クラブへの助成 [EB/OL]. 福岡市ホームページ，2021-05-13.

③ 熊本市. 老人クラブへ活動助成金及び健康増進助成金について [EB/OL]. 熊本市ホームページ，2021-05-07.

④ 仙台市. 単位老人クラブ活動助成事業に関する様式 [EB/OL]. 仙台市ホームページ，2021-05-07.

⑤ 横浜市. 高齢者生きがい活動促進支援事業 [EB/OL]. 横浜市ホームページ，2020-04-23.

人的体育指导、多年龄层共同活动的场所创建等；业务活动的部分收入需要支付给从事志愿活动的老年人（部分老年人是有偿志愿者）；业务运营费用应由该组织的业务收入支付；开展的志愿活动必须有益于老年人自身的生存价值及身心健康。该项目是以"护理保险项目费补助金"（国库补助）为财源，由满足条件的志愿组织提出申请，最终经过国家审核后发放，如 2018 年的年度预算为3400 万日元，采取每家志愿组织发放 100 万日元的定额发放形式，计划补助 34家志愿组织①。

（四）推动以老年人为主体的全国性活动的展开

除重视地域活动外，日本还积极推动以老年人为主体的全国性活动的展开。首先是举办以老年人为主体的各类节庆活动，在厚生省成立 50 周年的 1988 年启动的"全国健康福利节"② 就是其中规模较大的节庆活动之一。该节日举办的初衷是为了促进长寿社会的健康发展，希望包括老年人在内的每个国民都能积极致力于身心健康的维护和社会活动的参与，同时加深公众对该类活动内涵的理解和支持。目前，该节日每年由厚生劳动省、指定城市及一般财团法人长寿社会开发中心共同主办，体育厅协办。节日的主要活动形式包括开幕式、闭幕式、健康相关项目（如体育交流大会等）、福利及生存价值相关项目（如文化交流大会、美术展、地区文化传承馆等）、健康及福利共通项目（如健康福利机器展、音乐文化节等）及其他各地特色项目等。该节日活动的参加者除 60 岁及以上老年人外，一些涉及多年龄层交流的活动也会邀请小朋友等其他年龄层人员一起参加。从参加人数来看，虽然每年人数不等，但近几年均维持 40 万~50万人的规模，人数最多的一次是 1998 年于名古屋市举办的全国健康福利节，当时多达 70 万人参加，2019 年在和歌山县举行时，参加人数也达到了 56 万人，年度预算超过 9000 万日元③。众所周知，节庆活动不仅可创造可观的经济效益和社会效益，对社会各方产生的影响及积极作用也不容忽视。全国健康福利节不仅让老年人通过自身参与深刻感受到健康和参与的重要性，也向全国民众树立了老年人极富健康活力的积极形象。

其次是举办各类老年人相关会议或论坛，如著名的"老龄社会论坛"。该论坛由日本内阁府主办，以文部科学省和厚生劳动省为后援，参加对象是对老年

---

① 内閣府. 令和 2 年版高齢社会白書［R/OL］. 内閣府ホームページ，2020.
② 日语为"全国健康福祉祭"，被模仿奥运会的日语发音"オリンピック"，昵称为"ねんりんピック"。
③ 愛甲健. 高齢者の生きがいづくりについて［DB/OL］. 法務省ホームページ，2018-01-18.

人社会参与活动感兴趣的人以及 NPO、地方公共团体、企业等为老龄社会对策
而工作的人，其目的是促进老年人的社会参与以及其他年龄层与老年人的代际
交流，培养促进老年人社会活动的领导型人才，推动相关人员之间的信息交流。
该论坛于 2009 年在东京的日本城市中心会馆举办，之后每年围绕不同主题举办
1~2 次，如 2019 年 10 月在长野县长野市艺术馆举行的老龄社会论坛上，围绕
"面向活跃和健康的良好循环——无论谁都可以参与的新的地域社会建设"主
题，共有 53 个团体组织和 49 名个人作为老年人社会参与活动的优秀案例做了
相关报告①。该论坛的举办充分体现了日本政府对老年事业的高度重视，不仅
通过论坛组织的影响，起到老年人对社会发展正面意义的宣传作用，也将有重
要影响力的政治官员、业界精英、知名学者、基层实践人士等聚集起来，围绕
老年社会问题群策群力。

（五）重视有关老年志愿服务的国际交流活动的展开

日本除重视老年人在地区振兴中的作用外，也期待老年人在国际志愿服务
中发挥重要作用，"老年人海外志愿者项目"就是其中之一。其背景是日本政府
应发展中国家的需求，召集具有相关技术、知识、经验且希望对发展中国家的
社会经济发展做出贡献的老年人，通过国际合作机构赴发展中国家从事志愿活
动，也是日本推进中老年人海外技术合作的一部分。该项目自 1990 年至 2017 年
已向海外派遣 6362 人，事业领域涉及人力资源、农林水产、公益事业、商业活
动及观光等多项领域（见图 5-4）。

此外，经过 2002 年联合国第二次老龄问题世界会议，日本确认了国际社会
合作应对全球人口老龄化以及非政府组织、非营利组织和政府伙伴关系的重要
性，于 2003 年推出了"促进老龄化社会全球伙伴关系项目"，邀请了来自中国、
韩国、新加坡、英国、芬兰和瑞典的 8 名 NGO（非政府组织）领导人和学者，
在东京和仙台举办座谈会，并参观疗养院，与日本官员进行交流，积极向世界
传播与老龄化社会有关的倡议，力求在建立国际合作网络方面发挥主导作用②。

"青年社会活动核心领袖培养项目"也是其国际交流计划的一部分。在
2012 年的派遣计划中，日本青年以"有生存价值的老年人生活"为主题访问了
英国，涉及与该国国民保健署领导人的有关老年人生活社区问题的会谈、劳动
年金部门的关于老年人劳动对策和年金制度改革的演讲、英国慈善组织的访问、
与从事老年志愿活动的青年人的交流等多项活动。而在 2013 年的日方邀请下，

① 内閣府. 令和 2 年版高齢社会白書［R/OL］. 内閣府ホームページ, 2020.
② 内閣府. 平成 17 年版高齢社会白書［R/OL］. 内閣府ホームページ, 2005.

国外青年也参加了在东京举行的"非营利组织管理论坛"，以"加强社区合作，实现组织理念：深化非营利组织与当地居民、企业和其他组织之间的合作"为主题，与日本青年进行了讨论和意见交换，并对一些县市的老年活动及老年政策进行了考察，举办了相关主题研讨会等。

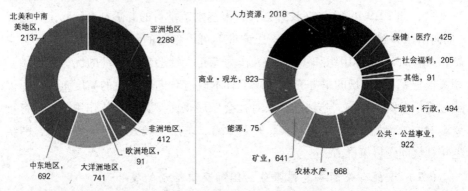

图5-4　1990—2017 年日本老年海外志愿者的派遣（单位：人）

资料来源：根据内阁府《令和 2 年老龄社会白皮书》（2020）图 2-2-10 数据修改制作而成，原数据来自外务省统计数据。

（六）重视国民志愿服务意识的早期培养

持续理论认为一个人在特定的环境条件下形成的习惯、爱好、性格、个性等具有延续的性质，并支配着老年的生活和活动。而前述日本内阁府的调查也显示，在没有参与社会活动的老年人中，不少人是因为年轻时没有做好健康管理或者相关知识、技能储备不足等而无法参与①。因此，国民志愿服务意识早期培养的重要性不言而喻。在学校教育中，日本政府从 1996 年开始在一些地区推进儿童和学生可以参加的志愿者体验模范项目；1997 年开始实施促进老年人参与社区以及促进代际理解的各种交流项目；2000 年开始保育和护理体验实践活动，以促进高中生能够进行与保育、护理相关的志愿体验活动，加深对少子老龄化社会的认识；2001 年，日本又对《社会教育法》进行了修订，规定教育委员会的工作必须包括为青少年提供志愿活动等社会服务体验活动，在大学和高中的招生中，也要求对其志愿和社会服务活动进行适当的评估；等等②。

---

①　内閣府. 平成 28 年度高齢者の経済・生活環境に関する調査結果［R/OL］. 内閣府ホームページ，2018-05-27.

②　内閣府. 高齢化の状況及び高齢社会対策の実施の状況に関する年次報告（平成 9 年版~30 年版、令和元年版~4 年版高齢社会白書）［R/OL］. 内閣府ホームページ，2022-10-02.

这里需要重点提出的是前述的"青年社会活动核心领袖培养项目"。2001年"国际志愿服务年"展开，根据联合国通过的《支持志愿服务的建议》，日本开展了宣传教育项目、培训、国际会议等活动，以便向公众宣传志愿服务的意义和作用，扩大志愿服务活动的范围，该项目就是其中一个重要举措。项目于2002年开始实施，旨在通过派遣日本青年到海外从事与老年人、残疾人、青年领域相关的社会活动，以及邀请活跃在海外民间组织的青年领导人到日本进行相互交流，以期培养青年人作为日本社会活动的核心力量，并以此建立日本青年领导者与其他各国青年领导者之间的国际合作。其中在老年人相关领域，2012年10月派遣了9名日本青年到英国，次年2月邀请了13名英国、丹麦和德国的青年领袖到日本。该项目是以建立多元共生社会为目标，培养志愿服务活动的青年领导人，同时也是国民志愿服务意识早期培养的一个重要体现①。

第三节 老年人参与志愿服务活动的案例分析

"人类从降生到离开这个世界，无时无刻不存在于一个依赖体系之中"，回归社区的老年人虽然较之活跃在职场的人们，其社会资本的活跃程度大打折扣，但仍然能够依靠各类社团活动实现再社会化和再组织化②，可以说"老年人的社会公益组织和互益组织是老年人实现自助、互助和他助的重要载体"③。同时，告别职场之后的老年群体拥有更多的闲暇时间，这也为其参与志愿服务活动提供了可行性。只是，学者们发现老年人的社会参与更多表现为"消极参与"，自组织性不强④，这就需要各级政府及组织团体创建平台，积极推动已退休的健康老年人成为地域社会中志愿服务活动的主要力量。

一、以城市建设协议会为依托的地域社会志愿活动

三重县名张市老龄化问题严重，65岁及以上年龄比例在2018年10月为

① 内閣府. 平成25年版高齢社会白書 [R/OL]. 内閣府ホームページ, 2013.
② 田毅鹏. 老年群体与都市公共性构建 [J]. 福建论坛（人文社会科学版），2011（10）：194.
③ [美] 理查德·C. 克伦塔尔. 老年学 [M]. 李志博，伏耀祖译. 兰州：甘肃人民出版社. 1986：432.
④ 李宗华. 近30年来关于老年人社会参与研究的综述 [J]. 东岳论丛，2009，30（8）：63-64.

30.6%，比全国平均高出 2.5 个百分点。随着老龄化的发展以及总人口的减少，如何应对老龄化社会已经成为一个重大的行政问题。在此背景下，名张市在全市建立了 15 个 "地域建设协议会"，以支持市内各区的城市建设活动，重建互帮互助的地域共生社会，恢复地区活力。其中，名张区从古至今一直是城市的中心城区，同时也作为生活文化基地蓬勃发展，截至 2018 年 10 月，共有 6177 人口，家庭数量 3149 户，老龄化率高达 35.4%。①

　　该区的地域建设协议会利用历史设施、文化财产、自然风景等地区资源，以 "名张的原风景和人情浓厚的魅力城市" 为主体正在展开多项地域振兴活动，下属多所志愿活动组织中很多业务内容涉及老年人福利问题，如承担送餐服务的志愿组织 "西红柿"（日语：ぷちとまと）每周一次为老年人发放约 80 份便当并同时进行安危确认；"温馨拥抱"（日语：よってだ～こ）在全区开设 7 所老年人沙龙，为老年人提供余暇场所等②。

　　在地域建设协议会的 "地域支援事业" 项目中，下属的有偿志愿组织 "隐藏的支援"（日语：隠おたがいさん）是一个为寻求帮助和能够提供帮助的老年人提供支持的地缘型志愿团体，也是一个以老助老的典型案例。该组织于 2012 年 4 月开始独立运营，通过招募老年人成为该组织的会员，为寻求帮助的其他老年人提供生活支持，使其可以在熟悉的社区安心生活。会员注册年费为 500 日元，求助的客户也可以作为合作会员，每次使用按照每小时 500 日元的费用支付，其中 100 元支付给该组织作为活动经费，另外 400 日元支付给提供服务的志愿者会员。服务内容是在 2011 年 5 月以当地居民为对象进行问卷调查后决定的，如修剪草木、庭院管理、清洁和洗涤、家务帮助（如烹饪）、安全确认、谈话伙伴、暂时看管儿童等多项内容。另外，根据使用该服务的会员意见，2017 年又购买了小型汽车，增加了接送医院、购物等陪伴外出业务。对志愿者会员来说，为其他需要帮助的老年人提供支持显然很有意义。一位志愿者说："我认为比躺在家看电视更健康，是一种共生共存的行为。" 还有人认为："这份工作很有趣，即使疲惫，但被对方道谢时，会感到很有意义，也会产生同伴意识。"③ 可以说，该组织的 "以老助老" 志愿活动不仅帮助了日常生活困难的老年会员能够安心地生活在熟悉的社区，而且对老年志愿者会员来说，通过帮助

①　内閣府. 令和元年版高齢社会白書［R/OL］. 内閣府ホームページ，2019.
②　名張市. 地域づくり・地域ビジョン―名張地区まちづくり推進協議会（PDF）［EB/OL］. 名張市ホームページ，2021-05-13.
③　三重テレビ.「ゲンキみえ生き活きリポート」ゲッキネット. 人の力を地域の力に！「隠（なばり）おたがいさん」［EB/OL］. 三重テレビホームページ，2017-08-27.

其他老年人，也深切感受到了贡献社会的意义。

二、以地区银发人才中心为平台的多样化特色业务尝试

在 20 世纪 80 年代，日本政府认为人口老龄化加剧了劳动力的匮乏，也限制了社会活力，为此一方面注重提高老年人的健康水平，另一方面划拨专款在全国普遍设立"银发人才中心"，作为专门针对老年人的社会就业支援中心，只要想工作的老年人在该中心登记，就可为其安排与自身技能相关的工作。该中心的会员总数在 2009 年曾一度达到近 80 万人，但之后也是由于前述老年人延迟退休政策的改变，各地 60~65 岁新会员普遍减少，截至 2019 年年末，分布于全国各地的分中心共有 1299 所，会员总数有 71 万人左右①。各地分中心的服务不只是以老助老，其服务对象是包括老年人在内的所有需要帮助的社区居民。其业务范围除传统的家政等服务外，大多因地制宜，有自己的独特之处。例如，兵库县芦屋市的银发人才中心为那些充满烦恼却无处诉说的人提供"倾听服务"；埼玉县川越市以妖怪传说闻名，因此该市的银发人才中心就提供了"妖怪传说之旅"的导游服务等②。

近年来，很多分中心为寻求发展，也在根据客户要求不断开拓新业务。在各地银发中心会员普遍减少的情况下，鹿儿岛市银发人力中心的会员增加人数位居全国第一。该中心成立于 1981 年，2019 年年末会员总数为 3691 人，其中女性会员数为 1460 人，比 4 年前增加了 2 倍，会员平均年龄为 71 岁。会员基本保持每月工作 10 天左右、一周 20 小时以内的工作量，传统的工作内容有修剪花木、修整草地、家务服务（清扫、洗衣）、照顾孩子等，近年来增加了向福利机构、托儿所等劳动力不足的企业或机构派遣员工，"一枚硬币服务"，"同好会活动"③ 等不少新业务。其中，"一枚硬币服务"根据工作时间长短设定了"100 日元服务"和"500 日元服务"两种服务方式，前者是如扔垃圾等大约 10 分钟可以完成的工作，后者是指如买日用品等预计 30 分钟以内完成的工作。会员中约有 500 人从事这项服务，使用人数也在逐年增加且评价很高，截至 2019 年年底，累计有 1584 人使用过该服务，使用次数高达 9094 次。虽然是付费业

---

① 内阁府. 令和 2 年版高龄社会白書［R/OL］. 内阁府ホームページ，2020.

② 新华社. 日本如何应对老龄化社会的养老困局［EB/OL］. 新华网，2018-01-12.

③ "同好会活动"是由会员组织参加的各种兴趣爱好活动，一般 10 人以上，活动内容涉及书法、导游、高尔夫球、登山、手工艺、跳舞等。其中，利用女性会员的舞蹈、魔术、大鼓、三味线琴技能而设立的"向日葵剧团"于 2019 年成立，经常到福利机构进行访问和表演活动，非常受欢迎。

务，但承担该业务的会员同时还要负责确认老年人的安危，因此该服务项目也具备志愿公益的色彩①。

像鹿儿岛市银发人力中心这样，很多地区的银发人才中心不仅支援着老年人就业，也正在通过各种新项目的开展，促进老年人积极参与地域社会活动，成为支援地域振兴的重要力量之一。

三、以志愿者协会为中心的老年志愿活动

位于日本群马县富冈市的富冈制丝厂始建于明治年间的 1872 年，是日本最早的官营模范制丝厂。1987 年正式停止运营，其主要建筑一直保存着创业之初的状态，在明治政府建立的官营工厂中，以几乎完整的形式得以保留的只有富冈制丝厂。2014 年 6 月，"富冈制丝厂和丝绸产业遗产群"被列入世界遗产目录②。

富冈制丝厂停止运营后，希望参观的呼声很高。1996 年夏天开始，由退休校长会富冈甘乐支部的 18 名会员开始作为志愿者，为游客们提供建筑物外观的解说活动。为了让更多的人正确理解其作为产业遗产的历史价值，2007 年，NPO 法人富冈制丝厂解说员协会正式成立，组织了富冈市以及临近城市的约 70 名退休人员，为参观者提供参观解说。主要采取领取半天 2000 日元的有偿志愿形式，每位解说员通常需要在上午或下午进行 2 次解说，每次以 30~40 名游客为对象，一边在场地间移动一边做解说，游客较多的时候甚至需要承担 1 天 4 次解说的任务。老年志愿者要想成为解说员，必须参加 2 天的培训讲座，并且需要经过 40 分钟的实地解说并经审核通过才可以上岗。除说话的内容、声音的大小、解说的速度等外，向参观者通俗易懂地介绍制丝厂的历史文化等也是重要的审核标准之一。

众所周知，文化遗产是过去的文化遗存，承载着优秀的传统文化，如何将其蕴含的深厚内涵及价值传达给人们是一个重要课题。富冈制丝厂解说员协会负责人关利行认为，讲解员需要介绍制丝技术、建筑物、工女们的生活等，并且要简单易懂地告诉参观者，为什么富冈制丝厂会成为世界遗产，这就是作为讲解员的作用。对老年志愿者来说，虽然承担着与年龄不太相符的高工作量，

① 内阁府. 高龄化の状况及び高龄社会对策の实施の状况に关する年次报告（平成 9 年版~30 年版、令和元年版~4 年版高龄社会白书）[R/OL]. 内阁府ホームページ，2022-10-02.

② 群馬県立世界遺産センター. 富岡製糸場と絹産業遺産群 [EB/OL]. 群馬県立世界遺産センターホームページ，2021-05-18.

但就像志愿者所说的，"能够和各种各样的人交流也是一种乐趣""解说结束的时候，客人们对我们称赞说'太好了'，我们也感到很高兴"。可见，工作的荣誉感、幸福感应该是这些老年人活跃于该地区的重要支撑力量。①

---

① 群馬県. 元気高齢者活躍事例集［EB/OL］. 群馬県ホームページ，2021-05-18.

第六章　日本老年教育的发展历程及典型模式^①

　　文化教育活动是老年人积极参与社会发展的重要途径。1999 年，世界卫生组织在《积极老龄化政策框架》"涉及卫生及社会服务体系的决定因素"一节中指出，"之前有受教育基础再加上退休后的终身学习，可以帮助老年人提高技能，增强社会适应能力以及保持独立生活的信心"^②。2002 年，联合国第二次老龄问题世界大会发布《2002 年老龄问题国际行动计划》，进一步明确指出，应"提供机会、方案和支持，鼓励老年人参与或继续参与文化、经济、政治、社会生活和终身学习"。同时，学界也通过大量实证研究证明，老年教育不仅能够让老年人发现老年生活的积极意义，而且可以通过逐渐适应社会，最终达到精神、情绪上的稳定^③。老年人的生存价值与学习活动密切相关，老年教育的意义不仅是为了满足老年人的个人愿望，在创造社会价值及生活价值方面也具有重要作用^④。老年教育活动已成为影响老年人个体生活，乃至社会发展的重要因素之一。

　　从世界范围来看，日本进入老龄化社会的时间虽然晚于欧美诸国，但如果从 20 世纪 50 年代由老年人俱乐部等地缘性社团发起的各类老年兴趣学习活动算起，日本的老年教育活动至今已有 70 多年的实践经验。同时，日本也是较早以立法的形式将老年教育纳入终身教育体系的亚洲国家，政府白皮书《日本文教政策：终身学习最新发展》（1988）、《终身学习振兴法》（1990）等为老年教

---

① 本章根据笔者论文《日本老年教育的发展历程、典型模式及经验借鉴》修改而成，原稿刊登于《成人教育》2023 年第 1 期。

② 世界卫生组织. 积极老龄化政策框架［M］. 中国老龄协会译. 北京：华龄出版社，2003.

③ 久保田治助. 高齢者教育における生きがいの二極化-小林文成の生きた教養論をとおして［J］. 早稲田大学大学院教育学研究科紀要別冊. 2003, 11 (1)：153-163.

④ 樋口真己. 高齢者の生きがいと学習［J］. 西南女学院大学紀要. 2004 (8)：65-73.

育领域立法法典化提供了优秀范例。基于此，本章拟梳理日本老年教育的发展脉络，对其典型老年教育发展模式展开考察和分析，总结出日本老年教育的发展规律，以期为我国推动老年教育的转型与发展提供有益借鉴与参考。

第一节　日本老年教育的发展历程

有学者认为美国老年教育的变化与发展过程是从"福利救济"向"赋权增能"转变的过程①。"二战"以后，作为战败国的日本因受到美国的占领和管制，其外交、安保、经济发展、教育等均受到美国影响。日本的老年教育主要经历了"福利指向中的老年教育""'老年教育论'蓬勃发展中的老年教育""终身教育理念下的老年教育"三个重要发展阶段。

一、起步阶段——福利指向中的老年教育（"二战"后—20世纪60年代）

学界普遍认为国际老年教育始于"二战"后的人权运动。1948年联合国颁布《世界人权宣言》，宣告"人人都享有受教育的权利"，由此引发了世界各国对受教育权的关注。继而法国著名成人教育家保罗（Lengrand）于1965年正式提出"终身教育"思想，促使老年人的受教育权得到了明确认定。总体而言，在此阶段老年人多被视为弱势群体，老年人有受教育的权利并未达成国际共识。即便是在美国，《成人教育法》（1964）、《美国老人法》（1965）、《职业教育法》（1968）等一系列相关法案虽陆续出台，老年教育被认为是改善老龄化问题的重要途径之一，但老年教育仍停留在福利救济阶段。

"二战"后初期，日本社会处于动荡不安状态，针对老年人的各类政策多是将救助或福利放在首位。一般认为，日本老年教育源于1951年成立的老年人俱乐部举办的各类兴趣学习活动。老年人俱乐部是在中央社会福利协议会（现在的社会福利协议会）的推动下成立的，是为增进老年人福利的民间组织。《老年福利法》（2020年修订）第13条第1款规定："地方政府必须努力实施有助于维持老年人身心健康的教养类讲座、娱乐活动及其他老年人能够自愿并积极参与的活动。"同时，第2款规定：应"对老年人俱乐部业务适当资助"。为此，当时的厚生省（现在的厚生劳动省）特别制定了《老年人俱乐部资助项目纲

---

① 许瑞媛，马丽华. 赋权增能：美国老年教育促进老年人社会参与的策略探究［J］. 职教论坛，2021，37（8）：138.

要》，规定以国家 1/3、都道府县 1/3、市镇 1/3 的比例对老年人俱乐部进行资助，并设立了唯一专门机构"老人福利科"以展开资助项目①。在国家资金的支持下，老年人俱乐部在全国迅速普及，到了 20 世纪 60 年代中期，其数量已超过 4.7 万所②。在此过程中，时任长野县伊那市公民馆馆长的小林文成认为如果想提高青年及女性的教育水平，就必须成功实现老年教育，老年教育是社会教育的重要一环③。在小林文成的积极奔走下，日本第一个具备老年人班级的乐生学园于 1954 年成立。

20 世纪 60 年代中后期，围绕老年人亦出现了不少新的社会课题，如平均寿命的延长和人口老龄化问题，产业现代化伴随的老年人口就业困难和退休问题，战后的家庭制度变革、城市化及信息化加剧、经济高速增长、住宅高层化导致的血缘与地缘关系淡薄问题，老年人的健康管理、生活保障以及教育开发问题，等等④。面对这些新课题，日本文部省（现在的文部科学省）委托民间机构开设老年人班级，以使老年人具备可适应社会快速发展所需要的修养及生活技能。在政府的支持下，一大批"政府委托型"老年学习机构得以成立，著名的印南野学园的老年学堂于 1969 年成立于兵库县加古川市。

日本的老年教育最早是在类似老年人俱乐部等地缘共同体中得以实现的。如果说老年人俱乐部只是最基层的组织，那么乐生学园、印南野学园等老年学堂就是老年人得以继续深造学习的老年大学的前身，是老年人加强修养、参与社会的重要场所，也是老年大学在 20 世纪 70 年代之后在全国成功普及的基础。在此阶段，日本老年教育尚未形成规模，前述团体或机构大多是由福利行政单位组织而成，老年人被定义为需要社会保护的弱者，老年教育也成为当时社会福利政策的一种具体体现。

二、发展阶段——"老年教育论"蓬勃发展中的老年教育（20 世纪 70—80 年代）

进入 20 世纪 70 年代后，美国老年教育的价值取向逐渐向"赋权增能"转变，整体进入了快速发展阶段，而日本也进入了"老年教育论"的确立时期。1971 年，日本文部省咨询机构——社会教育审议会在《社会教育应对急剧变化

① 樋口真己. 高齢者の生きがいと学習［J］. 西南女学院大学纪要. 2004（8）：65–73.
② 魏映双. 日本的老年教育与人力资源开发［J］. 成人教育，2011，31（8）：129–130.
③ 久保田治助. 小林文成の高齢者教育思想における「現代人となる学習」概念［J］. 鹿児島大学教育学部研究纪要（教育科学编）. 2011（62）：109–121.
④ 橘覚勝. 老いの探求［M］. 東京：誠信書房. 1975：166.

的社会结构的应有方式》中首次使用了"高龄者教育"（"老年教育"）这一概念①。1973 年，以印南野学园的老年学堂为基础开办了第一所隶属官方的老年大学。之后，在各地政府的扶持下，东京都世田谷区老年大学（1977）、北九州市的周望学舍（1979）以及千叶县的老年大学（1979）等陆续成立，到了 20 世纪 80 年代初期，政府指定地区内的老年教育服务覆盖率已经达到半数。这一时期，社区型老年大学得以蓬勃发展，覆盖全市、全县（相当于我国的省）乃至全国范围的广域型老年大学也开始出现。

老年大学的遍地开花不仅激发了老年人的学习欲望，也引发了社会及学界对老年教育的研究热情。乐生学园的创立人小林文成依据自己的教育实践，先后出版了《在老年俱乐部的生活》（1970）、《老年人变了》（1974）、《福寿草》（1974）、《老年人读本》（1975）、《对晚年的思考》（1978）、《改变晚年》（1978）等多部著作，阐述了"（老年教育就是一种能够适应当代生活的）当代人的学习"这一独特的老年教育思想。在《改变晚年》一书中，小林文成认为老年人学习的目标应该是"老年人自己理解当代，适应当代生活"，具体来说就是"不拘泥于过去，掌握作为当代人的常识，在此基础上，如果能利用过去的长期经验，就能成为年轻人的商量对象，体现出老年人自身的生存价值"②。1971 年，教育学者副田义也在文章《老年期的教育》中第一次论述了老年期的教育问题。1988 年，学者橘觉胜出版了关于老年学的首部系统化著作《老年学》。同年，著名老年问题专家堀薰夫也出版了著作《社会福利与社会教育》，指出老年教育是开发老年资源以及振兴地区发展的解决方案之一，首次将老年教育与地区发展联系起来③。可以说，20 世纪 70—80 年代是日本"老年教育论"得以确立的时期。

需要注意的是，这些研究并没有明确提出老年人的教育权问题，全国性铺开的老年大学多是为了促进老年人福利而运营，其管辖单位也多是各地的福利部门，老年教育中的福利因素得到了进一步加强。实际上，日本政府早在 1947 年就已颁布《教育基本法》，其中第四条规定："所有公民都有接受与其能力相应教育的机会，不应因种族、信条、性别、社会身份、经济地位或门第等原因在教育上受到歧视。"两年后颁布的《社会教育法》第三条亦规定："国家和地

---

① 久保田治助. 日本における高齢者教育論の成立過程-1970 年代の高齢期の学習観 [J]. 鹿児島大学教育学部研究紀要（教育科学編）. 2012（63）：90.

② 小林文成. 老後を変える [M]. 京都：ミネルヴァ書房，1978：130.

③ 久保田治助. 日本における高齢者教育論の成立過程-1970 年代の高齢期の学習観 [J]. 鹿児島大学教育学部研究紀要（教育科学編）. 2012（63）：90-91.

方政府应根据国民对学习的不同需求，提供与之相应的必要学习机会并予以奖励，以努力促进终身学习。"但就像樋口惠子等学者所认为的那样，直到 20 世纪 90 年代，老年教育仍倾向于健康问题，强化了老年人作为福利政策中"弱势群体"的印象①。不过，在该阶段社会和学界已开始弃用日语的"老人"一词，逐渐使用"高龄者"称谓。由于日语中的"老人"带有明显的"弱者"或者歧视意味，而"高龄者"的称谓则显得更加客观，因此这一称谓上的变化可以认为是老年人主体性增强的一种表现。

三、深化阶段——终身教育理念下的老年教育（20 世纪 90 年代至今）

1965 年，法国成人教育家保罗在联合国教科文组织举办的国际成人教育促进会议上提交了"关于终身教育"的议案，之后很多业界学者对终身教育这一概念进行了进一步的解释和拓展，虽然对其概念内涵并未达成一致，但普遍认为终身教育应是实现公民学习权的教育，是创建学习型社会的终身教育②。联合国通过多次国际大会肯定了老年人参与社会的意义，并倡导终身教育理念。2002 年，联合国在第二次老龄问题世界大会政治宣言第十二条中明确指出："为了满足老年人的期望和社会的经济需求，应当让老年人参与社会的经济、政治、社会和文化生活。老年人只要愿意并有能力，应一直有机会工作，从事令其满意的生产性工作，同时继续有机会参与教育和培训。"对此，以欧美发达国家为首的世界各国纷纷响应。美国早在 1976 年就将《终身教育法案》加入《高等教育法案》中，以法律的形式确定了终身教育与终身学习的内涵；法国则先后颁布了《阿斯杰法》《终身教育草案》《终身教育继续法》等法案，并成立了专门的终身教育机构。

在此背景下，极为重视教育的日本自然不甘落后。实际上，日本的终身教育最早可追溯到 1920 年设立的"社会教育主务科"，该科室专门负责管理通俗教育、图书馆及博物馆等公共场馆、青年团体等的社会教育部门，老年人的文化教育活动也被包含在内。1929 年，文部省为协调学校教育与社会教育的共同发展，将"社会教育主务科"升级为"社会教育局"，下设青年教育科、成人教育科、庶务科；1988 年通过对"社会教育局"重组，进一步组建了"终身学习局"，下设终身学习振兴科、社会教育科、学习信息科、妇女教育科、青少年

---

① 樋口惠子. 老人の生きがい [M]. 日高幸男，岡本包治，松本信夫編. 老人と学習：高齢者教室と老人クラブ運営の手引. 東京：日常出版株式会社. 1975：134-135.

② 刘廷民. 公民学习权视角下我国终身教育体系构建 [J]. 高教探索，2014（5）：156-157.

教育科五个部门，自此，终身教育被纳入日本的国家级教育规划①。在法律方面，日本除在《宪法》《教育基本法》中规定老年人拥有参与教育的权利外，在 1990 年正式颁布了《终身学习振兴法》，之后又陆续出台了《老年社会对策基本法》《老年人就业安定法》等多项法律，倡导终身学习理念，强调老年人学习和社会参与的积极意义。在法律法规的指引下，文部省等相关政府机构不仅鼓励老年教育的多元化发展，为老年人提供多样化学习机会及教育环境，还从税收、经费、技术等各方面予以实际支持，不断推进终身学习社会的构建。

在终身教育体系下，学习权既是民众的基本权利，也是推动社会与经济发展的工具和手段。日本的《老龄社会对策大纲》指出："在老龄社会，随着价值观的多样化发展，有必要通过学习活动和社会参与活动以丰富生活，获得生存价值，同时也需要在继续就业或日常生活中不断学习新的知识和技术，以应对社会变化。""我们支持老年人不断学习，使老年人能够在就业岗位和地区社会中继续发挥作用。"② 正是在这样的理念指引下，老年个体在文化教育活动中的主体性受到了重视，老年教育真正被纳入终身教育体系。可以说，这一时期是日本终身教育理念得以确立的时期，也是日本老年教育从福利取向向体现老年人尊严和自我实现方向迈进的深化发展阶段。

第二节 日本老年教育发展的典型模式

回顾日本老年教育的发展历程，从基于地缘共同体的老年人俱乐部、公民馆等老年人学习班到面对全国招生的老年大学，从单一的老年健康、娱乐问题讲座到涵盖本硕博一体化的高端学科设置，从以老年人为主的单一学员构成到老中青的混龄化学习机制，老年教育在实施主体、办学形态、办学层次、课程设置等方面多有不同，呈现出多元化发展态势。

一、社区型老年教育模式

日本最基层的社区型老年教室多由市町村教育部门主办，通常设立在中小学校、公民馆等场所，目的是为老年人学习健康知识、文化知识、艺术技能等提供场所，以促进老年人积极参与社区活动。公民馆作为日本分布最广的基层

---

① 黄之鸿，洪明. 日本建构"学习型社会"新举措——文部科学省新建"综合教育政策局"探析［J］. 中国成人教育，2019（10）：67-68.

② 内阁府. 令和 3 年版高龄社会白书［R/OL］. 内阁府ホームページ，2021.

学习场所，遍布全国各都道府县，其作用不容小觑。公民馆始创于1949年，在日本的《社会教育法》中被定位为"各地对公民实施社会教育的主要设施"。1984年，日本全国公民馆联合会指出："公民馆应在与终身教育有关的教育机构及教育设施的联络、协调中发挥带头作用。"① 自此，公民馆逐渐成为日本实施终身教育的基层场所之一。由于很多讲座或学习课程的对象并不仅限于老年人，公民馆也是距离社区居民最近的混龄化学习平台。根据内阁府《关于终身学习的舆论调查》②，在最近一年从事某种学习活动的老年人中，有12.4%的60~69岁老年人以及16.2%的70岁及以上老年人参与学习的形式为"公民馆、终身学习中心等公共机构的讲座或老年人教室"（见图6-1）。就学习内容而言，60~69岁者回答想参加"健康与运动"（健康法、医学、营养、慢跑、游泳等）占39.8%，70岁及以上者回答"兴趣类活动"（音乐、美术、花道、舞蹈、书法、娱乐活动等）占31.5%③。

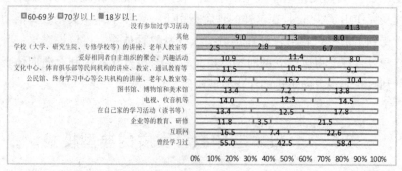

图6-1　18岁及以上人员最近一年内参与各项学习活动的情况（多项选择）

注：原数据源于内阁府《关于终身学习的舆论调查》2018年版，调查对象是18岁及以上人员。

资料来源：笔者根据内阁府《令和3年老龄社会白皮书》（2021）图1-2-3-3数据制作而成。

此外，还有不少由各市町村福利部门自行创办的社区型老年大学，其中东京都的世田谷区老年大学很具代表性。该校成立于1977年，由世田谷区福利部门"市民活动·终身学习推进课"负责管理，目的是帮助居住在世田谷区地区的居民建立新的人际关系。该校成为交流和团结的场所，成为老年一代自主展

① 董爱玲. 日本公民馆发展历程对我国老年教育的启示［J］. 教育观察，2019，8（24）：77.

② 内阁府. 平成28年度高龄者の经济·生活环境に关する调查结果［R/OL］. 内阁府ホームページ，2018-05-27.

③ 内阁府. 令和3年版高龄社会白书［R/OL］. 内阁府ホームページ，2021.

开社会活动的平台，目前毕业生已超过 5200 名①。该校重视在校学员的学习、交流及实践活动，通过邀请已毕业学员回校交流或任教、鼓励在校学员创设或加入可扎根社区的社团等方式，支持老年人在毕业后持续展开学习活动。该校是以一个较大社区为中心开展老年学习活动，比后述的"印南野学园模式"更贴近社区，因此被赞誉为"世田谷区模式"，成为由市町村福利部门开办的社区型老年大学的楷模。

与后述其他办学模式相比，无论公民馆的社会教育还是社区型老年大学，均更倾向于老年福利性质。老年人是社会财富的既往创造者，作为成人教育的老年教育可算作是一种社会回报，尤其对处于高龄或亚健康状态的老年人而言，这种具备浓厚社会福利色彩的社区老年教育显然是不可或缺的存在。

二、广域型老年大学模式

广域型老年大学是日本老年教育发展的一大特色。就实施主体而言，大致可分为各都道府县福利部门、教育部门（包括高校）及民间团体或机构三大类；就学校性质而言，可分为"委托型"和"自行创办"两种模式。

兵库县的印南野学园是"委托型"老年大学模式的代表，是由该县福利部门主导、委托公益财团法人"兵库县生存意义创造协会"负责管理的。该学园成立于 1969 年，作为日本第一所老年大学极具先驱意义，其委托办学模式也得到了社会的广泛认同，成为之后相当长一段时间内其他各地区争相模仿的对象。该学园由 4 年制本科及 2 年制硕士研究生院组成，目前在校老年学员超过 1000 名，是全国范围内在校学员较多的老年大学之一。其本科阶段由共通讲座及 4 个专业学科（园艺、健康管理、文化、陶艺）组成；研究生院则包括历史·文化、健康·福利、环境·地区、景观园艺 4 个专业方向，学习内容更加专业化。除正规课程外，该学园还非常重视社团活动、社区参与活动，根据不同学习内容设立了 37 个社团，并成立了社区活动支援中心，为在校学员及已毕业学员参与社区志愿者活动提供信息支援，并组织各种培训、交流会、演讲会以及进行活动成果发布等活动。

位于兵库县明石市的茜丘学园则是地方政府教育部门自行创办老年大学的代表。该大学成立于 1981 年，原本位于明石公园内中央公民馆，2000 年起利用废弃的市立松丘南小学重新建校，是明石市唯一作为终身学习典范而设立的 3 年制老年大学，目前由明石市市民生活局社区及终身学习课负责相关管理工作。

---

① 世田谷生涯大学. 世田谷区生涯大学［EB/OL］. 世田谷生涯大学ホームページ, 2021－12－01.

截至 2019 年，该校已招收 37 届老年学员，拥有近 4000 名毕业生。该大学的办学特点是专业学习与通识教育相结合，专业学习是指五大学科专业，即景观园艺、健康生活、故乡建设、音乐交流和陶艺文化等专业。第一、第二年的主要任务是掌握知识、技能，搭建伙伴关系；第三年则根据学员选择的主题组成学习小组，体验地区活动。通识教育的学习要求全体学员一起参加，主要内容包括关于社区建设、社会参与、生活环境、福利、健康、时事、国际问题、人权、文化、历史等主题讲座，学员不仅要听讲，还要积极融入各学习小组进行学习和体验，以便掌握社区活动所需的策划力、实践能力、小组运营方法等①。

与欧美各国相比，日本创办老年大学的高校虽然少，但也有类似日本立教大学设立校内老年大学"第二人生大学"的成功案例。这类以全市、全县或全国范围进行招生的广域型大学，并不以追求老年人个人兴趣爱好的发展为目标，多是通过老年人在该大学的学习活动、志愿者活动、社区交流活动及自治会活动等，促使老年人积极参与社会，为地区振兴培养合格的老年领导型人才。

三、函授型老年大学模式

根据前文所述，日本内阁府《关于终身学习的舆论调查》（2018 年版）显示，60 岁及以上老年人的学习形式以"互联网"形式最多，占比 16.5%，如果加上"电视、收音机"形式，比例更高（见图 6-1）。在函授型老年大学模式中，日本放送大学涉及的混龄型老年函授教育最具代表性，另外还有诸如"兵库老年广播大学"等以老年人为专门招生对象而设立的函授大学。日本的函授大学不仅数量多，实施主体、办学规模及办学特色也各具特色。

老年函授型学习模式之所以广受欢迎，首先是因为函授型教育本身所具备的优点。以 1983 年成立的日本放送大学为例，作为基于电视、广播和网络技术学习的远程教育大学，该校具备学习内容专业度高、教授水平高等特点，能够满足老年人的学习需要和学历需求。同时，由于不用入学考试，学费又比较低，具备老年人较易参与的优点。就像现任校长岩永雅也所言，无论是老年人想获取自己 20 多岁时没能拿到的大学毕业证，还是年轻人期待的升职，均可参加远程学习，可以说"放送大学的首要特征就是让学员从各种学习阻碍中解脱出来，实现随时随地轻松学习"②。日本放送大学本身具备的多层级学习课程也是其受

---

① 兵庫県あかねが丘学園. 明石市立高齢者大学校あかねが丘学園［EB/OL］. 兵庫県あかねが丘学園ホームページ，2021-12-13.
② 日本放送大学. 学長からのメッセージ［EB/OL］. 日本放送大学ホームページ，2021-12-21.

欢迎的原因之一。该大学目前开设有本硕博三个阶段的学位课程，招收的学生可分为获取本硕博学位的全科生、只选择自己感兴趣的学科进行学习的学年选科生、仅选择自己感兴趣的课程进行学习的学期选课生、仅学习某些讲座的听课生四大类①。从该大学在校本科生年龄分布数据来看（见表6-1），自2013年以来，中老年学员数量处于上升趋势。2020年，60岁及以上老年学员数量从2013年的18623人增加至21795人，在各年龄层中增幅最大，在全校本科生中占比26.3%，成为人数和比例最多的学员群体。同时，在校硕士生中的60岁及以上老年人比例也明显上升，2020年占比达到32.4%，已招收的老年博士研究生在博士研究生总数中（2014年开始招收）约占1/4。在数量众多、种类及级别各异的老年大学中，像日本放送大学这样能够为老年人提供高等教育中全部本硕博阶段教育的大学极为少见。学者对此多有赞誉，甚至曾有学者提出，我国可仿照其函授研究生院模式建立网上"虚拟研究生院"，采用远程教育方式开展研究生教育②。

表6-1　2013—2020年日本放送大学本科在校生年龄分布

年龄分布	2013年		2014年		2015年		2016年		2019年		2020年	
	数量(人)	占比(%)	数量(人)	占比(%)	数量(人)	占比(%)	数量(人)	占比(%)	数量(人)	占比(%)	数量(人)	占比(%)
19岁以下	3120	3.7	2772	3.3	2985	3.5	3084	3.6	2256	2.8	3716	4.5
20~29岁	10957	13.0	10692	12.7	10828	12.5	10716	12.5	9753	12.2	11708	14.1
30~39岁	16955	20.1	15835	18.9	15660	18.1	14842	17.2	12313	15.4	12137	14.7
40~49岁	20196	24.0	20215	24.1	20362	23.6	20352	23.6	17745	22.2	17052	20.6
50~59岁	14383	17.1	14851	17.7	15942	18.4	15843	18.4	16136	20.2	16400	19.8
60岁及以上	18623	22.1	19527	23.3	20662	23.9	21248	24.7	21862	27.3	21795	26.3
总计	84232	100.0	83892	100.0	86439	100.0	86085	100.0	80065	100.0	82808	100.0

资料来源：笔者根据王柱国、徐锦培《如何使老年开放教育更具吸引力——日本放送大学对我国老年开放大学办学的启示》（2020）和内阁府《令和3年老龄社会白皮书》（2021年）图2-2-8数据制作而成。

---

① 王柱国，徐锦培. 如何使老年开放教育更具吸引力——日本放送大学对我国老年开放大学办学的启示［J］. 中国远程教育，2020（6）：53.

② 丁惠敏. 日本放送大学的远程教育及其启示［J］. 现代远距离教育，2001（3）：64.

函授型学习模式在日本得以普及与日本政府的积极推动是分不开的。日本在国内外相关会议上多次强调终身学习和远程学习的重要性，并积极展开硬件设施建设。早在 1998 年 1 月就已开始利用通信卫星的 CS 数字 TV 播映，实现了播映对象从关东地区向全国范围的推广；1998 年 7 月，该校在日本所有的都道府县都设置了学习中心；1999 年 4 月设置校本部与各地学习中心联网的"校园网络系统"，并加大力度开展具有学习中心的分中心功能的卫星转播地面站设置工作等。可以说，日本在 20 世纪 90 年代末就已基本完成在全国范围内开展函授学习的硬件建设，为老年函授学习提供了有力保障。

四、退休准备型教育模式

退休准备教育（Pre-retirement Education，简称 PRE）也被称为"退休前教育"或"退休适应性培训"，日语一般称为"定年退職前研修"或"定年退職前教育"，是为了提高临退休在职人员对于角色转换的心理调适能力以及提高其退休后的发展规划能力，以实现从工作到退休的顺利过渡而进行的教育、培训和指导①。退休准备教育源自 20 世纪 40 年代的美国，当时为了让即将退休的员工能够了解退休后将会遇到哪些困难并学习如何克服，美国一些民间组织或企业以中年以上的员工及其家属为对象开办研讨会，提供有关法律、保险、社会保障以及未来选择等有关个人退休生活设计方面的帮助。日本在"二战"后借鉴并引入了美国的退休准备教育，20 世纪 80 年代逐渐成形，20 世纪 90 年代之后得以普及。

目前，退休准备教育作为"生涯设计教育"或职业培训的一环，已经成为日本社会关注度极高的教育培训项目之一。不仅有民间企业或专门公司运营该项业务，很多日本企业也已将员工的退休准备教育纳入员工培训的范畴，并在政府的资金支持下展开多方位的规范性教育。其中，位列世界 500 强企业的富士胶片集团的退休准备制度很有代表性。富士胶片旗下子公司富士胶片创新公司针对退休员工专门设立了"第二人生规划制度"，主要包括"再雇用模式"（再次雇用）、"个人规划模式"（推荐集团内部再就业，或通过本公司与其他公司签约实现集团外部的再就业，或不依靠公司援助自行实现就业）、"转业模式"（针对 50~59 岁员工的转业、创业而进行支援的制度）三种规划模式②。中老年

---

① 刘娜，李汝贤. 论美日退休准备教育对我国的借鉴价值［J］. 中国成人教育，2014（23）：147.

② 老年・障害・求職者雇用機構. 高齢者雇用に関する事例集［DB/OL］. 老年・障害・求職者雇用機構ホームページ，2022-01-03.

员工的退休准备教育主要围绕该制度展开，员工在 54 岁和 58 岁时必须接受培训。前者需要进行为期 2 天的学习，主要学习内容有公司内外环境的认识以及对心理活动变化的了解，针对"第二人生规划"的理解，对于养老金的了解以及自身财务计划的制订，设定生涯目标以及进行"第二人生规划"中的模式预设，等等，目的是让 54 岁的员工认真考虑自己 60 岁以后的职业生涯，决定"第二人生规划"的模式选择方向。而后者即公司员工到 58 岁时必须接受的培训主要是针对"第二人生规划"中三种规划模式的内容，如各规划模式的详细说明以及各种支援内容的介绍、选择各规划模式的手续、个人养老金额度以及税金等的资料提供、各规划模式选择咨询等。

日本政府鼓励并支持各企业进行退休准备教育，使即将退休的准老年人做好身心准备，积极对待未来的老年生活。对企业而言，为避免面临退休的员工因担心退休后的生活而影响其工作状态、对企业的忠诚度以及企业整体的环境氛围，就其关心的主要问题进行指导、规划和设计显然也是很有必要的。而对即将退休的中老年员工个人来说，通过接受退休准备教育，可反思自己以往的人生轨迹，探寻今后更适合自己的理想生活模式，从身心两个方面做好迎接退休生活的准备。因此，可以说退休准备教育是准老年人参与老年教育的重要模式之一，可实现政府、企业和个人三方共赢。

第三节 结语及启示

如前所述，"二战"后的日本老年教育经过了从"福利指向中的老年教育"到"'老年教育论'蓬勃发展中的老年教育"，再到"终身教育理念下的老年教育"三个发展阶段，在实施主体、办学形态、办学层次、课程设置等方面呈多元化发展，目前已形成社区型、广域型、函授型、退休准备型等多种教育发展模式。尽管中日两国在国情及经济发展等方面存在各种差异，但日本长达 70 多年的实践经验能够给予我国诸多启示。

一、完善老年教育的相关法律法规建设

政策法规是老年教育发展的根本保障。无论是《老年福利法》（1963）等福利类法律法规，还是《教育基本法》（1947）、《社会教育法》（1949）等教育类法案，均从不同视角展示了日本政府对老年教育的重视。1990 年颁布的《终身学习振兴法》更是为终身教育的展开提供了直接的法律依据，也正式将老年

教育纳入终身教育体系。日本的法律法规多有较为具体的权责规定以及具体可供操作的细则，如《终身学习振兴法》对文部科学省、各都道府县以及市町村等的权责均有明确规定。以该法案第 3 条为例，关于都道府县教育委员会的职责问题，就明确指出以下六项内容：收集、整理和提供与学校教育和社会教育有关的学习及文化活动机会的信息；对民众的学习需求和学习成果进行评估及调查研究；根据各地区实际情况开发学习模式和方法；为相关导师及顾问提供培训机会；促进与社区学校教育、社会教育及文化相关的机构和组织合作，并提出相应建议及提供援助；开展提供社会教育课程及其他居民学习机会所需的业务等。

　　我国的老年教育起步于 20 世纪 80 年代，虽然 40 多年间陆续推出了《老年教育发展规划（2016—2020 年）》《中国老龄事业发展十三五规划》等多项政策，但国家层面上没有设立老年教育或终身教育的专项法案。目前涉及老年教育的法规主要体现在《教育法》和《老年人权益保障法》中，后者指出老年人有继续接受教育的权利，政府应该将老年教育纳入终身教育体系，鼓励社会办好各类老年学校等。但这些法案缺乏关于政府权责的规定，对老年教育的实施主体、经费来源、办学规模等也均未涉及。为使各地方政府、社会团体等在具体实施过程中能够做到有法可依、有据可查，我国应完善老年教育的相关法律法规，给予老年教育更系统而全面的指导性规定。

二、实现政府主导、多元实施主体共存的格局

　　政府主导是实施老年教育的前提条件，多元实施主体共存是未来发展的重要趋势。日本文部科学省内设有"终身学习局"进行终身教育方面的专门管理，政府仍在发挥主导作用。从法律程序看，根据 1990 年《终身教育振兴法》第 5 条的规定，各都道府县可利用民间团体的能力为民众提供多方位的终身学习活动，但须制定基本规划并提交文部科学省及经济产业省审核，而两大部委根据相关法规要求，组织审议会进行审议，审议通过后才会通知各都道府县予以实施。

　　早期日本老年教育活动的实施主体多是各类民间社会团体或机构，在进入20 世纪 70 年代以后，日本政府开始介入和主导老年人的文化教育活动，尤其是在 20 世纪 90 年代终身教育理念得以确立后，各级行政教育部门、政府福利部门、高等教育机构等通过各种形式加入进来。目前，各类民间社会团体或机构仍是老年教育活动的重要实施主体，除营利性文教活动外，老年人寄宿所协会、老年人网站俱乐部、学员自治会等非营利性教育活动也很受老年人欢迎。同时，

各级福利部门再加上日本文部科学省领导下的各级教育行政部门也成为放送大学、老年大学、高龄者教室及公民馆等的老年教育主办者。另外，近年来为了应对不断增长的终身学习需求，各高等院校除了向社会开放学术研究及教育成果、实施公开讲座外，也开始采取实施社会入学考试、开设夜间研究生院、设立夜间讲座制、实施长期履修学生制度等诸多措施，为包括老年人在内的社会学习者提供大学教育机会。

日本的老年教育并不是在教育部门或某一个部门管理下孤立进行的，而是民间机构、福利部门、教育部门等多元实施主体共同作用的结果。可以说，日本的老年教育已基本实现了政府主导、多元实施主体共存的格局。而我国由于缺乏老年教育的专门管理机构，老年教育的管理权限被分散至各地老龄委、教育部、民政局等多个部委，不仅造成了管理部门的权责分散，也导致在政令实施过程中难以发挥其应有的作用。在政府主导的大前提下，有必要设立老年教育或终身教育的专业管理部门。同时，为解决单一部门实施而出现的活动场所、资金、师资不足等问题，应倡导社会各界积极参与，充分利用民间组织或机构的力量，加强老年教育的实力。

三、构建多层级、多样化的教育供给模式

多层级、多样化的教育供给模式可满足老年人的多元化学习需求。美国老年教育学学科发展的奠基人之一麦克拉斯基（McClusky）的需求分类理论（categories of need）① 认为，老年人的学习需求可分为应对需求、表达需求、贡献需求、影响需求和超越需求五大类，老年教育不能只停留在满足老年人基本兴趣爱好的层次上，应分析研究老年人的深层次教育需求，以帮助老年人实现并激发其潜能等②。近年来，日本老年文化教育活动的内涵不断拓展和延伸，已不再局限于休闲娱乐类以及兴趣爱好等"教养类"内容上，有关"学习·研究"方面的活动参与率正在增加。对此，日本老年教育也随之呈现多层级、多样化的发展态势，不仅多种教育模式共存，在实施性质方面也兼具了教育性与福利性的双重性质，老年教育课程被分为不同层次和不同内容，师资配置也是

---

① 霍华德·麦克拉斯基（Howard McClusky，1900—1982），被誉为美国"老年教育学之父"，是美国老年教育学科的开拓者和奠基人之一。1971年，他在马斯洛理论的基础上提出了老年人的教育需求分类理论，促使美国老年教育从以社会服务为主转变为帮助老年人实现自我价值为主，为老年教育理论的发展做出了突出贡献。

② 张飞，江丽. 霍华德·麦克拉斯基老年教育思想研究及启示［J］. 成人教育，2020，40（2）：38-42.

多种多样。

例如，公民馆作为社区中最普遍且与日常生活息息相关的社会教育设施，一般开设以个人兴趣相关的课程为主，其近便性、趣味性和福利性使得其提供的学习活动成为社区老年人的最佳选择，授课教师一般为具备扎实专业知识、较强职业技能和丰富工作经验的各行业退休人员。相对而言，日本立教大学的"第二人生大学"教育模式更像是一种为事业上有更高层次成长需求的中老年人而设立的老年教育模式。该校不仅设有比较严格的入学考试，在课程方面开设有现代社会与民间法律、老年资产运用等高端课程，还要求学员完成毕业论文。该校学员大多是中小企业主或大企业的管理层男士，师资亦多为高校在职教师、民间教育培训机构的教师以及部分具有丰富专业知识和工作经验的退休人员。可见，日本老年教育的多层级、多样化特点不仅满足了老年人的基本娱乐需求，而且在拓展老年教育深层次需求方面也做出了不少努力。

老年教育既是老年福利的重要内涵，也应是终身教育的一部分。与日本相比，我国的老年教育大多还停留在休闲娱乐等福利层面。实际上，在国际社会和积极老龄化理念的推动下，我国很多老年人也已开始学习新知识、新技能，以求跟上时代发展和社会进步的步伐。虽然老年教育不需要像中小学以及高等教育那样进行高度专业化的划分，但根据老年人的不同需求，为其提供不同层级、不同模式的学习活动机会还是很有必要的。

四、支持和援助各企事业单位建立专业的退休准备教育制度

支持和援助各公司或企业设立退休准备教育制度是老年教育体系中的重要环节之一。日本政府为加强政策引导，通过相关法律法规的制定明确了政府和企业对临退休员工的退休适应性培训。例如，厚生劳动省在《老年雇用安定法》修正法案（2021）关于确保老年人就业措施的条款中就明确指出："在老年人从事与退休前不同工作的情况下，希望能够对新从事业务进行教育、培训等。"近年来，厚生劳动省提出的"人生100年设计"理念越来越受国民欢迎，企业员工对退休后的人生建构爆发出更大热情，这促使日本企业或公司不管情愿与否，不管内容规范与否，大多都会进行退休准备教育。

与日本相比，我国的退休准备教育起步较晚。2011年，我国在北京朝阳社区学院正式发布的首部《老年教育教程》中涵盖了128门课程，其中包括"退休心理准备""退休角色转换""退休生涯设计"等内容。这是我国较早关于退休准备教育的课程，但当时并未用于企事业单位，只在朝阳区200所老年大学

教学点推广试用①。2021年3月，在十三届全国人大四次会议上，全国人大代表陈东辉提交了《关于在我国推行退休准备教育的建议》，提出把退休准备教育列入职工教育内容和终身教育范畴，建立健全退休准备教育体系②。从整体来看，目前由于我国对老年人仍有较为负面的认知偏差，老龄工作及相关研究较多关注的是如何为老年群体提供经济赡养、公共服务等，专门针对老年社会参与的政策措施较少，老年人的社会参与总体水平不高，无论是政府还是社会，甚至个人对于在退休前实施或接受退休准备教育均重视不足，开展退休准备教育的企事业单位并不多见。为积极应对老龄化问题，政府应在法规上将退休准备教育纳入终身教育或职业教育的范畴，给予参与老年教育事业的企事业单位政策支持与援助，从而帮助临退休人员实现从工作到退休的顺利过渡。

综上所述，长达70多年的日本老年教育的发展脉络以及典型教育模式，为我国提供了重要的参考和借鉴。但中日两国的历史文化、政治体制以及社会发展差异较大，这就需要人们在深刻解读日本老年教育实践的基础上，在政府主导下由政府、社会、家庭和个人共同合作，努力构建具有我国本土化特色的老年教育以及终身教育体系。

---

① 王超群. 国内首部老年教育教程发布（含退休心理准备等内容）[EB/OL]. 腾讯教育网，2011-12-01.
② 陈如凯. 全国人大代表陈东辉建议在我国推行退休准备教育——让临退休的"准老年"群体更好地适应角色转换 [EB/OL]. 平安贺州网新闻，2021-03-10.

第七章　日本老年人社会孤立问题的发展及政府对策①

　　20世纪70年代以后，在人口老龄化及"高龄化"急速发展的背景下，日本的老年人口数量增长迅速、家庭形态急剧变革，再加上社会结构的巨变，导致越来越多的老年人因退休失去"社缘"（与社会的关系）上的优势，又因"亲缘"（或称为"血缘"，指的是与家人的关系）、"地缘"关系（与地域社会的关系）的疏远而陷入社会孤立或成为社会孤立的预备军。实际上，由于老年人尤其是独居老年人在身体健康、经济状况、安全状况及社会交往方面均面临比其他年龄层群体更多的困境，如果无法通过与家人、朋友、邻居以及地域社会等恢复或增强人际交往型社会参与活动，这些老年人不仅可能面临孤独感、抑郁或焦虑等负面情绪，出现越来越多的心理问题，而且一旦发生意外，可能因孤立无援，甚至濒临死亡时都无法得到及时救助。日本NHK电视台于2010年1月31日播出的纪录片《无缘社会——无缘死的冲击》描述的就是当今日本社会正在步入"无社援"（没有朋友）、"无亲缘"（家庭关系疏离或崩坏）、"无地缘"（与地域社会隔离）的"无援社会"的现状，不仅引发了社会的广泛关注，"无缘死"（日语为"無縁死"或"孤独死"）一词也由此作为社会学领域的新概念而被广泛探讨和研究。老年人的社会孤立问题正是日本当代社会中老龄工作的重要议题之一。

　　在我国老龄化社会越演越烈的情况下，无论是城市独居老年人数量的增加问题，还是乡村留守老年人面临的生存困境问题，都促使人们思考从如何帮助老年人建立或扩大人际交往范围、增强老年人与地域社会的联系以及如何预防日本那样的"无缘社会"等视角，更好地服务于老年人这一特殊群体。本章拟基于人口老龄化背景，主要运用文献分析法和历史研究法，考察和分析日本老

---

　　① 本章根据笔者论文《人口老龄化视角下的日本老年人社会孤立问题研究》修改而成，原载于《宁夏社会科学》2019年第3期。

年人社会孤立问题的发展历程及政府对策，力求从社会孤立视角把握日本老年人人际交往型社会参与的发展与现状，以便根据其经验和教训为我国提供相关参考和建议。

第一节　问题的提出与研究回顾

　　人口老龄化进程的快速推进不仅会对国家的经济发展造成深重而长远的影响，老年人口规模的大幅增加及比重的急速提高也会为老年人口的健康、医疗保障以及婚姻、家庭等方面带来一系列新问题。其中，老年人的社会孤立问题逐渐受到国际社会的关注。1982 年第一次老龄问题世界大会通过的《维也纳国际行动计划》指出，"对年长者的照料应当超越疾病的治疗，并应考虑到体力、智力，社会、精神和环境诸因素之间的相互依存关系，以促进他们的全面身心健康"，认为应"避免使其摒弃于一切社会活动以外"，尤其对于高龄及丧失日常生活能力的老年人，应设法防止社会上处境孤立①。这是在国际正式的文件中，首次提及老年群体的社会孤立问题。

　　"社会孤立"一词由来已久，但首先将"社会孤立"（social isolation）与"孤独"（loneliness）区分开来的是英国学者汤森（Townsend）的研究。汤森认为孤独是一种感情的体现，而社会孤立是一种"与家人或社会几乎不接触"的状态，是区别于个人感情的存在②。之后的日本学者深受汤森的影响，尽管对老年人社会孤立的判定标准并未形成统一意见，但大多数人同意"老年人社会孤立"是一种老年人"不具备或缺乏与家人、朋友、邻居等的交流、接触"的客观状态③。日本自 20 世纪 70 年代开始步入老龄化社会后，随着老龄化进程的不断加深，报纸、新闻等媒体领域开始出现"社会孤立""老年人孤独""孤独死"等的相关报道。而研究领域普遍认为，1974 年由日本社会学家山室周平监译的汤森的著作《居家老年人的生活与亲友网——战后东伦敦的实证研究》应是日本老年人社会孤立问题研究的起点之一，但日本真正开始相关研究是在 80

---

① 联合国. 联合国老龄化议题——老龄问题维也纳国际行动计划［EB/OL］. 联合国中文网站，1982.
② 山室周平監訳. 居宅老人の生活と親族網-戦後東ロンドンにおける実証の研究［M］. 東京：垣内出版，1974：1-373.
③ 小辻寿規. 高齢者社会的孤立問題の分析視座［J］. コア・エシックス. 2011（7）：109-119.

年代以后①。

日本学者的研究观点大致可分为以下几个方面。一是认为工业化进程中企业雇用劳动者的快速增加导致家庭及地区结构发生变化，导致老年人被社会孤立②。二是认为社会孤立的原因在于地缘、亲缘关系的疏离，强调应从改善人际关系以及加强与所在地区纽带着手以解决问题③。这是构成老年人社会孤立问题的核心观点，也成为20世纪90年代以后地域社会对老年人实施"守护活动"的理论依据。三是从老年群体的社会福利视角出发，认为应对老年人的相关政策、制度进行全面考虑，以应对老年人社会孤立问题，如唐谦直义等④在有关东京都的调查报告中指出低收入及糟糕的居住环境可能导致社会孤立，小辻寿规⑤等的研究强调老年人社会孤立、"孤独死"等现象就是政策不利的结果。除此之外，也有一些研究认为老年人的个性偏好在影响老年人的社会交往方面作用明显，如自我封闭是导致社会孤立的主要因素之一⑥；也有研究认为日本人过于注重个人隐私，即使生活中遇到独自无法解决的问题也不愿去打扰邻居或分居的家人，这也会引发新的孤立⑦。

与日本相比，我国学者关于老年人社会孤立问题的研究起步较晚。如张硕、陈功⑧使用"社会隔离"的概念，通过2010年中国城乡老年人口状况追踪调查数据，评估中国城市老年人社会隔离的状况，分析中国城市老年人的个人特征和环境特征对社会隔离的影响作用。关于日本老年人社会孤立问题的研究较少，

---

① 河合克義. 大都市のひとり暮らし高齢者と社会的孤立［M］. 京都：法律文化社，2009：1-373.

② 氏原正治郎. 高齢者の就労行動と所得問題-産業社会の変化の中で孤立する高齢者［J］. 月刊福祉，1974（9）：8-17.

③ 中川勝雄. 国家政策と地域住民の生活構造の変化［A］. 布施鉄治，鎌田とし子，岩城完之編. 日本社会の社会学的分析［M］. 京都：アカデミア出版会，1982：42-56.

④ 唐鎌直義. 公的年金［M］//江口英一編著. 生活分析から福祉へ-社会福祉の生活理論. 東京：光生館，1998：131-150.

⑤ 小辻寿規. 高齢者社会的孤立問題の分析視座［J］. コア・エシックス. 2011（7）：109-119.

⑥ 越田明子. 中学生が考える過疎地域居住高齢者の生活問題と生活支援-制度化されない生活支援に着目して［J］. 長野大学紀要. 2008（3）：163-173.

⑦ 萩原清子. いま、なぜ高齢者の孤立が問題か-ALONE状態の検討を中心に［J］. 関東学院大学文学部紀要. 2003（100）：81-99.

⑧ 张硕，陈功. 中国城市老年人社会隔离现状与影响因素研究［J］. 人口学刊，2015（4）：66-76.

其中，朱安新、高熔①曾针对日本独居老年人"孤独死"问题，通过内阁府的《独居老年人意识调查》数据分析考察其现状、原因，认为居住地区域、城市规模、就业类型、年龄等对于当下日本独居老年人是否感知"孤独死"具有显著的影响效果。

在世界各国将人口老龄化纳入积极发展的大背景下，以上中日两国学者们关于老年人社会孤立的研究具有积极意义，但从日本老年人社会孤立的表现特征来看，人口老龄化才是问题产生和发展的社会基础。如前所述，日本自20世纪70年代开始步入老龄化社会后，老年人口数量的急速增长再加上家庭形态及社会结构的巨变，导致很多老年人的"社援""亲缘""地缘"关系衰退，原本的企业、地域社会及家庭所具备的共同体凝聚力失效，不再为老年人提供个体所需的情感支持，导致其陷入社会孤立。因此，探讨日本老年人的社会孤立问题，人口老龄化是一个不可忽视的重要视角。虽然高强等②在针对"孤独死"现象的研究中也曾提及老龄化问题的影响，但对其发展历程并没有做过多论述，且以往日本学者的研究也大多是基于某一时期现状调查的研究，至于人口老龄化背景下日本老年人的社会孤立问题是如何发展、其表现特征如何、政府又是如何应对的，这些问题都没有得到很好的解决。

因此，本章将在既有研究的基础上，站在人口老龄化视角针对日本老年人社会孤立问题的发展历程进行考察和分析，探讨其不同阶段的背景、主要表现以及日本政府的主要应对措施，以期为我国如何加强老年群体的社会参与、有效预防老年人社会孤立提供合理化的建议。

第二节　日本老年人社会孤立问题的发展历程及政府对策

根据世界卫生组织及联合国的定义，人口老龄化的发展可分为"老龄化社会"（aging society，老龄化率超过7%）、"老龄社会"（aged society，老龄化率超过14%）、"超老龄社会"（super-aged society，老龄化率超过20%）等三个阶段。本章将以此为参考，结合日本老龄化的发展进程以及政府的应对措施，将

---

① 朱安新，高熔. 日本独居老年人的孤独死感知——基于日本内阁府"独居老年人意识调查（2014年）"数据［J］. 贵州社会科学，2016（10）：119-126.

② 高强，李洁琼，孔祥智. 日本高龄者"孤独死"现象解析及对中国的启示［J］. 人口学刊，2014（1）：41-53.

老年人社会孤立问题分为"20 世纪 70—90 年代初期""20 世纪 90 年代中期—21 世纪前期""2010 年前后至今"等三个时期来进行梳理。在此过程中需要时序数据加以比较分析，本章将主要采用日本内阁府自 1980 年开始每 5 年一次实施的《关于老年人生活和意识的国际比较调查》数据，以"与亲友的交流频率""与邻居或朋友的交往程度""需要帮助时有无可帮助自己的人"等作为老年人与家人或地区社会交流的基本指标，来考察各阶段日本老年人社会孤立的表现特征。

一、20 世纪 70 年代—90 年代初期

（一）背景及表现特征

日本在 1970 年进入老龄化社会之后，人口年龄结构呈现出老年人口规模迅速扩大、比重持续升高等显著特征，且老龄化速度远高于其他欧美发达国家，仅用了 20 多年（1994），老龄化率就递增到 14%，达到了老龄社会的标准；而同样的进程，法国、瑞典、美国分别用了 126 年、85 年和 72 年，时间比较短的英国和德国也分别经过了 46 年和 40 年的发展。从各年龄层人口数量的变化来看，20 世纪 90 年代初日本 65 岁及以上老年人口数量已超过 1400 万，是 20 世纪 70 年代初的约 2 倍，拥有老年家庭成员的家庭数量也由此呈现增长趋势，加上工业化及城市化的快速发展使大量劳动者跨区域流动，导致依靠地缘、血缘维系的传统社会结构逐渐瓦解，地区人口结构及家庭形态也逐渐分化转型（见图 7-1、图 7-2）。

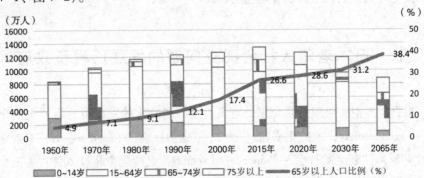

图 7-1　日本各年龄层人口数量及老龄化率的变化

资料来源：笔者根据内阁府《令和 4 年老龄社会白皮书》（2022）图 1-1-2、图 1-1-8 数据制作而成。

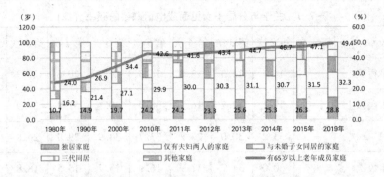

图7-2 日本老龄化率及家庭形态的变化

资料来源：笔者根据内阁府《令和4年老龄社会白皮书》（2022）图1-1-2、图1-1-8数据制作而成。

从图7-2所示的日本各类家庭形态的变化来看，这一时期老年人与子女同住的比例大幅降低，仅有夫妇两人的家庭及独居家庭出现明显的增加趋势。尽管家庭形态中三代同居的比例在1990年仍有四成左右，但独居家庭占比已近15%，如果加上仅有夫妇两人的家庭比例，二者也已占比近四成。其中，65岁及以上独居者占老年人口比例无论男女均有增长趋势，从1980年的男性4.3%、女性11.2%分别增长到了1990年的5.2%、14.7%。原本三代同居的直系家庭形态能够较充分地实践老年人的养老功能，在解决老年人养老问题方面具有极大的优势，但由于家庭形态的转化分型，老年成员家庭结构逐渐向小型化、核心化发展，尤其是老年人"独居化"的加速，不仅制约了家庭养老功能的发挥，而且对老年人社会孤立的形成产生了影响。可以说，家庭形态的分化转型使老年人从子女或亲属处获得的亲缘支持趋于减少，这也就加大了老年人社会孤立的风险。

根据内阁府的第2次（1985）和第3次（1990）国际比较调查，如表7-1所示，关于与分居子女见面或电话联系的频率，受访的老年人中回答"几乎没有"的比例在3%以上，回答"每月1~2次"和"每年数次"的比例均各超过30%，同时"几乎每天"的回答比例均不到15%，加上"每周1次以上"的回答比例，也仅在三成左右。同期除了美国受访者中回答"几乎没有"的比例较高外，其他受访国老年人的回答比例都低于日本，同时包括美国在内，回答"几乎每天"和"每周1次以上"的比例均高于日本，第3次调查中均超过了六成。可以说，在受访国中日本老年人的社会孤立问题状态较为严重，三成以上的人与分居子女几乎没有交往，六成以上交往频率较低，与其他受访国相比，日本老年人与分居子女表现出更强的疏离关系。

表7-1 关于与分居子女见面或电话联系的频率（%）

频率	第1次	第2次	第3次	第4次	第5次	第6次	第7次	第8次	第9次
几乎每天	—	14.4	14.3	13.5	16.3	16.7	20.6	20.3	10.9
每周1次以上	—	19.1	17.2	16.7	30.9	30.1	31.4	30.9	20.0
每月1~2次	—	33.2	30.0	27.2	33.7	34.9	29.9	26.8	24.1
每年数次	—	30.0	34.7	37.9	16.9	15.7	15.5	18.8	18.1
几乎没有	—	3.3	3.6	4.6	2.0	2.6	2.6	3.1	18.7
其他	—		0.1	0.1	0.2			0.1	2.7

注：（1）本项调查自1985年开始每隔5年实施1次，对象是60岁及以上老年人。

（2）在第9次调查中，本项目改为"接触频率"，请注意和之前的数据中有不一致之处。

资料来源：笔者根据第8次和第9次《老年人生活与意识的国际比较调查》的表9、图2-2-2-1制作而成。

　　另外，从表7-2所示日本老年人每周与邻居的交流频率来看，20世纪80年代的两次调查中回答"几乎没有"的比例均在30%以上。与其他国家相比，美国为7%，韩国不到20%，法国在30%左右，可以说日本老年人与近邻的交往较为疏远。但从第3次调查（1990）来看，日本老年人回答"几乎没有"的比例为24.3%，较20世纪80年代减少了近7个百分点，可见日本老年人与邻居的交往有好转倾向。

　　值得注意的是，即使是在20世纪90年代初，日本老年人与邻居的交往也大多限于"互赠物品"（61.7%）、"在外面站着说一会儿话"（48.9%）的程度，在遇到需要商量的事情时，回答"可以互相商量"的比例有26.4%，"生病时可以互相帮助"的比例甚至只有13.9%，而美国关于这两个提问的回答比例均为46.2%，德国分别为52.7%和28.6%。如果再进一步分析关于"除家人外是否有可以商量或互相帮助的亲密的朋友"的回答情况，可以看到4次调查中日本老年人做出肯定回答的比例均有七成左右，而美国均在九成以上，德国的回答比例也超过八成；同时"没有"的回答比例，日本在三成左右，美国不到一成，德国也仅有13.8%（第3次调查）和11.9%（第4次调查）。可以看出，与美、德等西方发达国家相比，日本老年人与邻居或友人的交往程度并不深，如果生活中遇到困难自己无法解决时，极有可能因找不到可依赖的对象而陷入孤立状态。日本的《朝日新闻》在 1970 年就报道了首例发生在东京涩谷的高龄老人"孤独死"事件，之后的 10 多年间该刊至少报道了 25 例同类事件；1983 年东京都监察医务院对东京 23 个区实施了调查，发现大约有 1000 人可能属于"孤独死"①。

表 7-2 关于每周与邻居交流的频率（%）

频率	第1次	第2次	第3次	第4次	第5次	第6次	第7次	第8次	第9次
几乎每天	15.6	17.5	15.9	13.9	21.0	24.6	—	—	—
每周 4~5 次	8.8	10.4	13.8	10.1	11.7	8.8	—	—	—
每周 2~3 次	20.6	20.2	24.3	22.6	24.4	20.4	—	—	—
每周 1 次	21.4	20.2	21.0	26.2	17.4	18.8	—	—	—
几乎没有	31.9	31.5	24.3	27.0	25.5	27.4	—	—	—
其他	—	—	—	—	—	—	—	—	—

注：本项调查自 1980 年开始每隔 5 年实施 1 次，共 6 次，对象是 60 岁及以上老年人。第 7~9 次调查无该项数据。

资料来源：笔者根据《第 6 次老年人生活与意识的国际比较调查》表 52 数据制作而成。

（二）政府对策

在老年社会学领域，美国社会学家伯吉斯曾从不同角度阐述老年人晚年角色和活动缺失的理论模式，认为具备一定能力且拥有社会参与的良好意愿的老年人缺少参与机会时，会被迫与社会疏离②。在日本，亲缘、地缘关系的疏远或丧失是导致老年人陷入社会孤立的主要原因的观点也一直占据主流地位。为恢复或维系"有缘"社会，日本社会出现了不少增加老年人的社会参与机会的民间活动，如日本北部秋田县鹿角市的老年团体"谷内高砂会"发起的名为"哇哇午餐"的午餐聚会活动。该活动自 1993 年起每月一次，邀请独居老年人参与聚餐，对于没有按时到会的人还一一打电话确认其安危，可以说已具备老年人"守护活动"的雏形。同期还有一些地方行政机构开展的老年志愿活动，如宫城县岩沼市开展的主要以女性老年人为中心的"放学后对策"活动，接放

① 小辻寿规，小林宗之. 孤独死报道の历史 [J]. Core Ethics, 2011（7）：125.
② 高强，李洁琼，孔祥智. 日本高龄者"孤独死"现象解析及对中国的启示 [J]. 人口学刊, 2014（1）：46.

学早的孩子们来教室做作业或进行学习辅导，并对高年级的孩子实施食育教育及其他游乐活动等。

从现有资料来看，这一阶段日本政府的官方文件在涉及老年人生活状态时，还未提及"社会孤立"一词，但随着人口老龄化的加速，政府也开始在护理保障、健康服务以及调查研究等方面加强老龄社会对策。除此之外，针对老年人希望延迟退休年龄的要求，政府在20世纪70年代后陆续颁布了《就业对策修正法》（1973）、《中老年人等就业促进修正法》（1986）、《老年人等就业安定修正法》（1990）等一系列有关实现60岁退休、企业实施职员退休后再雇用的法案，从而大大增加了老年人通过就业的方式继续参与社会的机会。但是，政府的这些举措主要目的是减轻来自老龄化背景下日益增大的社会保障的压力，并非直接针对老年人的社会孤立问题。

从整体来看，这一阶段日本老年人社会孤立较之其他国家更为严重，但因媒体曝光的"孤独死"事件多为零星事件，并未引起社会的关注。在加强地区纽带方面，主要是部分社会团体或福利机构在发挥作用，日本政府实施的诸如鼓励老年人就业的举措也只是在一定程度上维护了老年人的社缘关系，对预防或减轻老年人社会孤立来说还远远不够。

二、20世纪90年代中期—2010年前后

（一）背景及表现特征

人口死亡率的下降、平均寿命的延长以及年少人口的大幅减少，导致日本在1994年进入"老龄社会"以后，仍以世界上从未有过的老龄化速度继续发展。如图7-1、图7-2所示，到了21世纪初，日本65岁及以上老年人口数量已超过2000万，在总人口中所占比例也已超过18%。20世纪80年代在发达国家中老龄化率处于较低水平的日本，已成为世界上老龄化程度最高的国家。到了2005年，65岁及以上老年人口数量达到历史最高，为2560万，老龄化率也第一次超过了20%。在此情形下，拥有老年人口的家庭数量进一步增加，2005年有65岁以上老年成员家庭达到1852万户，占比39.4%。其中，三代同居家庭比例急速降低，而独居家庭和仅有夫妇两人的家庭增速明显，前者在2005年已超过400万户，所占比例也从1980年的10.7%增加到22.0%，后者也达到542万户，二者占比已超过一半（见图7-2）。其中，65岁及以上独居者占老年人口比例无论男女继续呈现增长趋势，从1990年男性5.2%、女性14.7%分别增长到了

2005 年的男性 9.7%、女性 19.0%①。

从表 7-1 所示的调查数据来看，这一阶段老年人与分居子女见面或电话联系的频率较之以往有增加倾向，第 4 次调查（1995）中回答"几乎每天"的比例为 13.5%，之后的第 5 次（2000）增加到 16.3%，第 6 次调查（2005）也略有增加。同时，回答"每周 1 次"的比例有大幅增加，而回答"每年数次"的比例少了近一半，回答"几乎没有"的比例也从 4.6% 降到 2.6%。从其他国家的调查来看，2005 年美国老年人回答"几乎每天"的比例最高（41.2%），其次是德国（24.8%）、法国（28.0%）和韩国（23.2%），如果加上"每周 1 次以上"的回答比例，那么可以认为超过八成的美国老年人与分居子女交流频繁，法国和韩国近七成，德国也有近六成比例，而日本的回答比例还不到一半。可见，这一阶段日本老年人与分居子女的交流状况虽有明显好转，但与其他国家相比，日本仍处于落后水平。

在与邻居的交往方面，如表 7-2 所示，1995 年的第 4 次调查中回答"几乎每天"的比例为 13.9%，之后的第 5 次调查上升到 21.0%，第 6 次调查进一步上升为 24.6%；同时回答"每周一次"的比例从 1995 年的 27% 减少至 18.8%，回答"几乎没有"的比例变化不大，一直在 25% 左右。在国际比较中，这一阶段各国老年人回答"几乎没有"的比例最高的是法国，第 6 次调查中为 30.7%，同期美国 25%、德国 19.7%、韩国 14.5%，日本虽不算是最差水平，但美国回答"几乎每天"的比例在三成左右，韩国在四成以上，第 6 次调查甚至接近六成，如果加上回答"每周 4~5 次"的比例，这些国家更是远远超过日本。而且，从与邻居的交往深度来看，第 6 次调查中日本老年人回答与邻居的交往仍主要限于"在外面站着交谈一会儿"（66.3%）、"互赠物品"（51.4%），能达到"需要商量时能互相商量"（24.2%）、"生病时能互相帮助"（8.7%）水平的依旧较少。实际上，在该调查中有两成以上的人认为"除家人外没有可以商量或互相帮助的对象"。因此，可以说这一阶段日本老年人与邻居的交流频率虽基本处于增加趋势，但与其他国家相比还有一定差距，而且很多老年人的邻里关系仍处于无法互相提供援助的程度。

这里特别需要提及的是 1995 年阪神·淡路大地震对老年人社会孤立问题的影响。据日本《读卖新闻》报道，灾后搭建的临时住宅虽然在之后的大约 5 年间逐渐被拆除，但该期间发生的"孤独死"事件多达 233 起；另有《朝日新闻》报道，在从临时住宅移居新住宅的 1995 年至 2003 年期间，至少发生了 190 起相

---

① 内閣府. 令和 4 年版高齢社会白書［R/OL］. 内閣府ホームページ, 2022.

关事件①。如果说之前发生在大都市的老年人"孤独死"事件只是个别案例，那么震灾后在特定区域发生的众多案例则突出显示了亲缘、地缘关系对老年人的重要性，也由此引发了日本社会对老年人孤立问题的广泛关注。

（二）政府对策

日本政府在1995年为应对日益加深的老龄化问题颁布了《高龄社会对策基本法》，之后每年颁布《高龄社会对策大纲》，内容涉及"就业·收入""健康·福利""学习·社会参与""生活环境""调查研究的推进"等五个方面。相关预算也逐渐递增，2000年已达10兆7467亿日元，2005年进一步增长到12兆6982亿日元。（见第五章表5-2）

从这一阶段的预算分配来看，"就业·收入"方面的预算最高，在总预算中一直占有一半左右的比例，且逐年增加，可见政府在确保和增加老年人就业机会方面依然不遗余力。在该政策保障下，日本在20世纪90年代末基本实现了60岁退休制的延迟退休目标，进而在2001年的《高龄社会对策大纲》中指出，为使老年人充分发挥其知识和经验，成为支撑经济社会的重要支柱，政府将完善雇用环境，通过延迟退休年龄及采用继续雇用制度等措施，确保有意愿的老年人都能够工作到65岁，2004年颁布的《老年人等就业对策安定修正法》也基本上秉承了该大纲的方针，并确定了具体的老年人雇用确保措施。继续就业对老年人尤其是男性老年人来说意味着不必从社会活动中撤离，从而也就降低了陷入社会孤立的风险，可以说日本政府的这些举措对于维护老年人的社缘关系发挥了重要作用。

同时，政府也加强了鼓励老年人参与学习和志愿者活动的举措。例如，在学习活动方面，完善地区终身教育推进体系，推动全国各地区相关部门的建设；利用大学及放送大学，为老年人增加接受大学教育的机会；利用公民馆、图书馆、博物馆等社会教育设施，直接以老年人为对象提供有关职业知识、家庭生活、体育锻炼、兴趣爱好等多方面的学习机会；等等。另外，在志愿者活动方面，通过费用补助等方式对各地从事志愿活动的老年人俱乐部、志愿者活动中心进行支援；开展"老年人国外志愿者事业"，派遣中老年技术人才到外国进行技术援助；修订学校教育法，推动中小学生参与社会奉献体验活动以充实志愿者教育；等等。但与就业相比，这一阶段日本老年人参与学习及志愿活动的比例并不高。内阁府的调查数据显示，日本老年人"正在参与"某项学习活动的比例仅有两成左右，同时表示"正在参与"某项志愿者活动的日本老年人的比

---

① 小辻寿规，小林宗之. 孤独死報道の歴史［J］. Core Ethics，2011（7）：126.

例也仅有三成左右。①

除此之外，政府在 2000 年开始实施长期护理保险制度，各市町村依据地区情况对老年人实施护理预防及生活支援。同时，在居住方面，2001 年颁布《老年人居住安定确保法》，确立不允许拒绝老年人入住的租赁住宅登记制度、面向老年人的租赁住宅的供给计划认定和补助制度等多项内容，还为老年成员家庭提供公营住宅，实施生活援助员对老年人日常生活的指导或安危确认服务。

可以看出，政府的相关举措与前一阶段相比，无论是实施内容还是实施力度都有所提高，尤其是在鼓励老年人积极进行社会参与方面投入较大。官方文件虽然未使用"社会孤立"一词，但在如何减轻或预防老年人社会孤立方面，日本政府已开始加入解决问题的队伍中。

三、2010 年前后—今

（一）背景及表现特征

21 世纪中期以后，日本的老龄化进程进一步加剧。2007 年 65 岁及以上老年人口数量已增加到 2746 万，老龄化率也首次超过了 21%，其中 75 岁及以上高龄人口已占比 9.9%，而 1970 年该年龄层占比仅有 2.1%，日本已进入"每 5 人中就有 1 位老年人、每 10 人中就有 1 位高龄老年人的真正的老龄社会"②。按照世界卫生组织的标准，已经属于超老龄社会的范畴。之后老龄化进程仍继续加速，如图 7-1 所示，截至 2020 年 10 月，日本 65 岁以上人口已增加至 3621 万，老龄化率高达 28.9%，预计未来人口老龄化将继续加深，2065 年老龄化率将达到 38.4%，超老龄社会态势难以逆转。在此态势下，拥有 65 岁以上老年人口的家庭数量从 2005 年的 1852 万户进一步增加到 2019 年的 2558 万户，占比也从 39.4% 上升到 49.4%。由于老年家庭形态进一步向"小型化""独居化"方向发展，2010 年仅有老年夫妇两人的家庭及独居老年人家庭比例已分别增至 29.9% 和 24.2%，之后一直居高不下，2019 年二者占比已近六成（见图 7-2）。其中，65 岁及以上独居者占老年人口比例，在 2019 年已分别增长至男性 15.0%、女性 22.1%③。

---

①　日本内阁府. 平成 17 年度第 6 回高齢者の生活と意識に関する国際比較調査結果（HTML 形式）［R/OL］. 内阁府ホームページ，2005.

②　内阁府. 高齢化の状況及び高齢社会対策の実施の状況に関する年次報告（平成 9 年版~30 年版、令和元年版~4 年版高齢社会白書）［R/OL］. 内阁府ホームページ，2022-10-02.

③　内阁府. 令和 4 年版高齢社会白書［R/OL］. 内阁府ホームページ，2022.

在这一阶段，老年人与亲友的交往状况变化较为明显。从表7-1所示日本受访者与分居子女见面或电话联系的频率来看，在第7次调查（2010）和第8次调查（2015）中"几乎每天"的回答比例已超过20%，在第9次调查中仅有10.9%，即使加上"每周1次以上"的回答比例，也不过三成左右，同时回答"几乎没有"的比例超过了18%。另外，与其他国家相比，美国回答"几乎每天"和"每周1次以上"的比例最高，超过了60%，瑞典和德国的回答比例也均超过了一半；回答"几乎没有"的比例以瑞典最少，2021年为1.8%，其次是美国（2.1%）、日本（2.7%）、德国（3.2%）。虽然第9次调查项目把之前调查中使用的"与分居子女见面或电话联系的频率"改为"接触频率"一词，但在其他国家数据变动较小的情况下，日本老年人与分居子女的接触频率降幅明显，可见亲缘关系改善不大，在受访国中仍处于较低水平。

不过，从表7-3所示新增调查项目"与其他人（包括同居的家人、生活帮助人员等）直接见面说话的频率"来看，各国受访者回答"几乎每天"的比例都较高，像日本，如果再加上"每周4~5次"的回答比例，超过八成的受访者与其他人交往频繁。但值得注意的是，第9次调查（2021）中该项数据明显低于10年前的数据，且回答"几乎没有"的受访者也不少，尤其是在第9次调查中日本受访者回答"几乎没有"的比例为7.6%，可见处于社会孤立状态的人口比例仍属于较高水平。

表7-3 关于与其他人（包括同居的家人、生活帮助人员等）直接见面说话的频率

单位：%

频率	日本		美国		德国		瑞典	
	第7次	第9次	第7次	第9次	第7次	第9次	第7次	第9次
几乎每天	88.4	71.9	84.2	67.5	78.3	64.6	87.8	66.6
每周4~5次	3.3	5.4	9.0	7.2	10.3	10.4	5.1	6.9
每周2~3次	4.4	7.2	4.2	9.5	8.4	14.0	5.5	7.3
每周1次	2.4	5.3	2.2	6.9	2.5	6.0	1.6	5.5
几乎没有	1.2	7.6	0.4	7.7	0.4	4.7	–	9.9
其他	0.3	2.5	–	1.3	0.1	0.3	–	3.9

注：从第7次调查（2010）开始新增了本项调查，目前已进行3次，对象是60岁以上老年人。

资料来源：笔者根据第 8 次和第 9 次《老年人生活与意识的国际比较调查》表 36、图 2-7-1-1 的数据制作而成。

再从社会支援状况来看，当受访者被问及"生病或独自无法完成日常生活时，除了同居的家人以外是否有可依赖的人"时（见表 7-4），第 7 次调查中约有两成的日本老年人做出否定回答，第 9 次调查中该数据略有减少，为 17.6%，美国和瑞典升幅明显，但德国较低，仅有 5% 左右。从表 7-4 显示的数据来看，目前美、德两国的老年人除家人和亲属外，对朋友或邻居的依赖程度也很高，该项数据均在八成左右，而六成以上的日本老年人认为可依赖的对象是分居的家人或亲属，选择依赖朋友和邻居帮助的比例均不足三成。这也就意味着一旦独居且没有子女，那么这些老年人极有可能因为在生活上没有可依赖的对象而陷入社会孤立。这一点和不少日本学者的调查研究结果相似，如下开千春曾通过对神户市东滩区单身老年家庭的调查，指出在由家人及亲属构成的社会支持网络中，独居尤其是单身独居老年人更容易处于社会孤立状态①。不过值得庆幸的是，近年来日本受访者依赖"其他人"的比例有增加趋势，在第 9 次调查（2020）中该比例从第 7 次调查（2010）的 3.3% 上升至 9.6%，其背后可以看出后述各级政府及社区工作人员所做的种种努力。

表 7-4　关于"在需要帮助时除同居的家人外有无可依赖的人"的回答比例

单位：%

关系	日本		美国		德国		瑞典	
	第 7 次	第 9 次	第 7 次	第 9 次	第 7 次	第 9 次	第 7 次	第 9 次
分居的家人或亲属	60.9	63.1	63.6	55.9	73.3	73.7	58.6	65.8
朋友	17.2	14.9	44.6	36.8	40.7	46.4	34.9	24.8
邻居	18.5	15.0	23.7	33.6	38.2	40.2	26.5	20.0
其他人	3.3	9.6	6.4	15.1	2.9	5.0	7.5	7.3
没有	20.3	17.6	10.5	15.6	5.4	5.1	9.7	17.5
无回答	-	2.6	1.8	1.2	0.4	0.4	-	-

注：从第 7 次调查（2010）开始新增了本项调查，目前已进行 3 次，对象是 60 岁以

---

①　下開千春. 高齢単身者の孤独の要因と対処資源 [J]. ライフデザインレポート, 2005 (169): 11.

上老年人。

资料来源：笔者根据《平成 27 年度第 8 次老年人生活与意识的国际比较调查》表 37 和《令和 2 年第 9 次老年人生活与意识的国际比较调查》图 2-7-2-1 的数据制作而成。

（二）政府对策

2010 年，日本的 NHK 电视台播出了以"现代人的孤独老死"为采访主题的纪录片，指出当年发生超过 3 万起相关事件。因该节目中将其称为"无缘死"（这里的"缘"指的是"血缘、地缘、社缘"），"无缘社会"一词也由此成为当年的流行语之一，引起社会的极大反响。内阁府也在 2010 年版和 2011 年版《老龄社会白皮书》中，先后利用整整一个章节来介绍老年人的社会孤立问题。之后在老年政策方面，"社会孤立"也成为一个屡次被提及的话题。可以说，在进入超老龄社会后，日本政府才真正开始迈出解决问题的步伐。除了在护理、医疗、居住、年金等方面继续加强各种老年社会保障的实施外，日本政府的主要对策大致可分为以下四个方面。

一是对"老年人"概念的诠释发生改变，认为老年人是支撑超老龄社会的重要支柱之一，并提出为此提供全方位的保障。内阁府在 2007 年版《老龄社会白皮书》中曾表示，社会应做好老年人从"被支援者"到"支援者"的意识改变。之后在 2018 年最新修订的《高龄社会对策大纲》中进一步指出，老年人的身体年龄正在年轻化，且以某种方式参与社会的意愿也很高，将"65 岁以上"全部看作"老年人"的观点已无法适应目前时代的变化，政府将完善使有参与意愿的老年人充分发挥能力的社会环境，并进行足够的支援及安全网的构建。

二是随着这种观念的改变，政府进一步加强了老年人尤其是低龄健康老年人参与社会的机会。继 2004 年颁布老年人雇用确保措施之后，政府在 2007 年颁布了《就业对策修正法》，规定企业有实行招工、录用时禁止限制年龄的义务；2013 年颁布《老年人等就业安定修正法》，进一步规定企业有义务将职员的退休年龄延迟至 65 岁；2015 年推出面向 2020 年的"一亿总活跃计划"，确定政府的目标是最终建立一个"与年龄无关的、只要有工作意愿就能够工作的社会"。在政府的大力支持下，日本 65 岁及以上老年劳动力人口一直处于增加趋势，2021 年在 6907 万总劳动力人口中，65～69 岁者为 410 万人、70 岁及以上者为 516 万人，在劳动力人口中所占比例达到了 13.4%，而该比例在 1980 年仅为 4.9%①。

---

① 内阁府. 令和 3 年版高龄社会白書 [R/OL]. 内阁府ホームページ，2021.

同时，政府积极推动已退休的健康老年人成为社区老年人支援活动的主要力量。很多老年人在退休后为实现通过工作达成的充实感，急切希望今后能够参与地区志愿者活动，尤其是 2009 年被称为"团块世代"的近 700 万人已超过60 岁，其中受访者中有八成以上的人希望"对有困难的家庭实施帮助"。对此，各市町村于 2007 年开始实施"社区媒介"活动，通过设置信息提供及咨询窗口、提供老年人见面的场地、为社区需要的人才培养及有意参与社区活动的人登记或斡旋、介绍需要支援或帮助的对象、促成双方的合作等措施，鼓励健康的老年人成为社区的支援力量，当其他老年人在换电灯泡、买东西等日常生活中需要帮助时为其提供无偿或有偿服务。另外，还有地方自治体为鼓励老年人参加护理志愿活动创设的"护理支援志愿者制度"、非营利活动法人组织的"援农志愿者"活动、地区行政机构开展的"育儿支援志愿者"活动、由财团法人"全国老人俱乐部联合会"组织的针对东日本大地震灾区的支援活动等。

三是为预防或减轻老年人孤立现象，通过社区社会创造老年人与近邻的交流机会，并通过多方合作加强老年人的守护或安危确认措施。在社区交流方面，以居民团体、特定非营利法人以及社会福利协议会为主要运营主体，有些地方也以寺庙或社会福利法人为主，主要进行以老年人为中心，谁都可以参加的一起喝茶、一起吃饭闲聊的活动。其突出特点是大多没有必须要做的标准，而是根据地区或环境需要加以运营，甚至可能是个人开放自己家的客厅来邀请邻居参加。因其本身的灵活性，这类活动在日本全国得以大规模推广，不仅使处于孤立状态的老年人恢复与社区的接触，而且可了解其他来参加活动的老年人有无困难的地方、有无需要帮助的事情等，以便提前做好预防措施。

另外，为了使老年人不再感知"孤独死"，能够在习惯的地域社会安心地生活，各自治体还积极采取守护或安危确认措施，地区居民和企业也随之纷纷加入。由各都市行政机构实施的措施主要有：（1）实施"安心登记卡"制度，将需要帮助的老年人紧急联系方式以及医生信息预先记录在案，由都市机构和社区自治会保管；（2）根据登记卡，每周 1 次通过电话确认其安危，对于无法联系上的老年人，将由该社区自治会员入户确认并向都市机构报告；（3）帮助老年人处理垃圾，无法取得联系时将向都市机构报告，通过紧急联系方式确认其安危等。另外，由企业等参加的措施主要有：（1）利用生活服务设施，如由煤气公司 1 天 1 次通过邮件向老年人的家属等汇报该老年人的煤气使用量；（2）利用各类家电的使用情况，如在室内安装能够感应人的动作的感应器，一旦过时没有反应将被判断为紧急事态，通知警务人员；（3）利用报纸、餐饮等的配送服务,如定期进行饮料或订餐配送时与老年人打招呼确认其安危等①。应该说,这些措施是政府与居民、社会团体、企业成功协作的结果,也是在最近距离守护老年人的措施。

四是促进各地区加强老年预防工作。进一步推广和完善护理保险制度等老年保障措施,并鼓励正处于工作精力旺盛时期的中年人提前思考老年期的人生计划,尽早开始健康运动,以预防老年期的到来。如新潟县见附市自2002年就已开始推进为促进中老年健康的"活力健康事业",除60岁以上的老年参加者外,也有专门针对40~50岁中年人的健康运动教室,2007年已有1261名居民参加。另外,不少地区开展的"放学后儿童计划"活动,以所有的孩子为对象,利用放学后或周末的空闲教室,鼓励包括老年人在内的各年龄层社区居民共同参加。这种不分年龄层的多样化的体验和交流活动,不仅使老年人增加了与他人、与社会交流的机会,也使年轻一代加深了对老龄期以及老年人的理解和认识,并提前进入志愿者活动的行列,可谓一举数得。

如前所述,在人口老龄化更加迅猛发展的超老龄社会中,日本老年人的社会孤立状态虽然仍比其他国家严重,但处于改善趋势。这不能不说以上的政府对策起到了重要作用,应该予以积极评价。可以说,该阶段政府不仅在实施内容方面更加多样化,也加强了与市场、非营利主体、社会团体及社区居民的分工合作,在应对老年人社会孤立方面已经形成了一个全方位的社会支援体系。

第三节　结语及启示

日本作家藤田孝典曾在《下流老人》一书中,将"下流老人"定义为"生活水平相当于或有可能滑落到生活救助标准的老年人",并推算其人数达到600万~700万人②。虽然该定义与本章中老年人社会孤立的标准不同,因而不能简单地将"下流老人"等同于处于社会孤立状态的老年人,但正像该作者所说的,"下流老人"的收入水平和社会阶层滑落至社会底层,极易陷入社会孤立。经过日本政府及社会的多方举措,老年人的社会孤立问题有缓解倾向,但在老龄化趋势不可逆转,甚至短时期内难以缓和的状况下,如何促进老年群体积极参与

---

① 内閣府. 高齢化の状況及び高齢社会対策の実施の状況に関する年次報告(平成9年版~30年版、令和元年版~4年版高齢社会白書)[R/OL]. 内閣府ホームページ,2022-10-02.

② 藤田孝典. 下流老人——一億総老後崩壊の衝撃[M]. 東京:朝日新聞出版,2015.

社会、预防和减少社会孤立，依然是日本政府乃至整个日本社会需要长期面对的重大课题。

我国作为世界人口大国，在 2000 年就已步入老龄化国家的行列。2022 年《政府工作报告》中指出，我国 65 岁及以上人口已有 1.91 亿，预计 2057 年将达到 4.25 亿人的峰值，届时占总人口比例为 32.9% ~ 37.6%①。快速发展的人口老龄化不仅对社会经济发展产生了重大影响，社会公共政策"未备先老"、经济实力的"未富先老"以及地区、城乡差异巨大的现实也对我国如何进行"老有所养""老有所为"提出了巨大挑战，近年来老年人的"留守"问题、"空巢化"问题更呈现出越加深刻的趋势。因此，基于人口老龄化背景下日本针对老年人社会孤立问题的经验和教训，本章提出以下政策建议。

一、加大政府的"公助"力度和范围

从前述日本老年人社会孤立的发展历程来看，即使是进入超老龄社会后日本政府开始迈出真正解决问题的步伐，但其扮演的始终是一个总策划及监督者的角色，包括老年人就业及再就业政策在内，大多数政策内容比较宽松，且不是由政府发布行政命令来强制执行的，而是通过向相关社会团体、福利法人等提供支援、对各地涌现出来的先进事例予以宣传表彰、放宽特定非营利法人准入资格等方式来进行间接的政策诱导。应该说，这些政策对于推动社会和居民参与社区活动、减轻或预防老年人社会孤立起到了重要作用。

但在今后老龄化趋势日益加深的状况下，政府应加大"公助"的力度和范围。以日本的长期护理保险制度为例，对老年人尤其是高龄或健康状态欠佳的老年人来说，护理服务可以说是平时与他人交往的重要内容之一，有研究就曾指出对于因独居而无法获得子女或其他亲属照料的老年人，如果有人给予其照料护理，那么该老年人不易陷入抑郁状态②。但该制度是社会保险范畴，即以契约的形式将市场竞争机制纳入老年护理服务，要求老年人自己申请并与服务机构签订协议，这种契约性质的服务很有可能使一部分老年人拒绝接受。有学者曾通过对某地区独居老年人的调查发现，该保险的接受比例约为 15%，其中处于孤立状态的老年人的接受比例更低，仅有一成左右，而且越是处于贫困状

---

① 任泽平. 中国老龄化研究报告 [EB/OL]. 新浪财经，2022-09-28.
② 小池高史，铃木宏幸，深谷太郎. 居住形態別の比較からみた団地居住高齢者の社会的孤立 [J]. 老年社会科学，2014 (3)：303-312.

态的老年人，该制度的利用率就越低①。不只如此，现行的不少老年社会保障的相关条款与处于社会底层的老年人所面临的各种生活困难之间存在一定差距，因此有些现行的制度措施非但不会使这部分老年人享受优惠，反而可能使他们失去政策庇护而陷入孤立。对于这些问题，仅由地方社会团体向低收入老年群体提供费用补助显然很困难，政府应该考虑通过政策、制度的改革来加以解决。内阁府的《第8次老年人生活与意识的国际比较调查》（2015）结果显示，关于"你认为今后政府应该怎么对待老年人及年轻一代的相关政策？"的提问，约四成受访者认为政府应该更重视老年相关政策，尤其是"看护及其他福利服务"（54.7%）和"医疗服务"（51.9%）。②

　　因此，政府应加强作为国家及自治行政单位的保障责任，重视老年政策，对处于社会弱势地位的老年群体加大"公助"的力度和范围，尤其是对于已处于不同程度社会孤立的老年人实施更有针对性的政策措施，以便从根本上预防或减轻老年人的社会孤立问题。

二、促进社区社会和居民的"共助"和"互助"

　　首先，政府应联合各级政府机构、市场、社会团体以及社区居民的力量，共同构建社区老年人支援网络，实现社区社会和居民的"共助"和"互助"。老年人离开职场后，通过回归社区生活、积极参与社区组织的各类团体活动，形成相对稳定的老年伙伴群体，而以该群体为基础建立的老年"共助"或"互助"体系在其生活中往往会发挥重要作用③。如前所述，在日本不少社会团体如秋田县的老年团体"谷内高砂会"，自20世纪90年代起就开始了老年人的守护和安危确认活动，之后各地区行政机构、企业、居民也加入进来，如由各都市行政机构实施的"安心登记卡"制度、各类企业利用生活服务设施、家电的使用情况、报纸或餐饮等的配送服务进行的老年人安危确认活动，等等。很多地区针对需要支援的老年人还设立了专门机构来予以应对，如在东京都日野市，由行政机构和市民联合成立的"老年人守护支援网络"，设立管理机构调查并掌握老年人的生活状态，经讨论研究后确定支援对象，并将其分为"地域守护型"

---

① 河合克義. 介護保険制度の導入で消えた孤立高齢者を支援する諸施策［J］. 週刊ダイヤモンド, 2010, 98 (15): 60-61.

② 日本内閣府. 平成27年度第8回高齢者の生活と意識に関する国際比較調査結果［R/OL］. 内閣府ホームページ, 2015.

③ 田毅鹏. 老年群体与都市公共性构建［J］. 福建论坛（人文社会科学版）, 2011 (10): 191-196.

"安危确认·紧急应对型"等 12 种不同类型，提供不同的社区支援内容。目前日本除市町村等行政机构外，中等社区大多都拥有老年人俱乐部、社会福利协议会、地域生活支援中心、社区专业护理机构、NPO 等志愿者组织机构，已经形成由医疗、保健、防疫、生活支援等组成的一体化社区支援网络①。这些举措是从社会基层来守护需要支援的老年人，对于减少或预防老年人社会孤立有着重要意义。

其次，政府应促进各地区"共助"和"互助"活动的多元化发展。日本政府出台了《高龄社会对策大纲》并进行了多次修订，以作为重要的老龄社会对策指向。但对各地的具体举措没有做出明确规定，如针对志愿活动的举措是进一步放宽特定非营利活动法人的认证，让更多有志于社会志愿活动的人或团体参与进来，并对各地的先进事例或单位进行表彰宣传或实施费用补助，等等。这些宽松措施不仅使各地的志愿者活动得到蓬勃发展，也使其在活动内容和形式上呈现多元化态势，如镰仓市针对观光导游不足发起的"镰仓老年人导游志愿者协会"、山梨市实施的老年人支援育儿活动的"爷爷奶奶派遣事业"、千叶县流山市的"市民互相帮助网络"等。不仅如此，各地区活动的主要运营单位也是不一而足，如前述由各市町村实施的"社区媒介"活动、非营利活动法人组织的"援农志愿者"活动、由财团法人"全国老人俱乐部联合会"组织的地震灾区支援活动等。并且，在活动运营中，除了无偿活动，各地也出现了不少各种形式的有偿志愿活动，如起源于 1960 年年初大阪市的"志愿者劳动力银行"的"社区货币"活动广受推广。该活动以 1 个小时的劳动为 1 分，通过累加得分的借贷来交换劳动，内容涉及家务、开车、做手工、剪裁、看护等各种生活援助活动，可将自己从事生活援助的累加得分存入"银行"，将来可将该得分用于自己所需的生活援助。该活动是把希望得到别人帮助的人与能够帮助别人的人以直接或间接的形式结合在一起，从而达到地区社会居民互助的目的，受到居民的广泛支持。

在我国，随着农村"留守老人"以及城市"空巢老年"问题的逐年加深，我国政府也很有必要联合各方力量共同构建社区老年人支援网络，并作为策划者和监督者推进相关活动的多元化发展，以推动地区社会和居民的"共助"和"互助"。

---

① 高强，李洁琼，孔祥智. 日本高龄者"孤独死"现象解析及对中国的启示 [J]. 人口学刊，2014（1）：41-43.

三、鼓励居民"自助"

在鼓励居民"自助"方面，首先，对于老年人参与社会的方式不应有所限制，应基于其意愿、能力以及健康状态，鼓励他们积极参与适合自己的社会活动。日本人极为重视个人生活的私密性，我国近年来也有此趋势，因此，在居住以及家庭形态方面，鼓励老年人与家人或亲属同住的方法并不可取，在老年夫妇或单身独居家庭日益增多的趋势下，政府更应积极增加老年人与他人、与社会交流的机会。与欧美各国老年人重视志愿者活动的文化传统不同，日本老年人的特点是就业的参与程度以及参与意愿均位于世界前列，其他社会活动的参与程度却很低。这与其传统文化有密切关系，更不可否认的是日本政府的政策支持是实现高就业率的重要保障，在《高龄社会对策基本法》公布的推进方案中，六大领域里位列第一项的就是"就业及收入"，相关预算更是年年增加，一直占总预算的一半以上。但从前述日本与其他欧美等国的国际比较调查来看，日本老年人的生活满意度最低，而就业极有可能影响其生活满意度，参与其他社会活动的老年人生活满意度明显比就业者更高①。因此，对日本老年人来说，退休后继续就业未必适合每一位老年人，也未必是参与社会的唯一选择，日本促进老年人社会参与方式的多元化势在必行。我国退休年龄偏低，再加上近年来平均寿命的延长及健康水平的提高，很多人都是在尚处于"低龄"并且健康状态下退休，并在长期推行的丰富精神文化生活的理念下寄情于各种兴趣爱好活动。但我国也应认识到老年人是潜在的人力资源，应从其意愿、能力以及健康状态等条件出发，广泛开辟老年劳动资源的渠道，鼓励其以各种形式积极参与社会。尤其是在目前社会工作人才不足的情况下，鼓励并培养已退休的健康低龄老年人参与社区工作，使其成为其他需要帮助的老年人的支援者，这对健康低龄老年人来说是一种"自助"，也是社区和居民的"共助"和"互助"。

其次，政府应加大公益宣传，推动民众尽早开始老龄期的准备和预防活动。除健康运动的参与外，应进一步推广终身学习意识并完善相关体系的建设，促进不同年龄层的民众积极参与力所能及的志愿者活动。内阁府的《平成28年老年人经济与生活环境调查结果》② 显示，没有参与社会活动的老年人分为"有参与意识，但无法参加""没有参与意识，也没有参加"两大类，前者中约有一

---

① 内閣府. 平成26年度一人暮らし高齢者に関する意識調査結果［R/OL］. 内閣府ホームページ，2015-03.

② 内閣府. 平成28年度高齢者の経済・生活環境に関する調査結果［R/OL］. 内閣府ホームページ，2018-05-27.

半人是因为年轻时没有做好健康管理，或者参与社会所需的知识、技能以及资金等的储备不足而无法参与。虽然约有六成人认为在自己 60 岁之前就应该积极参与，但由于工作、育儿、照顾父母等各种原因而疏于参与的人不在少数，加上年老后身体健康水平的下降、朋友的减少等原因，很多人年老后即使有意愿也无法参与。因此，为提高老年人的社会参与程度，政府应加大宣传力度，鼓励民众尽早做好老龄期的准备工作，加强中青年期的健康运动，并针对有参与意识但因负担等过重无法参与的人，认真考虑如何协同其他部门为其减负，以增加年轻民众参与社会活动的机会，这对于从根本上预防老年人社会孤立很有意义，对我国来说也同样重要。

第八章　积极老龄化背景下老年友好城市的国际实践

随着人口迁移及农村城镇化的不断发展，城市人口飞速增加，老龄人口的城市化现象也日趋显著。根据联合国的相关数据，在 1950 年全球只有 29% 的人口生活在城市，而现在已达到 50% 左右，预计 2050 年将增至 68%，2007—2050年，城市居民人口预计将增加 31 亿，其中在发展中国家，城市老年人口数量也将从 1998 年的 5600 万人增加到 2050 年的 90800 万人①。面对这种城市老龄化的急速发展，目前住房、公共交通、公共空间的可达性以及可及的公共设施和服务显然无法满足老年人的需求。可以说，城市老龄化的加速发展对老年人需求的城市空间及城市服务均提出了更高的要求，城市如何充分考虑并根据老年人特点做出相应的规划，以构建适合所有年龄层共同居住的城市治理新模式是一个重要课题。1984 年，世界卫生组织在加拿大多伦多市召开的国际会议上首次提出了"健康城市"（healthy cities）概念，倡导开展健康城市活动，并于1986 年启动了"健康城市项目"（Healthy Cities Project，简称 HCP）②。1988年，联合国人口司联合日本高龄化社会综合研究中心及仙台市主办了关于城市化与老龄化的国际会议，指出世界城市老年人口飞速增长的现状，并通过《仙台宣言》，呼吁国际机构、各国政府及其地方自治机构、民间团体等充分认识城

① 窦晓璐，约翰·派努斯，冯长春. 城市与积极老龄化：老年友好城市建设的国际经验 [J]．国际城市规划，2015，30（3）：118.

② 世界卫生组织的"多伦多 2000"会议认为，"健康的城市应该使城市居民享受与自然的环境、和谐的社区相适应的生活方式"，要在多部门、多学科合作的基础上，重点解决城市健康及其相关问题。1994 年，世界卫生组织将"健康城市"定义为"健康人群、健康环境和健康社会的有机结合，是一个不断创造和改善自然环境和社会环境并不断扩大社区资源，使人们在发挥生命功能和发展最大潜能方面能够互相支持的城市"，并于 1986 年启动了"健康城市项目"。具体请参考郭根《中国健康城市建设报告》（2009）。

市老龄化问题的严重性，及时采取相应对策①。21 世纪以来，积极老龄化逐渐
成为应对老龄化问题的核心理念。在此背景下，世界卫生组织于 2005 年开始了
"老年友好城市"（age-friendly cities）② 的相关工作，为世界范围内的城市老龄
化对策提供了新的发展思路。

　　本章拟在积极老龄化背景下，考察老年友好城市的概念内涵及理论基础，
分析探讨发达国家尤其是日本发展老年友好城市的实践策略。

第一节　积极老龄化与老年友好城市概念的提出

　　早在 20 世纪 60 年代初，美国学者哈维伯斯特（Havinghurst）③ 基于活跃理
论提出了"成功老龄化"（successful ageing）概念，强调尽最大限度提升老年人
的满足感与幸福感，以维系其与社会的平衡关系。该概念经学者罗（Rowe）和
卡恩（Kahn）于 1987 年发表在《科学》杂志的实证研究之后得到了广泛应
用④，并促使曾长期被占据西方老年学研究主流的"消极老龄观"向"积极老
龄观"转变。世界卫生组织于 1987 年提出的"健康老龄化"概念认为，应基于
老年人的需求努力维持老年人的基本健康和提高其生活质量⑤，1982 年美国学
者巴特勒（Butler）⑥ 提出的"生产性老龄化"（productive ageing）概念开始注
重老年人的社会参与，认为老年人应该作为社会资源在社会经济活动中发挥重
要作用。在此基础上，国际社会于 20 世纪 90 年代末基于社会权利的理论提出
了"积极老龄化"概念。世界卫生组织在广泛征求各国专家意见的基础上，于
2002 年 1 月正式出版了《积极老龄化——从论证到行动》一书，同年 4 月又公
布了《积极老龄化政策框架》研究报告，将"健康""参与""保障"列为积极

---

① 西内正彦. 都市化と高齢化に関する国連・仙台会議報告-2 ［J］. Aging. エイジング
　総合研究センター编，1989，6（4）：33-37.
② 这里的"老年友好城市"在日语中为"エイジフレンドリーシティ"，均来自英文 age-
　friendly cities 的翻译，也有国内学者将其翻译为"老年友善城市""老年友好型城市"
　等。为避免混乱，本书统一采用"老年友好城市"一词。
③ HAVIGHURS R J. Successful aging ［J］. *The Gerontologist*，1961，1（1）：8-13.
④ 穆光宗. 成功老龄化：中国老龄治理的战略构想 ［J］. 国家行政学院学报，2015（3）：
　55-61.
⑤ Word Health Organization. Healthy aging is vital for development ［R/OL］. Geneva：WHO，
　2002.
⑥ BUTLER R N，GLEASON H P. *Productive Aging：Enhancing Vitality in Later Life* ［M］.
　Springer Pub Co，1985.

老龄化的三大支柱，强调老年人在社会发展中的价值创造和身份认同，主张老年人不仅要保持身心健康，而且作为家庭与社会的重要资源，拥有参与和推动社会发展的权利，同时强调政府和社会应努力创造条件并保障老年人按照自己的意愿和能力广泛参与社会活动①。可以说，被纳入联合国老龄发展框架的"积极老龄化"已经"超出了一般理论体系的范畴，发展成为包含从理论到政策计划、再到社会行动的系统集成"②，成为 21 世纪世界各国积极应对老龄化政策和研究的重要参考。

进入 21 世纪后，为了更好地促进积极老龄化的实现，以老龄化先行国家为中心，国际社会在"健康城市"的基础上，开始了老年友好城市的建设步伐。老年友好城市的概念源自 2005 年在巴西里约热内卢召开的第十八届老年病学和老年医学世界开放会议。2006 年，世界卫生组织与加拿大公共卫生署正式合作发起了"老年友好城市项目"，以全球 22 个发达国家及发展中国家或地区的 33 个城市为对象，围绕城市的设施、环境、服务及政策等，对老年人，为老年人提供各种关怀和服务的公共组织、志愿者团体及其他机构展开调查，以便了解老年友好城市应具备的特征标准，并于 2007 年完成了全球老年友好城市的建设指南，指出："为了可持续发展，城市必须提供一定的设施和服务去支持居民良好的生活和生产率。老年人特别需要有良好方便的生活环境以弥补由于社会和自身生理变化带来的不便。"③

根据世界卫生组织的界定，所谓"老年友好城市"就是"一种能够减少和改善人们在老化过程中遇到的各种问题的城市，其兼具包容性和可及性（消除各种物质与非物质上的障碍）的城市环境，从而促进积极老龄化"④。理想的老年友好城市的建设主题包括户外空间与建筑（outdoor spaces and buildings）、交通（transportation）、住房（housing）、社区支持与卫生保健服务（community support and health services）、交流和信息（communication and information）、社会参与（social participate）、尊重与社会包容（respect and social inclusion）、市民参与和就业（civic participation and employment）八个方面（图 8-1）。这些主题

① 世界卫生组织. 积极老龄化政策框架［M］. 中国老龄协会译. 北京：华龄出版社，2003.
② 宋全成，崔瑞宁. 人口高速老龄化的理论应对——从健康老龄化到积极老龄化［J］. 山东社会科学，2013（4）：41.
③ 世界卫生组织. 全球老年友好城市建设指南［M］. 日内瓦：世界卫生组织，2007：5.
④ 胡庭浩，沈山. 老年友好型城市研究进展与建设实践［J］. 现代城市研究，2014（9）：15.

作为老年友好城市的建设要素，互相作用、互相影响。其中，住房、户外空间与建筑作为老年人起居生活的基本空间单元以及居住环境的外在延伸，在老年人的社会交往与参与、交流和信息等方面承担着重要角色；交通是活动发生及空间利用的前提条件；社区支持与卫生保健服务通过便捷的信息交流和服务支持，形成对老年人的基本健康保障体系；社会参与、尊重与社会包容、市民参与和就业等则可实现老年人的生存价值，满足其精神需求。

由此可见，老年友好城市建设虽然涉及室外空间和建筑、交通、住房等"硬环境"建设，但并非传统意义上仅强调"配建指标"的城市建设策略，而是更多地关注社会参与、尊重与社会包容、市民参与和就业、信息交流、社区支持等"软环境"的改善①。老年友好城市的建设目标就在于从老年人个体出发，通过政策、服务、场所和设施等方面的支持，让老年人以积极的态度面对社会，并全面融入和参与城市发展、社区生活②。

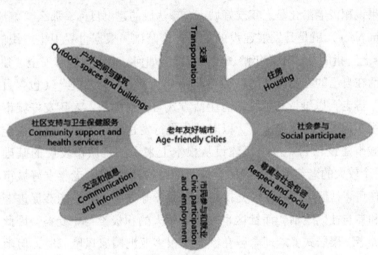

图 8-1 老年友好城市涉及的主题

资料来源：笔者根据世界卫生组织编著的《全球老年友好城市建设指南》（2007）图 6 修改而成。

---

① 胡庭浩，沈山，常江. 国外老年友好型城市建设实践——以美国纽约市和加拿大伦敦市为例［J］. 国际城市规划，2016，31（4）：130.
② 世界卫生组织. 全球老年友好城市建设指南［M］. 日内瓦：世界卫生组织，2007：1-6.

第二节　老年友好城市的理论基础与研究回顾

一、老年友好城市的理论基础

在实现积极老龄化的进程中，老年友好城市概念的出现显然具有重要意义，也引起学界的广泛关注，其相关理论研究涵盖了管理学（如新公共服务理论）、社会学（如福利多元主义理论）、心理学（如马斯洛需求层次理论）、老年学（如"就地养老"理论）、城市规划学（如可持续城市化理论、代际综合规划理论）等多学科理论。这里仅从养老和城市规划两方面做简单梳理。

（一）"就地养老"理论

如果说积极老龄化是老年友好城市希望达成的建设目标，那么"就地养老"（aging in place）就是其发展建设的重要理论基础。根据世界卫生组织的定义，"就地养老"指的是"不论年龄、收入或能力如何，老年人能够安全、独立、舒适地生活在自己的家庭和社区里"①，即老年人留在"原住地"（包含自己的家和社区）养老，以维持和延续原有生活方式与社会关系。老年友好城市是世界卫生组织在积极老龄化理念下，以老龄化先行发达国家为中心逐渐在全球推行的理想城市建设项目。该项目建设从根本上来说就是城市发展的基础，也是"建立一个较大的老年友好社区的全球化网络的开始"②。老年友好城市在社区空间和住房、社区参与、社区支持与健康服务等方面的建设能够促进老年人全面融入和参与社区生活，而社区也会从老年人的积极参与中受益。因此，虽然机构型养老、聚居式养老理念曾在欧美及很多亚洲国家风靡一时，但随着社会经济条件的影响及老年人需求的多样化，"就地养老"理念早已占据了主流地位。在美国，超过90%的65岁及以上老年人居住在普通的住宅和社区，且大多希望尽可能延长在当前住所居住的时间，约55%的美国老年人在同一个地方居住长达20年以上③。英国的"终生社区"（lifetime homes）、日本的"地域综合

---

① 吴帆. 基于家庭代际支持的就地养老模式：基本逻辑与公共服务支持［J］. 华中科技大学学报（社会科学版），2022，36（4）：74.

② 世界卫生组织. 全球老年友好城市建设指南［M］. 日内瓦：世界卫生组织，2007：54.

③ Stephen M. GOLANT. 居住常态理论和美国老年人就地养老行为分析［J］. 地理科学进展，2015，34（12）：1535.

照护体系"（the integrated community care system）① 也均遵循了该理论的基本概念内涵。

目前，"就地养老"理论已获得学界的普遍赞同，有学者认为"社区不但是一个自然环境，而且是人们之间建立跨越不同时间和空间范围的情感纽带的社会空间"②。也有学者指出，"就地养老"不仅有利于维系老年人的身心健康，在节省社会成本与经济投入方面也比机构养老具备更多优势，因此，无论对个人、家庭还是对社会而言都是一种理想的养老方式③。作为城市的基本单位，社区就是建设老年友好城市的前提和基础。可以说，该理论是老年友好城市和友好社区发展过程中不可忽视的基础理论之一。

（二）城市规划理论

以欧美国家为中心的老年友好城市或友好社区研究除涉及老年学方面的理论外，环境老年学、老年地理学、城市规划等多个学科理论也被纳入研究范畴。如劳顿（Lawton）等在 20 世纪 70 年代提出的环境老年学（environmental gerontology）认为，该理论的目的之一就是"当老年人遭受身体机能或心理状况损伤时，通过住宅等外部环境因素影响，加快主动或被动迁居过程，使其在迁居之后迅速适应新的生活环境"，阐释了老年人及其与生活环境、社会环境的相互作用④。进入 20 世纪 80 年代以后，在城市化和老龄化的双重压力下，如何在城市规划中响应老年人的需求成为国际社会、各国及学界关注的焦点。国际经济合作发展组织（Organization for Economic Co-operation and Development）肯定了精

---

① 该词汇来源于日语"地域包括ケアシステム"，多指在 30 分钟左右医疗或护理人员可以到达且老年人熟悉的居住区域。由于我国国内学者对日语中的"地域""ケア"等词汇的翻译意见并不统一，出现了"社区综合照护服务体系""地区综合照护体系""地域综合护理体系""地域综合照护服务体系"等多种翻译词汇。在日本，"社区"一般被称为"地域社会"，主要指町内会、自治会所管理的区域，有时也指以小学校区或中学校区为范畴的区域概念，比我国"社区"的涵盖范围广。因笔者在前几章中使用了"地域"的概念，为避免误解，本章统一使用"地域综合照护体系"一词。

② BOYLE A，L. WILES J，A. KEARNS R . 对就地养老的反思——"人"与"地方"关系视角［J］. 地理科学进展，2015，34（12）：1500.

③ 吴帆. 基于家庭代际支持的就地养老模式：基本逻辑与公共服务支持［J］. 华中科技大学学报（社会科学版），2022，36（4）：75.

④ 窦晓璐，约翰·派努斯，冯长春. 城市与积极老龄化：老年友好城市建设的国际经验［J］. 国际城市规划，2015，30（3）：119.

明增长理论（smart growth theory）① 对建设老年友好城市环境的价值②；美国环保署（Environment Protection Agency）也认为老年友好社区运用了精明增长的原则，即促进社区、环境、经济和公众健康共同发展③。同样在城市规划领域，美国规划师协会（The American Planning Association）于2011年首次使用了"代际综合规划"（multigenerational planning）一词，强调城市规划应考虑城市设施对各年龄层群体的不同需求、促进老年人和儿童的社会参与、提高社会包容性等④。

就像学者们所言，这些城市规划理论虽然并不直接针对老年群体，但也部分地提供了可借鉴的解决方案⑤。实际上，后述的我国国内有关老年友好城市的研究更多地依托了这些城市规划方面的理论。以"老年友好城市"作为关键词在知网上进行检索（截至2022年11月22日）后，就会发现在显示的265条结果中，数量排在首位的是"建筑科学与工程"学科（60条），其次才是"社会学及统计学"（49条）和"宏观经济管理与可持续发展"（30条）学科。显然，在老年友好城市的相关研究中，侧重基础设施建设的物质保障因素是我国学者关注的重点之一。

二、老年友好城市的相关研究

在国际社会提出"老年友好城市"概念，尤其是2007年《全球老年友好城市建设指南》公布之后，以欧美国家为中心的国外学者们展开了相关研究工作。在老年友好城市的概念内涵方面，指南的主要编写人普罗菲（Plouffe）等人⑥于

① 精明增长理论是美国等发达国家在城市可持续发展及空间协调管理等方面常用的理论工具。该理论认为应通过充分考虑土地开发、城市增长及市政基础设施规划的需求，使新旧城区均获得投资机会并得到良好发展，让城市发展使每个人受益，实现经济、社会、环境公平等。具体请参考唐相龙《"精明增长"研究综述》（2009）。

② OECD. Ageing housing and urban development［R/OL］. Paris：OECD Publications Organization for Economic Co-Operation and Development，2003.

③ US Environmental Protection Agency. Building healthy communities for active aging［R/OL］. US Environmental Protection Agency，2011.

④ APA. Multigenerational planning：using smart growth and universal design to link the needs of children and the aging population［R/OL］. Family-friendly Communities Briefing Papers 02，Chicago：American Planning Association，2001.

⑤ 窦晓璐，约翰·派努斯，冯长春. 城市与积极老龄化：老年友好城市建设的国际经验［J］. 国际城市规划，2015，30（3）：117-123.

⑥ PLOUFFE L，KALACHE A. Towards global agefriendly cities：determining urban features that promote active aging［J］. *Journal of Urban Health*，2010，87（5）：733-739.

2010 年发表了《友好城市：确定促进积极老龄化的城市特征》一文，进一步详细介绍了老年友好城市的概念及涵盖主题等，并强调"友好"并不是针对老年人，而是针对所有年龄层；巴菲尔（Buffel）① 则在《城市环境中的老龄化：发展"老年友好型"城市》一文中指出对于老年友好城市的讨论应该从"什么样的城市对老年人来说是理想的城市"转变到"城市是否具有老年友好的特点"上来。当然，在国际社会大力呼吁老年友好城市建设之际，更多学者聚焦的是关于建设规划及建设内容的研究，如博斯韦尔（Boswell）制定了包含 100 项指标的宜老型城市评测标准，并通过对美国佛罗里达州部分城市进行测评，指出城市规划者应该在规划过程中充分考虑到老年人的特殊规划需求②；内瑟兰德（Netherland）等人以纽约老年友好型城市建设为例，阐述了其实施过程、遇到的困难，并从提高老年人生活质量视角提出了改进措施③；日本学者后藤纯等人从活动空间视角分析了千叶县柏市的老年人的生活环境④，之后又以秋田县秋田市的老年友好城市行动计划为例⑤，明确了该计划制定过程的特征和优点，以及在日本的地方城市中应该如何活用其建设经验等问题。

近年来，国内学界也出现了不少关于老年友好城市方面的研究。从研究内容来看，主要分为以下两个方面。一是侧重养老问题，从老年公共服务设施、养老服务体系角度的研究。例如，胡小武⑥认为我国城镇化与老龄化呈现"双快"发展趋势，必须通过城镇化的战略创新、空间规划创新、服务供给结构创新等解决我国的养老困境；王依明等人⑦基于上海、成都等大城市老年人的日间照料服务需求调查结果，认为应针对不同城市老年人的日间照料服务需求进

① BUFFEL T, PHILLIPSON C. Ageing in urban environments：developing "age - friendly" cities [J]. *Critical Social Policy*, 2012, 32 (4)：597-617.

② BOSWELL D A. Elder-friendly plans and planners' effort to involve older citizens in the plan-making process [D/OL]. New Orleans：University of New Orleans，2001.

③ NETHERLAND J, FINKELSTEIN R, GARDNER A P. Resilience in Aging [M]. New York：Springer New York，2011：273-285.

④ 後藤純，小泉秀樹，大方潤一郎他. Aginginplaceを実可能とするコミュニティ環境引面論に関する基礎的考察-千葉県豊四季台地域を事例として [J]. 計画行政，2016，39 (3)：58-68.

⑤ 後藤純，大方潤一郎. エイジフレンドリーシティ行動計画の特徴と意義 [J]. 都市計画論文集，2017，52 (3)：975-982.

⑥ 胡小武. 城镇化与老龄化叠加时期的中国养老模式转型 [J]. 新疆师范大学学报（哲学社会科学版），2016，37 (5)：136-143.

⑦ 王依明，李雪，李斌. 基于老年人需求特征的社区日间照料设施功能复合化策略研究 [J]. 现代城市研究，2021 (11)：65-71+105.

行照料设施的功能配置及动态调整，优化不同区域的空间组织策略，以最大限度地提升社区养老服务资源的服务效能。二是侧重城市规划，从城市交通、公共服务设施、室外活动空间、老年住宅等视角的分析。例如，冯苏苇等人①通过上海市的问卷调查数据，针对老年人出行困难问题，提出应从提高舒适化乘车条件、加强公共汽车硬件设施建设、提高驾驶员服务意识等方面提升公共交通服务适老化水平；沈山等人②认为我国各地现行的老年公共服务设施规划标准体系有待统一和改进，其建设内容也需补全完善，应革新老年公共设施配置理念，组建由政府、社会和个人三方共建的老年公共服务设施。

此外，在国内已有研究中，从国际视角借鉴其他国家或地区老年友好城市建设方面的相关研究也不少。刘萌③通过深入探讨我国台湾地区、新加坡以及日本适老交通的经验，总结了包括完善相关政策法规、加强公交系统建设、改善慢行出行环境等启示性经验与措施；宁雅静④围绕新加坡的"就地养老"政策，从适老化公共住房类型演进、实验性的老龄社区项目探索、老旧住区的适老化改造以及经济和社会政策支持等方面详细梳理了其建设经验；马妍等人⑤以日本地方城市老年人护理中心为例，探讨了多智能体模型（agent-based model）在空间规划实践中的应用可能及其构建机制；康越⑥基于超老龄化大城市日本东京在医养结合、智能养老模式、养老人才队伍建设等方面的建设经验，提出借鉴东京的新式老年公寓模式、注重养老人才队伍机构的合理性、高度关注失智症群体、探索智能照护模式等多项具体措施。

以上国内外研究均为本章提供了良好的研究基础，尤其是我国作为老龄化后进国家，从世界先行老龄化对策体系中寻找可资借鉴的发展经验是不错的途径。为此，以下笔者将在回顾欧美诸国针对城市化发展背景下老年友好社会应

① 冯苏苇，陈雪词，张雪，孙雨涵. 公共交通服务适老化满意度研究——以上海市为例[J]. 城市交通, 2022 (4)：9-17.

② 沈山，胡庭浩，栾阿诗. 国内城市老年公共服务设施建设研究进展[J]. 现代城市研究, 2014 (9)：26-33.

③ 刘萌，刘雪丽，李泽新. 适合老年人出行的城市交通经验及启示——以中国台湾地区、新加坡和日本为例[J]. 西部人居环境学刊, 2021, 36 (6)：57-65.

④ 宁雅静. 基于公共住房制度的新加坡"就地养老"政策简介[J/OL]. 国际城市规划：1-12. 2023-06-25.

⑤ 马妍，沈振江，王珺玥. 多智能体模拟在规划师知识构建及空间规划决策支持中的应用——以日本地方城市老年人日护理中心空间战略规划为例[J]. 现代城市研究, 2016 (11)：28-38.

⑥ 康越. 东京都高龄城市建设模式对我国超大城市借鉴研究[J]. 北京行政学院学报, 2017 (5)：90-99.

对策略的基础上，着重考察和分析日本的建设实践，以期为我国老年友好城市
建设提供有益参考。

第三节 老年友好城市的国际实践与探索

一、欧美发达国家的老年友好城市的发展实践

世界卫生组织在发布指导老年友好城市建设的纲领性文件《全球老年友好
城市建设指南》之后，又于 2010 年启动了全球性的老年友好城市网络行动
（WHO Global Network），会员城市可直接加入该网络，或者通过政府项目间接接
受世界卫生组织的指导和监管。会员城市以 5 年为周期，按照世界卫生组织推
行的一系列评价指标制定建设目标，衡量自身建设的进度，以减少或改善老年
人遇到的城市中的各种物质与非物质障碍，提高城市对老年人的包容性与可达
性①。据统计，截至 2019 年 9 月，该网络的会员城市已覆盖了 46 个国家或地区
的 937 个城市②，其中英美等发达国家或地区的发展已经较为成熟。

英国一直非常重视"终生社区"的发展策略，强调改善居住环境的适老性、
提高社区服务及管理的适老水平，以达到改善老年人生活质量的目标，其概念
内涵早已被曼彻斯特、爱丁堡、伦敦等主要城市接受并推广。近年来，英国政
府又陆续出台了《老年痴呆症 2020 挑战》《国家卫生服务长期计划》《25 年环
境规划》等政策规划，对该国老年友好城市的建设产生了较大影响，如 2017 年
发布的《产业战略：建设适应未来的英国》白皮书明确指出，老龄化社会是影
响未来英国的四大挑战之一，并提出为不断增长的老龄人口提供产品和服务、
帮助各行业适应老龄化的劳动力市场等具体举措③。在这些政策的引导下，目
前英国的老年友好技术框架已涵盖世界卫生组织关于老年友好城市建设的所有
核心主题，相关建设也一直遵循其推荐的参与和理解、规划、行动和实施、评
估四大步骤，各大城市也在根据自身特点稳步推进建设步伐。例如，英国最早

---

① World Health Organization. WHO global network of age-friendly cities and communities ［R/
OL］. World Health Organization, 2013.
② 神奈川県. エイジフレンドリーシティの取組 ［DB/OL］. 神奈川県ホームページ,
2022-11-07.
③ 李宏，边文越，杨文慧. 英国产业战略白皮书提出未来发展五大支柱及四大挑战 ［EB/
OL］. 中国科学院科技战略咨询研究院网站, 2018-01-09.

加入全球老年友好网络城市的曼彻斯特市提出了《2010—2020 年曼彻斯特老龄化战略》方案，倡导"促进平等"和"健康老龄"，希望通过市政府、非营利组织及当地私营部门的合作，促进老年人的广泛参与，消除对老年人的各种障碍、提升老年人生活质量，最终促进城市的健康发展以及解决人口老龄化带来的挑战；伦敦市除了建立住宅规划政策和资金计划以应对老年人的住宅和空间需求外，对老年人的社会参与也采取了诸多措施予以推进，如为 50 岁以上的城市居民提供技能培训和工作的机会、帮助老年人参与和保持日常运动水平、采取措施改善老年人的数字障碍、帮助老年人从事志愿服务、对老年人的积极贡献进行宣传、关注老年人的社会孤独问题等①。

美国也是较早探索老年友好城市和友好社区建设的国家。全国性老年人联盟和研究组织——美国退休长者联盟在 2005 年就已发布了关于城市环境如何应对"宜居社区"要求的综合性报告；美国老年人住宅协会根据"持续照料退休社区"（continue care retirement community）的界定，对随时有不同照顾需求的老年人持续性提供完整范围的住宅、生活服务与健康照护服务，2000 年以后持续建立 200 多个该类型的退休社区。当然，美国关于老年友好的尝试并不仅限于社区，在世界卫生组织的指南发布后，如纽约、亚特兰大等不少大城市都加入了老年友好城市的探索。首批加入的纽约市在 2008 年，由政府与纽约医学科学院联合发起了"老年友好型纽约城市计划"，力求通过转变城市环境，完善社区和公民参与。该市在公共交通方面，进行地铁站的适老化改造、提高老年人利用公共交通的便捷性，并通过增加公交站台座椅、实施老龄安全街道计划等为老年人提供公共空间配置；在住房方面，通过提供经济实用性住房、房屋修筑贷款等满足贫困老年人的起居需求；在健康服务方面，从健康与医疗保健规划、高危老年人群的护理服务等方面，为老年人提供可保障独立生活的健康及其他各类服务。另外，在交流与参与方面，《纽约市时间银行计划》为老年人的互助服务提供了可行性，老年活动中心、图书馆及其他网络活动平台亦为老年人积极参与社会提供了活动平台②。

此外，澳大利亚地方政府联合会 2006 年制定的《老年友好建成环境》列出了包括鼓励利益相关者的合作以推动各部门对老龄社会的意识，促进信息共享、鼓励面向老年人的规划和设计、增加老年人出行选择等六项主要目标，以指导

① 成静. 有效应对人口老龄化？不妨看看这些国家怎么做 [EB/OL]. 人民资讯，2021-02-04.
② 胡庭浩，沈山，常江. 国外老年友好型城市建设实践——以美国纽约市和加拿大伦敦市为例 [J]. 国际城市规划，2016，31（4）：128.

地方政府开展老年友好项目,推进城市环境建设①;加拿大的马尼托巴省 2008 年发起的"老年人友好马尼托巴行动计划",敦促该省人口的 80% 以上、近 90 个社区加入了该计划,希望通过老年友好社区的建设,帮助老年人积极、独立、健康的生活等②。可以看出,世界各国或地区对于老年友好城市的实践虽各有侧重,但基本都是基于世界卫生组织的建设规划,通过适老化交通系统、住房及空间环境等物质环境的营造,以及参与、信息交流等各种非物质手段,来排除或缓解老年人在城市中遇到的各种困难与障碍,以促进积极老龄化的目标实现。

二、日本的老年友好城市的发展实践

日本自 20 世纪 20 年代的明治维新起就已开始了工业化和城市化进程,"二战"后随着经济的高速增长,城市化更是得到了迅猛发展,城市化率(城市人口占总人口的比重)在 1975 年已从 1947 年的 33.1% 上升至 75.7%,到 2018 年达到 91.6%,且城市化发展主要集中于东京、大阪和名古屋三大都市圈内③。联合国数据显示,世界都市圈的人口比例呈逐年增加的趋势,其中在日本,预计到 2025 年总人口的 30% 左右将集中于包括埼玉、千叶、神奈川在内的东京圈④。在老龄化不断加速发展中,高度城市化可能带来诸如交通不便、独居、孤独死、生活贫困等一系列老龄化问题的加深。为此,日本在《老龄社会对策基本法》的引领下,一方面树立"各年龄层都能发挥活力的不老社会"(ageless society,日语为"エイジレス社会")的建设目标,努力提高老年人在就业、志愿服务、学习、人际交往等方面的社会参与水平,另一方面从社区支持和卫生健康保障、住房、交通等多方面努力推进老年友好城市建设。当然,日本关于老年友好的举措并非始于世界卫生组织的呼吁,政府及社会各界早已开始相关尝试与探索。就像学者们所言,老年友好城市提倡的八大主题早已被纳入日本的积极老龄化的战略框架中,日本的相关建设不是从零开始,而是在对已有老年人友好制度的基础上进行完善的结果⑤。因其他各章节已分别就老年人的就业、志愿服务、学习等多项社会参与活动进行了阐述,这里仅从基于社区的

① ALGA. Age - friendly built environment: opportunities for local government [R/OL]. Canberra: Australian Local Government Association, 2006.

② 彭德倩. 城市,如何更"适老"[EB/OL]. 人民融媒体, 2022-11-07.

③ 郭佩. 日本推进积极老龄化城市治理的经验与启示 [J]. 日本问题研究, 2020, 34 (2): 57-58.

④ 総務省. 令和 2 年情報通信白書 [R/OL]. 総務省ホームページ, 2020.

⑤ 郭佩. 建设老年友好城市,日本都做了什么? [J]. 中国社会保障, 2021 (8): 73.

"地域综合照护体系"以及城市适老化空间的建设两大方面来进一步考察日本的探索与实践。

（一）"地域综合照护体系"的构建

自 20 世纪 80 年代起，日本的地域社会福利开始通过开展老年人居家护理服务进行推进。1989 年由厚生省、自治省、大藏省等三个省共同制定的"老年人保健福利促进 10 年战略（黄金计划）"主要以老年人的居家福利为中心展开，之后的《社会福利关联八法》（1990 年修订）、《市町村老年人保健福利计划（新黄金计划）》（1994）、《社会保障制度审议会劝告》（1995）等使地域福利逐渐具体化，而福利行政由中央集权向地方的分权化发展使各市町村自治体拥有了更大的自治权和更多的发展机会。据日本学者调查，截至 2006 年 10 月，全国有 78.4% 的市、45.0% 的町村制定了各自的地域福利计划①。

"地域综合照护体系"的政策理念正是起源于 20 世纪 80 年代广岛县御调町推动的保健医疗护理一体化体制的构建，但在之后的全国推广过程中，该体系并没有仅仅停留在护理保险领域。2011 年修订的《护理保险法》明确要求，各市町村为实现保持老人的尊严及支持生活自立，应构筑可以持续提供医疗、护理、居住、生活支持的"地域综合照护体系"，并提出了"医疗与护理的合作""确保护理人才并提升服务质量""完善老年人的住所""推进认知症对策"等六项具体措施②。从厚生劳动省提出的概念图中可以看出，该体系包括"护理·康复""医疗·护理""保健·预防""福利·生活支持""住所·居住的人"五大要素领域（见图 8-2），强调尊重老年人尊严和支援其自立生活，倡导以市町村自治体为行政单位，通过民间企业、社会组织、社会福利法人、志愿者等多元化主体的有机协作，为社区居民提供包括医疗、照护、预防、居住、生活支持等综合性服务。学者们认为该体系"最显著的特征就在于通过强化社区服务功能整合老年服务资源，形成家庭社区机构服务共同体，构建适合社区居家老年人'小而全'的生活圈"③。可以说，日本的"地域综合照护体系"符合老年友好城市关于社区支持与卫生保健服务等的基本理念，也是亚洲地区老年友好社区建设的典范之一。

---

① 松山郁夫. 地域福祉計画策定の意義に関する考察 [J]. 佐賀大学文化教育学部研究論文集, 2007 (1)：216.

② 平力群, 田庆立. 日本构建"地域综合照护体系"政策理念的提出及其制度化 [J]. 社会保障研究, 2016 (5)：102.

③ 王雯, 朱又妮, 叶银. 老年人社区整合型照护服务：国际经验与治理借鉴 [J]. 西安财经大学学报, 2022, 35 (2)：100-101.

图 8-2　日本地域综合照护体系的概念图

资料来源：笔者根据厚生劳动省《面向地域综合照护体系的实现》中
的概念图修改而成。

　　值得注意的是，日本的"地域综合照护体系"的具体实施以各地方城市、地区的自主性和主体性为基础，目的是构建可适应地域特点的服务体系。因此，各地出现了诸如"小规模养护机构嵌入社区模式"（如鸟取县米子市）、"时间银行式互助模式"（如冈山县冈山市）、"医疗与保健、护理一体化模式"（如高知县梼原町）、"智慧型老年健康管理及守护体系"（如北海道喜茂别町）、"认知症患者及家庭支援模式"（如埼玉县川越市）、"地域综合支援模式"（如熊本县山都市）等多样化的实践范例①。

　　以老龄化和"高龄化"双重压力下的东京都为例，早在 1989 年该城市就制定了《东京都地域福利推进计划的基本内容》，指出应"构建应对老龄社会的地域福利"，并"从地域福利视角，在谋求家庭福利服务和各种福利设施的完备化及网络化的同时，构建能够让老年人、残疾人、儿童等任何需要援助的人们不被疏远和歧视地参加所有社会活动的地域社会"②。2014 年，东京都在今后 10 年的都政基本方针——《东京都长期展望》中，将"实现福利先进城市的目标"作为重要的城市战略之一，提出在今后 10 年内构建可以提供医疗、护理、

①　日本総合研究所."地域包括ケアシステム"事例集成［DB/OL］. 日本総合研究所ホームページ，2014-03.

②　東京都福祉保健局. 東京都における地域福祉推進計画の基本的あり方について［DB/OL］. 東京都福祉保健局ホームページ，1989-07-12.

预防、生活支援的一体化式"地域综合照护体系"①。紧接着在 2015 年，又根据该方针制定了《第 6 期东京都高龄者保健福利计划》，规划了护理服务制度的完善和合理运营、居家医疗的推进、痴呆症对策的综合推进、支撑地域社会的护理人才的确保与培养、老年人居住状况的确保，以及完善护理预防的推进和相互支援的地域建设等六大重点领域，并首次发布了需要护理服务者的数量、护理保险费、护理职员的数量中长期预测数据②。

　　在这些施政规划的指引下，东京都各区域根据各自社会资源、人口动态、地理条件等客观条件，分别建立了极具区域特色的"地域综合照护体系"③。新宿区是日本东京都内 23 个行政区之一，是东京都厅（都政府）所在地，也是东京都比较繁华的商业区。该区依托"故乡会"等 NPO 法人，针对目前生活居无定所的失业者及不稳定就业人员、无家人支援的需要护理的老年人、抱有身心障碍或社会孤立状态的单身者等社会弱势群体，试图构建"住所·生活支援·康复·家庭看护"相结合的照护服务体系。主要措施有：通过活用空置房屋等现有资源，向低收入者提供符合其生活需求的低价住宅；通过节庆活动、俱乐部活动等构建社会关系网；为处于社会孤立状态或生活困难的人提供咨询服务，定期访问确认其是否平安；雇用患有疾病或身体障碍的生活穷困者，让他们成为老年人生活支持的承担者等。另一核心区域——丰岛区的"地域综合照护体系"建设则源于由丰岛区医师会为首的"三师会"在 2008 年实施的"东京都家庭医疗网络推进项目"。该项目作为试行范例推行了两年之后，从 2010 年开始在该地区全域继续得以推进，试图通过医疗、护理、看护等多部门"面对面的合作"，推进该地区居民谁都可以放心享受的家庭医疗体系的构建。主要措施有：设置多部门参加的家庭联合医疗推进委员会，就多部门、多工种如何合作进行协商和研究；通过以护理工作负责人为对象的"家庭医疗协调员研修"、以护理员为对象的"医疗交流员研修"等的研修和学习，培养护理人员并提高其工作技能；普及与宣传家庭医疗相关信息；推进家庭医疗网的建设等。

（二）城市适老化空间的建设实践

城市空间环境对于满足老年人进行户外活动、居家生活所需要的场所空间

---

①　東京都福祉保健局. 福祉先進都市·東京の実現に向けた地域包括ケアシステムの在り方検討会議最終報告-地域で支え合いながら安心して暮らし続けるために［R/OL］. 東京都福祉保健局ホームページ，2016-03.

②　東京都福祉保健局. 東京都高齢者保健福祉計画（平成 27 年度-平成 29 年度）［DB/OL］. 東京都福祉保健局ホームページ，2015-03.

③　日本総合研究所.「地域包括ケアシステム」事例集成［DB/OL］. 日本総合研究所ホームページ，2014-03.

需求至关重要。在超老龄社会的日本，很多城市的建设规划措施与老龄化问题息息相关。限于篇幅，这里仅从交通环境、福利设施及住宅三个方面进行考察和分析。

1. 适老化交通环境

为优化适老化交通政策，保障老龄化社会的交通安全。日本政府采取了多项措施以规范适老化交通环境的建设。在公共交通工具的使用方面，大力促进公共交通的无障碍化发展。根据内阁府的相关调查，近年来在外出时选择自己开车的老年人有增加趋势，其原因之一就是公共交通工具存在使用障碍①。为此，2006年日本政府在《关于促进老年人、残障者等方便行动的法律》（被称为"无障碍新法"）中，要求车站、机场等公共交通必须设置适合老年人使用的电梯、低地板巴士（non-step bus）等设施，如调整巴士等公交车辆车门宽度和高度、增设便于轮椅上下的专用斜板及固定装置等诸多无障碍设施，以提高老年人使用公共交通的便利性。2007年，又依据《地域公共交通综合连接计划》，对公共交通部门进行必要的培训，提高对老年人的服务意识和能力，根据老年人口数量调整公共交通车辆配置等相关辅助制度，以强化老年人对公共交通系统的有效使用②。此外，面对日益增多的老年驾驶人，政府还采取了努力提高老年人安全驾驶能力等措施，如利用驾驶执照更新制度筛查驾驶能力不足的老年人、对驾驶能力达到标准的老年人进行驾驶培训以帮助其提高安全驾驶的综合能力等，有些地方还利用公共交通卡、购物券、优惠医疗等奖励方式，鼓励老年人自主返还驾驶执照③，以减少老年驾驶人导致的交通事故的发生。

另外，为改善步行交通环境，政府一方面积极推进医院、百货商店、银行等公共建筑物的无障碍化设施建设，设置升降机、扶梯、坡道等方便老年人使用的助行设施，另一方面积极完善有利于老年人的步行交通建设。2022年版《老龄社会白皮书》中的"形成步行空间"一节，提出了为确保老年步行者交通安全的10项具体措施：（1）拓宽人行道；（2）完善人行道的台阶、倾斜度；（3）道路的"无电线杆化"；（4）设置行人用向导标志；（5）完善行人优先的道路构造；（6）通过自行车道等的设置，使人行道和自行车道分离；（7）控制在生活道路上的行进速度，完善可实现交通正常化的信号灯、道路标识等设施；

---

① 橋本涉一. 高齢化社会における公共交通の有効性と利用に関する研究［J］. 神戸高专研究紀要，2012（50）：137-140.
② 刘萌，刘雪丽，李泽新. 适合老年人出行的城市交通经验及启示——以中国台湾地区、新加坡和日本为例［J］. 西部人居环境学刊，2021，36（6）：61.
③ 张宇阳，邹哲. 日本应对老龄化社会的交通安全策略［J］. 城市交通，2022，20（4）：29.

（8）灵活使用无障碍对应型信号机①；（9）"步车分离式"信号的运用；（10）设置易懂的道路标志及道路标识，以及信号灯装置的 LED 化等②。

2. 老年人福利设施

日本在《老年福利法》（1963）颁布之前，主要依据《生活保护法》（1950）收容贫困无依的老年人，并将他们安置于养老设施。1963 年出台的《老年福利法》成为从特殊老年人救助的理念，到以全体老年人为对象提供福利服务理念的转折点。该法案以保障每个老年人的身心健康和安定生活为目标，提出广泛推行老年人福利政策，并首次在法规中使用了"日常介护"（日常护理）一词，为需要护理的老年人设立了"特别养护老年人之家"制度，开始加强以需要居家护理的老年人为对象的设施建设。到了 20 世纪 70 年代，日本各地建设了大量的"特别养护老人之家"，均采用集体居住的运营模式，多为 8 人间或 6 人间（20 世纪 70 年代以后大多改为 4 人间），入住人数 40 人以上的约占总数的 80%③。之后政府又出台了多项政策措施，尤其是 20 世纪 80 年代以后陆续出台的《老年人之家的机能和服务评价》（1988）、《特别养护老年人之家、老人保健设施服务基准》（1999）等法律法规，为日本养老服务设施的发展提供了坚实的法律保障。

这里需要特别提及的就是 1997 年颁布、2000 年开始正式实施的《护理保险法》对目前老年人福利设施建设的影响。日本的护理保险制度遵循重视居家、支持老年人自立的理念，"特别养护老人之家"由原来的行政管理制度变为一项社会契约制度，其建设理念也由原来的集体护理模式转向尊重个体、提供个体高品质服务的新型养护理念。2003 年出现了全部以单人居室为特征的服务设施；2006 年依据修订的《护理保险法》，又推出了"小规模多功能型居住护理制度"，使用者可根据自己及家属的愿望，以上门服务、每天往返或短期住宿等多种形式享受设施服务；2011 年再次修订的《护理保险法》推出了前述集医疗、护理、预防、居住、生活支持为一体的"地域性综合照护体系"，由此日本养老设施的建设越加呈现多元化发展趋势。目前，日本的老年福利设施大致分为养护老人之家、认知症老人之家、护理院等不同类型，养护老人之家多为具有自理能力的老年人，重点是对老年人自立提供健康支持或精神支持，护理院则以

---

① 该设备可利用蓝牙向智能手机使用者发送行人用信号信息，同时设有先进的 PICS 设备，可以通过操作智能手机等来延长绿灯时间。

② 内阁府. 令和 4 年版高龄社会白书［R/OL］. 内阁府ホームページ，2022.

③ 川崎直宏，金艺丽. 日本介护型居住养老设施的变迁与发展动向［J］. 建筑学报，2017（10）：38-39.

护理为主，多侧重健康状态的监控设施建设以及其他精准化设施的配备①。

3. 老年人住宅

1964 年，日本建设省和厚生省联合发布《建设面向老年人家庭的公共住宅》，提出优先面向有需要的老年人家庭提供公营住宅②，之后一直在探索相关配套政策，陆续推出了如优先安排老年人家庭入住公营住宅、降低老年人入住年龄限制、对房地产商开发面向老年人的商品住宅及老年人家庭自建住宅提供贷款优惠等措施。1987 年，建设省和厚生省又联合推出专门面向老年人家庭的"银发住宅工程"，除建筑要求外，还对配置日间照料中心、设置常驻生活支持顾问等配套设施及服务做出了具体规定。1995 年，建设省出台的《安心建筑法》《应对长寿社会的住宅设计指南》等法规完善了老年住宅的设计标准。1997年颁布的《护理保险法》进一步明确了对适老型住宅改造资助项目及资助费用等具体内容。

进入 21 世纪后，2001 年颁布的《老年人居住安定确保法》把确保老年人稳定居住提高到了法制层面，同时出台了多项有力措施，如在日本《第八期住宅建设五年计划（2001—2005 年）》针对老年人住所的具体措施有：为应对长寿社会而建造的公共租赁式住宅，采取取消坡面等适老化标准；有计划地有效推进共同居住住宅的改造，形成可以应对少子老龄化社会需求的住宅体系；创设可为单身老年人及老年人夫妇提供满足一定无障碍标准住宅的民营租赁住宅制度，对由民营机构修建的无障碍租赁住宅的新建、改造等提供补助；为杜绝租赁住宅拒绝老年人入住的现象，设立不允许拒绝老年人入住租赁住宅的登记制度及相关的房租债务保证制度等③。在 2011 年《老年人居住安定确保法》的修

---

① 侯松岩. 国外适老型城市空间建设经验与启示：制度、措施与机制［C］. 中国城市规划学会，成都市人民政府. 面向高质量发展的空间治理——2020 中国城市规划年会论文集（19 住房与社区规划）. 北京：中国建筑工业出版社，2021：1104-1111.

② 20 世纪 50 年代，随着经济的高速增长，日本民众的家庭收入水平逐渐上升，同时急速的人口城市化加剧了城市住房供需矛盾。为保障住房供给数量、解决中低收入阶层的住房问题，日本以政府出资建设了大量公营住宅和公团住宅。前者是国家与地方政府合作修建，一般面积比较小，以低租金出租给住房困难的低收入家庭，后者由日本政府专设机构"日本住宅公团"负责营造，主要是为中等收入工薪家庭提供的小康水准的住房，主流住宅模式是可供一家四口居住的 60 平方米左右的三居室，1955—2006 年累计建设约 150 万套，极大地缓解了当时工薪阶层的住宅短缺问题。具体请参考李燕《日本新城建设的兴衰以及对中国的启示》（2017）。

③ 首相官邸. 高齢化社会に対応した住宅行政［J/OL］. 時の動き2001（7）：12-17. 首相官邸ホームページ，2001.

订中，进一步提出为促进附带服务功能的老年住宅①的供给，采取对改造费进行资金补助、特别税收政策、住宅金融支援机构的融资等优惠措施，并推进民营租赁住宅"安全网登登记宅制度"，在登记住宅的改造及减轻入住者负担等方面进行援助②。据日本交通省统计，到 2020 年，该类附带服务功能的适老型住宅的登记数量已超过 26 万套（见表 8-1）。

表 8-1 老年人住宅的供给情况变化（套）

年度	面向老年人的公营住宅数量	附带服务功能的老年人住宅登记数量	城市再生机构租赁住宅的优惠措施对象数量
1998	2057	—	3714
2003	627	—	7619
2008	303	—	1221
2013	430	109239	471
2014	260	146544	372
2015	328	199056	486
2016	319	215955	329
2017	287	299947	255
2018	430	244054	470
2019	368	254747	299
2020	756	267069	318

注：城市再生机构针对老年人居住者或与老年人共同居住者，实施了入住或住宅变更优惠措施。这里是指接受其优惠措施的住宅数量。

资料来源：笔者根据内阁府《令和 4 年老龄社会白皮书》（2022）表 2-2-6 修改而成。

---

① 该类住宅主要是指可方便接受医疗护理、老年配餐等生活支持服务以及其他安全确认、生活咨询等功能的住宅。入住者标准指必须是 60 岁及以上或被认定为需要护理或需要援助的人，房间面积一般要求每户达到 25 平方米以上，房间要有无障碍设施等，服务标准具体指要有安全确认、生活咨询等配套服务以及设有医师、护士、社会福利士等相关人员等。具体内容请参照日本国土交通省于 2011 颁布的《关于老年人居住安定确保法》的修订法案。
② 国土交通省. 高齢者の居住の安定確保に関する法律等の一部を改正する法律［DB/OL］. 国土交通省ホームページ，2011-04-28.

第四节 结语与思考

20世纪90年代末以来，世界卫生组织提倡积极老龄化理念，并呼吁世界各国为此进行探索与实践。积极老龄化将"参与""健康""保障"列为同等重要的内容，主张老年人与其他年龄群体一样也拥有参与和推动社会发展的权利，并将参与领域从原来的经济领域拓展为社会发展的各个社会领域，同时强调政府和社会应努力创造条件并保障老年人按照自己的意愿和能力广泛参与社会活动。可以说，积极老龄化既着眼于老年人个体，也着眼于社会环境的支持，是老年社会参与理论的重大进展。该理念在老年友好城市的建设主题中也得到了充分体现。从日本及英美等发达国家的实践经验来看，老年友好城市的建设至少需要遵循以下原则。

第一，重视相关法律法规的建设。英美各国围绕老年友好城市及老年友好社区的发展均有法律法规做支撑，而日本更是极为重视法规建设的国家。自20世纪50年代开始，日本陆续有相关法律措施出台，其中《国民年金法》(1959)、《老人福利法》(1963)、《老人保健法》(1983)和《护理保险法》(1997)从经济收入、社会福利、医疗保健和生活护理四个方面构成了老年社会保障的基础，《老年人等就业安定法》等法规的多次修订也为老年人就业及积极参与社会提供了法律依据。1996年，日本首次制定《老龄社会对策大纲》，后经2001年、2012年、2018年三次修订后，5~10年就会重新修订一次，最新出版的令和4年版《老龄社会白皮书》① 就涵盖了2018年新版《老龄社会对策大纲》的基本理念、政策及制度等具体内容。在其政策的引导下，近年来，不仅中央政府针对老年友好城市及社区建设的相关领域出台了种类繁多的法律法规，各层级地方政府也大多有相关具体措施发布。"不以规矩，不能成方圆"，法律法规是发展建设的基石，同时也是根本保障，对老年友好城市的建设来说亦是如此。

第二，重视老年友好社区的发展。社区作为城市的最基层单位，在建设老年友好城市方面，老年友好社区的发展必不可缺且为前提条件。作为民众生活的居所，各类福利资源及设施重点落实在了社区这一基本层面。如前所述，日本以社区为中心推行的"地域综合照护体系"被认为是在"构建适合社区居家

---

① 内阁府. 令和4年版高龄社会白书［R/OL］. 内阁府ホームページ，2022.

老年人'小而全'的生活圈"，王雯等人①认为这里的"小"指的是服务辐射范围小，一般是以家庭为中心，以社区作为平台提供服务，"全"则是指服务内容全，包括医养服务、生活支持、住宅改造、精神关怀等多样化的、综合性服务。而该体系的发展方略正是集合政府（进行政策指引）、市场（提供养护产品和相关服务）、家庭（提供非正式照顾服务）、非营利性组织（如社会福利协会及志愿者组织可提供精神娱乐及关怀服务）等各方力量，在这个"小而全"的生活圈内，实现老龄化社会"公助""共助""自助"的多元服务供给。不仅如此，该体系还可通过社区居民共同参与社区活动，推动老年人积极参与社区活动，促进社区对老年人的包容和理解，为社区居民创造或重建归属感，形成共同参与意识，这对于社区社会中打破年龄隔阂、促进社区和谐发展、促进"共生社会"的实现具有重要意义。其他如英国的"终生社区"、美国的"持续照料退休社区"等虽然在具体实施措施方面并不完全相同，但在发展理念上是一致的。

第三，重视城市空间环境的适老化建设。发达国家对城市空间环境的关注由来已久，如在 20 世纪 80 年代针对"团地"社区②面临的老龄化、基础设施老化及商业凋零等问题，日本国土交通省就已开始实施设置多功能广场和坡道、增设花园和人行通道、增加空地上的绿化面积和小型社交休憩设施、对多层住宅进行修葺加固和安装电梯、引入养老及医疗等服务机构等多项措施，以推动这些老旧社区的修整与重建。1999 年，当时的小渊内阁设置的"经济战略会议"提出为振兴日本经济，有必要将都市再生问题作为国家的重要战略问题，并指出应树立都市再生的具体目标，设置都市再生委员会予以推进。在政府的大力宣传下，都市再生的重要性逐渐被社会各界广泛理解，2002 年日本政府颁布了《都市再生特别措施法》，并在内阁设置了以内阁总理为总部部长、以相关内阁大臣为总部委员的"都市再生总部"，从环境、防灾及国际化等多方面推出都市再生的各项方略③。2004 年在国土交通大臣主导下，设立了独立行政法人都市再生机构（Urban Renaissance Agency），以推进高效的城市活动，完善和发展城市基础设施，以及促进城市的健康发展和民众生活的稳定。各地方城市大

---

① 王雯，朱又妮，叶银. 老年人社区整合型照护服务：国际经验与治理借鉴［J］. 西安财经大学学报，2022，35（2）：100-101.

② 在日本，"团地"所有权属于政府，因此再生计划也由政府组织进行。城市再生机构隶属日本交通省，是日本唯一针对城市住宅问题的政策实施机构，前身是日本住宅公团。关于日本"团地"社区的建设问题，具体请参考陈靖远《论日本住宅公团运作模式的方法借鉴》（2018）。

③ 国土交通省. 都市再生関連施策［DB/OL］. 国土交通省ホームページ，2022-11-21.

多也制定了相关法规措施予以推进，如京都市的"都市再生整备计划项目"在基础设施方面，对道路、公园、社区基本生活设施以及老年人交流活动设施等提出了明确的改建措施。近年来，面对老龄化、人口减少等社会结构及环境的巨大变化，为实现"不放弃任何一个人"的可持续城市发展目标（Sustainable Development Goals，简称SDGs），日本政府又于2020年颁布了"城市·人·工作创生战略"，从2021年开始每年选定30个城市作为"SDGs未来城市"进行试点建设，从城市建设视角致力于"每个人都想生活的城市""每个人都有活力的城市"的构建，以推动"一亿总活跃社会"的实现①。可以说，在超老龄社会背景下颁布的众多城市建设规划中，不少内容都是以实现老年友好为目标或把老年友好纳入其规划中的。

老龄社会在世界大多数国家都将成为社会常态。从可持续发展角度来说，当城市或地区进入深度老龄化状态时，老年友好城市及老年友好社区的建设就会成为一种"必须"，即"必须"将人、环境、设施等资源有效融合，以使包括老年人在内的所有年龄层的居民都能安居乐业。这是在城市化和老龄化双重发展压力下的一项重要课题。

---

① 内閣府. 令和4年版高齢社会白書［R/OL］. 内閣府ホームページ，2022.

第九章　日本秋田市老年友好城市的建设实践及启示

2005 年，世界卫生组织提出了"老年友好城市"概念，两年后颁布了纲领性文件——《全球老年友好城市建设指南》（以下简称"AFC 指南"），并于 2010 年启动了全球性的老年友好城市网络行动（以下简称"AFC 全球网络"），要求会员城市按照其推行的评价指标制定建设目标，衡量自身建设的进度，以提高城市对老年人的包容性与可达性①。截至 2019 年 9 月，该网络的会员城市已覆盖了 46 个国家或地区的 937 个城市②。虽然世界卫生组织对老年友好城市设有相关评估指标，但因各国或地区的国情不同，并未规定统一标准，不过对其老年友好城市行动计划（以下简称"AFC 行动计划"）却有着原则性的共识，即发展策略应包含公共设施和社会政策两个方面，发展目标应从老年人个体出发，通过政策、服务、场所和设施等方面的支持，让老年人以积极态度面对社会，并全面融入和参与城市发展、社区生活③。

发达国家的人口老龄化开始较早，老年友好城市的发展理论与实践也较为完善。其中，日本作为世界上老龄化程度最高的国家，也是城市化率超过 90% 的高度发达国家，目前已有 21 个城市加入了 AFC 全球网络。如第八章所述，日本关于老年友好的相关城市建设措施并非始于世界卫生组织的呼吁，而是在已有制度的基础上进行完善的结果，其实践经验值得借鉴与参考。本章将以日本第一个加入 AFC 全球网络的秋田市的发展实践为例，在考察该城市人口老龄化发展状况的基础上，分析阐述其老年友好城市的发展历程及最新 AFC 行动计划的主要内容及特点。

---

① World Health Organization. WHO global network of age-friendly cities and communities ［R/OL］. World Health Organization，2013.

② 神奈川県. エイジフレンドリーシティの取組 ［DB/OL］: 神奈川県ホームページ，2022-11-07.

③ 世界卫生组织. 全球老年友好城市建设指南 ［M］. 日内瓦：世界卫生组织，2007：1-6.

第一节 秋田市的基本概况

秋田市位于日本东北地区秋田县的中部，是该县的县厅所在地，东面是出羽山地，西面是日本海，是一座有着"花园城市"美誉的海滨城市。在经济发展方面，该市是全国闻名的水稻生产地区，著名的大米品牌"秋田小町"就出自该市。除了水稻种植，该市的酿酒业、造纸业、食品业也很繁荣，还拥有全国最高的石油产量。秋田市的年平均生产总值约占整个秋田县的1/3，是该县的经济及交通中心。

从人口情况来看，秋田市是该县人口最多的城市，在东北地区也是仅次于仙台市的人口第二大城市。近年来，秋田县整体的人口老龄化发展速度较快，2021年老龄化率高达38.1%，位居日本第一①，而县厅所在地秋田市的老龄化发展也不遑多让。根据总务省统计局发布的《国势调查报告》，截至2020年10月，秋田市总人口约为30.8万（其中男性14.5万、女性16.2万）。其中，年少人口约有3.3万，比2005年减少25.2%，在该市总人口中所占比例也从13.2%减少至10.7%。同期，15~64岁劳动年龄人口为17.3万，比2005年减少20.9%，占比也减少了9.5个百分点，目前不到该市总人口的六成。与年少人口及劳动年龄人口的减少趋势不同，该市的老年人口数量一直处于增长态势。2005年，该市65岁及以上老年人口约有7万，占比约为21.1%，之后增长速度加快，到2020年人口已达到了9.6万，老龄化率也高达31.2%，意味着每3个人中就有1人是65岁及以上老年人。不仅如此，"后期老年人"（75岁及以上）增长速度明显快于"前期老年人"（65~74岁），2005年在秋田市总人口中占比9.5%，低于"前期老年人"2%，到2020年达到了15.8%，反而超过"前期老年人"0.4%。可见，目前秋田市的人口老龄化和"高龄化"程度都较高，在日本是老龄化程度较严重的城市之一（见表9-1）。

据日本国立社会保障和人口问题研究所推测，2045年秋田市总人口将达到22.6万人，老龄化率将继续上升至46.8%，甚至超过15~64岁劳动年龄人口比例，这意味着该市将无法只用一个处于劳动年龄人口的人养活一个65岁及以上的老人。对此，秋田市现任市长穗积志在《第3次秋田市AFC行动计划》的前言中说："如此预计未来老年人口还将进一步增加的情况下，无论到多少岁，都

---

① 内阁府. 令和4年版高龄社会白书［R/OL］. 内阁府ホームページ，2022.

能在习惯的区域内拥有自己的生活场所，发挥自己的作用且互相尊重，这样的社会是所有世代所希望看到的，因此老年友好城市的构建越发重要。"①

表 9-1　秋田市各年龄层人口结构的变化

年龄	2005 年				2015 年				2020 年			
	总数（人）	构成比（%）	男（人）	女（人）	总数（人）	构成比（%）	男（人）	女（人）	总数（人）	构成比（%）	男（人）	女（人）
总数	333 109	100.0	158 107	175 002	315 814	100.0	148 851	166 963	307 672	100.0	145 411	162 261
14 岁及以下年少人口	43 879	13.2	22 443	21 446	34 916	11.0	17 683	17 233	32 809	10.7	16 793	16 016
15~64 岁劳动年龄人口	218 498	65.6	106 920	111 578	186 207	59.0	90 840	95 367	172 755	56.1	84 882	87 873
老年人口　65~74 岁	38 198	11.5	16 827	21 371	44 114	14.0	20 526	23 588	47 424	15.4	22 051	25 373
75 岁及以上	32 173	9.5	11 735	20 438	44 599	14.1	16 379	28 220	48 525	15.8	17 949	30 576
总计	70 371	21.1	28 562	41 809	88 713	28.1	36 905	51 808	95 949	31.2	40 000	55 949

注：年龄未知数据未计入。原数据来自日本总务省统计局于每年 10 月 1 日统计的数据。

资料来源：笔者根据秋田市"人口和家庭"网页（2021）修改制作。

第二节　秋田市老年友好城市的发展历程及实施结果

秋田市老年友好城市的构建大致可分为准备阶段（2009—2011）和行动计划阶段（2012 年至今）两个发展时期。目前，该市已完成第 1 次行动计划（2013—2016）和第 2 次行动计划（2017—2021），2022 年开始启动第 3 次行动计划（2022—2027）（见表 9-2）。

一、老年友好城市的发展历程

（一）准备阶段（2009—2011）

2009 年，在穗积市长的带领下，秋田市正式开始了老年友好城市的准备工作。同年 10 月，成立了关于老年友好城市构想（以下简称"AFC 构想"）的跨部门机构——"厅内学习会"，由福利保健部作为牵头部门，召集相关部门工作人员参加。厅内学习会从 2009 年 10 月到 2010 年 3 月，共召开了 8 次会议，主要目的是讨论世界卫生组织提及的老年人参与的重要性，以及如何将普通市民、民营企业等一起纳入规划体系，同时根据各项调研数据分析秋田市关于

---

① 秋田市. 第 3 次秋田市エイジフレンドリーシティ（高齢者にやさしい都市）行動計画［DB/OL］. 秋田市ホームページ，2022-03.

AFC 指南中涉及的八大领域的发展现状和问题，探讨如何进行补充调查以了解老年人需求等问题①。例如，在交通环境方面，厅内学习会指出，虽然约六成的人口居住在距离电车站 500 米和公交车站 200 米的范围内，2/3 的市民可利用公共交通工具，但许多老年人仍选择自己开车去医院或购物，对私家车的依赖度较高，巴士的乘客量很低，因此运营商正在停止无利可图的线路，导致出现了交通空白区，市民对"巴士和电车的可及性"的满意度很低②。

表 9-2　2009—2020 年秋田市构建老年友好城市的主要举措

时间	主要内容
2009 年	着手推进老年友好城市的准备工作 举办由厅内相关部门工作人员组成的"厅内学习会"，开始展开活动
2010 年	在第 12 次秋田市综合计划中，将该构想定位为该市成长战略之一 设置"构想推进协议会""厅内联络会"（取代"厅内学习会"）
2011 年	由"构想推进协议会"向市长提出建议书 老年人投币式巴士服务项目开始启动 宣布加入 AFC 全球网络，并被批准为参加城市
2012 年	成立"行动计划制定委员会""行动计划实施委员会" 成立"厅内协调会"取代"厅内联络会" 市长在第 11 届 IFA 国际老龄化会议（捷克共和国）上做报告 "护理支援志愿者制度""倾听志愿者培训项目"开始启动 市民活动组织"秋田市老年友好市民协会"成立
2013 年	制定第 1 次秋田市老年友好城市行动计划（2013—2016）
2014 年	设置"老年友好城市行动计划推进委员会" 开始举办"老年友好城市学院接力研讨会" 开始发行《老年友好城市通讯》

---

① 秋田市. 秋田市エイジフレンドリーシティ行動計画［DB/OL］. 秋田市ホームページ，2013–12.
② 後藤純，大方潤一郎. エイジフレンドリーシティ行動計画の特徴と意義［J］. 都市計画論文集，2017，52（3）：976–978.

续表

时间	主要内容
2015 年	开始"老年友好伙伴发展促进项目" 开始"老年人社区活动创建和支援项目"（到 2017 年） 设定秋田市老年友好城市标识 设定秋田市老年友好指标 进行第 1 次老年友好城市市民意识调查 开展市民、民间企业、市政府工作人员的意见交换会
2016 年	制定第 2 次秋田市老年友好城市行动计划（2017—2021） 成立"年龄差异朋友俱乐部"
2017 年	设置秋田市老年友好城市"厅内推进会" 启动老年人电影节
2018 年	在第 14 届 IFA 国际会议（加拿大多伦多）上发表报告 开设秋田市老年友好城市的 Facebook 和 Twitter 网页 开始老年友好城市推进战略发展研讨会
2019 年	制作有关介绍和招募老年友好伙伴的电视节目
2020 年	公私营部门合作建立有关老年人信息的门户网站 进行第 2 次老年友好城市市民意识调查
2021 年	制定第 3 次秋田市老年友好城市行动计划（2022—2027）

资料来源：笔者根据秋田市发布的《第 3 次秋田市老年友好城市行动计划》（2022）修改制作。

2010 年，在第 12 次秋田市综合计划中，该市将 AFC 构想定位为成长战略之一，并设置了"老年友好城市构想推进协议会"（以下简称"AFC 构想协议会"）、"老年友好城市厅内联络会"（以下简称"AFC 厅内联络会"），前者负责制定具体计划，后者是取代了之前的厅内学习会而成立的部门。AFC 构想协议会从 2010 年 7 月至 2012 年 6 月共召开了 7 次会议，如对于前述公共交通问题，因问卷调查结果发现市民对定期购物巴士、前往医院的巴士及公交站的环境改善等有明确要求，该协议会建议确保满足生活需求的交通服务，并考虑巴士运营商以外的交通手段①。为此，在第 12 个秋田市综合计划中，设立了老年

---

① 秋田市. 秋田市エイジフレンドリーシティ行动计画［DB/OL］. 秋田市ホームページ，2013–12.

人优惠项目——老年人投币式巴士项目，允许老年人以 100 日元的价格乘坐现有线路①。

2011 年，AFC 构想协议会在会长山口邦雄的带领下，向市长正式提交了《秋田市 AFC 构想建议书》，就秋田市构建老年友好城市的理由以及目前的发展现状及问题等提出了具体建议，指出为了建设老年友好城市，围绕交通、户外空间、交通、社会参与、就业机会的确保、信息交流、社区支持及卫生保健服务等全社会必须面对的重要课题，应从长远观点，不仅是行政部门，企业、社区、市民等都应在充分认识自己的作用和责任的基础上协同合作②。2011 年，秋田市的加入申请被世界卫生组织批准，正式成为日本第一个加入 AFC 全球网络的城市。

（二）第 1 次和第 2 次行动计划阶段（2012—2021）

2012 年，秋田市市长穗积志出席了在捷克共和国举办的第 11 次国际老年人团体联盟③老龄化国际会议，在报告中介绍了秋田市的进展情况。同年 8 月，成立了秋田市"老年友好城市行动计划制定委员会"（以下简称"AFC 制定委员会"），同时撤销 AFC 厅内联络会，成立"厅内协调会"作为该委员会的一个分支机构。行动计划制定过程中，AFC 制定委员会讨论了很多相关议题，如由于市民对英文 AFC，即 age friendly city 缺乏了解，经讨论后决定不再使用横排英文字母，而使用日语表达"エイジフレンドリーシティ"（高齢者にやさしい都市），以进一步促进宣传工作等。另外，面对世界卫生组织要求建立让老年人自身积极且持续性参与计划过程的要求，经该委员会和厅内协调会议的商讨，提出让市民主动制定以市民为中心的行动计划，认为市民可以从两个方面展开活动：一是为防止老年人被社会孤立或成为"购物的弱势者"，构建自己身边的友好型"商业、人、城镇"，并思考政府、商业街和当地居民之间的角色分工等问题；二是老年友好城市的普及宣传和教育活动。为此，特别设置了"厅外工作

---

① 後藤純，大方潤一郎. エイジフレンドリーシティ行動計画の特徴と意義 [J]. 都市計画論文集，2017，52（3）：976-978.

② 秋田市エイジフレンドリーシティ構想推進協議会. 秋田市エイジフレンドリーシティ（高齢者にやさしい都市）構想に関する提言書 [DB/OL]. 秋田市ホームページ，2011.

③ 国际老年人团体联盟（International Federation on Ageing，一般被简称为 IFA）成立于1973 年，总部设在加拿大的多伦多，具有向联合国及其专门机构（如世界卫生组织）提供综合咨询的资格。该组织旨在实现一个让老年人能够以应有的责任和尊严参与社会的老龄化社会，其会员包括全世界 73 个国家的非营利组织（NPO）、NGO、营利组织以及对老龄化问题感兴趣的个人和团体。

会议"，经参会市民多次讨论后，最后拟定了四项以市民为中心的行动计划，即"行动计划 1：看到商店的背后！店长的一天""行动计划 2：街道上的'导游'① ""行动计划 3：建立节庆活动组织委员会""行动计划 4：建立老年友好市民委员会"，并根据其中的行动计划 4，成立了市民活动组织"秋田市老年友好市民协会"②。

在 AFC 制定委员会的多方努力下，2013 年秋田市公布了《第 1 次秋田市友好城市行动计划》（2012—2016 年，以下简称"第 1 次 AFC 行动计划"），正式开始了老年友好城市的规划建设。为管理该行动计划的进度情况、制定评估方案以及展开老年友好城市的宣传推广工作，2014 年 8 月秋田市又设置了"老年友好城市计划推进委员会"（以下简称"AFC 推进委员会"），主要集中开展AFC 行动计划的实施和评估方面的工作，秋田市老年友好市民协会也选举了一名代表加入。该委员会从世界卫生组织提出的项目指标中选择了适合秋田市发展的指标，并就这些指标进行了市民意识调查。2016 年秋田市又继续制定了第2 次行动计划（2017—2021），继而在 2021 年完成了第 3 次行动计划的制定，目前秋田市已经进入后者的实施阶段。（见表 9-2）

二、两次 AFC 行动计划的实施结果

根据秋田市公布的老年友好城市各项达成指标③，经过两次 AFC 行动计划的实施后，该市在以下"硬""软"环境方面的建设均成绩斐然。

在"硬环境"方面：（1）从截至 2020 年 4 月的各项客观指标来看，在空间环境方面，日本室外设施、公园等无障碍化率已达 22.6%，比 2016 年提高了2.4%；同年，因交通事故死伤的老年人数量从 2016 年的 201 人减少到 124 人；（2）在交通方面，投币式巴士资格证明提交率达到 64.7%，低地板巴士等的持

---

① 这里是笔者根据该词汇的日语"コンシェルジェ"及在行动计划中的含义翻译的词汇。日语词汇源自法语，原意为"重要建筑物的守门人"，现在一般指酒店或其他设施中帮助处理客人各种要求的"礼宾员"或"咨询员"。这里主要是指履行类似导游工作职责的人，即根据食品、历史文化、景观等不同主题设立活动小组，轮流组织城市步行游览活动的人。该项活动目的主要是促使老年人积极外出参加活动，让市民对自己居住的城市更有归属感，以及重建有魅力的商店街。具体请参考《第 1 次秋田市 AFC 行动计划》（2013）

② 秋田市. 秋田市エイジフレンドリーシティ行動計画［DB/OL］. 秋田市ホームページ，2013-12.

③ 秋田市. 第 3 次秋田市エイジフレンドリーシティ（高齢者にやさしい都市）行動計画［DB/OL］. 秋田市ホームページ，2022-03.

有率为 59.4%（170 辆巴士中有 101 辆），通用设计出租车、福利出租车的导入率为 13.9%，分别比 2016 年提高 3.8 个百分点、19.2 个百分点和 6.1 个百分点；（3）在居住环境方面，老年人经申请和认定后，可以将护理保险经费用于住房适老化改造、购买和租借适老化用具等，目前总体无障碍化率约为 42%，同期有更多老年家庭入住附带养老服务的住宅，截至 2020 年年末共计 747 户。

在"软环境"方面：（1）促进老年人社会参与，根据 2020 年秋田市老年友好城市市民意识调查结果，正在参加社区活动或其他市民活动的老年人比例为 50.4%，比 2013 年的调查结果略高出 1.1 个百分点；高校面向社会人的讲座自 2016 年至 2020 年共 509 次①；由秋田市社会福利协议会组织开设的社区沙龙数量 5 年间超过 1000 家；老年人参加体育活动的比例逐年上升，2020 年面向老年人的健康运动教室开设了 20 次，参加人数达到 1000 人，比 2016 年增加了 47.9%。（2）促进各年龄层之间的交流，将与老年人和残障人士的交流活动、福利体验活动纳入课堂的中小学比例在 2016—2019 年均在 80%~90%；开展与老年人或老年社会相关的民营企业的数量和项目数一直呈增加趋势，2020 年有 112 家企业、699 项活动。（3）促进老年人就业及增加参加市民活动的机会，从事日常志愿者活动的老年人数量总体呈增加态势，2020 年人数达到 2755 人；对 65 岁之后仍有继续工作意愿的职员实施全部雇用的企业数量也一直在增加，2020 年为 1186 家，占比 85.6%；由秋田市社会福利协议会负责的"守护安全网项目"，2020 年的实施对象为 8298 户，访问次数超过 5 万次。（4）促进老年人信息环境建设，如秋田市老年人相关网页的访问次数 2020 年为 13194 次；同年，由地域福利推进室负责的民生委员的家庭访问次数超过 8 万次，提供支援件数也超过 1 万件，由长寿福利课负责的地域综合照护中心的商谈件数也达到 7831 件。（5）完善保健、福利和医疗服务，2020 年秋田市的男性和女性的健康寿命分别为 78.98 岁、83.43 岁，比 2017 年分别增长了 0.35%、0.18%；65 岁及以上老年人被认定为需要护理的比例为 20.5%，过去 5 年间增减幅度极小；参加认知症培训讲座人数共计 12484 人。

从以上客观指标中可以看出，秋田市的老年友好城市建设已取得很大成效。但是，作为日本"第一个吃螃蟹"的城市，秋田市在 AFC 行动计划的制订及实施过程中也发现不少问题。例如，在第 1 次 AFC 行动计划制定时，与会者就指

---

① 2019 年至今因疫情影响，各高校减少了讲座开设次数，2020 年仅有 60 次，比次数最多的 2018 年减少了一半以上。"促进老年人就业及增加参加市民活动的机会"等其他老年人社会参与指标也受到一定影响。

出行动计划看起来很光鲜亮丽，但较为保守，与之相关的内容大多是之前已有指标的积累，目标数字也是已有项目本身的指标①。另据在市政府工作的青年职员意见交流会、市民意见交流会以及被认定为"老年友好伙伴"的企业及社会团体组织的意见交流会上各方的讨论结果②，第 2 次 AFC 行动计划结束后，在空间环境、社区生活、文化教育、产业经济发展等领域的具体实施层面还存在不少有待解决的问题。如关于老年人投币式巴士的使用，与会者提出了"希望 1 小时发车 1 次，不再减少发车次数""发车数次少，中间需要换车乘坐""老年投币式巴士的构思很好，如果能有去医院或购物的直达巴士就更方便了"等具体问题；在老年人社会参与方面，与会者认为存在"与女性相比，老年男性容易陷入社会孤立""老年人从事有偿工作的机会较少""农业人手面临不足"等现实问题；在社区生活方面，"与邻居的交往较少""两代同居和三代同居的家庭正在减少，有的社区甚至只有老年人组成的家庭""希望可以增加老年沙龙活动"等意见也不少。

第三节　秋田市最新 AFC 行动计划的实施内容及特点

2022 年，秋田市政府发布了第 3 次 AFC 行动计划（以下简称"新行动计划"），提出了"一起思考，一起行动，构建老年友好城市"的宣传口号，其基本理念是"构建一个无论谁都能生活得舒适且充满活力的社会"。其主要内容及特点③总结如下。

第一，新行动计划的定位。新行动计划是秋田市综合发展规划的重要内容之一。该发展规划提出了"五项创建战略"（Five Creation Strategies），即"利用先进技术促进地区产业振兴以及创造就业机会""通过艺术文化、体育和旅游增强城市的吸引力""促进秋田市未来环境友好城市的发展""创建容易抚育孩子的社会""创建充满活力的健康和长寿社会"，而新行动计划就是针对其中的"创建充满活力的健康和长寿社会"而制定的具体实施方略。也就是说，老年友

---

① 後藤純，大方潤一郎. エイジフレンドリーシティ行動計画の特徴と意義 [J]. 都市計画論文集，2017，52（3）：978-979.
② 秋田市ホームページ. 第 2 次秋田市エイジフレンドリーシティ（高齢者にやさしい都市）行動計画 [DB/OL]. 秋田市ホームページ，2017-03.
③ 秋田市的 3 次 AFC 行动计划在定位、实施制度、基本目标领域等方面存在共同点，不同点主要在于评估指标及具体的施政措施部分。

好城市的建设并非凌驾于其他发展规划之上，也不是独立发展，而是作为该市整体发展规划的一部分存在的。

第二，新行动计划的实施制度。新行动计划采取了以政府为主导的、市民和民营部门共同参与的多元合作制度。2014年设置的AFC推进委员会根据该计划对各项政策的实施和推进提出建议和意见，并促使行政部门、市民和民营部门三方在发挥各自作用的同时，稳步推进基于该计划各项措施的实施。同时为实现多领域的综合发展，由2017年成立的"老年友好城市厅内促进会"（以下简称"AFC厅内促进会"）来负责联络和协调厅内相关部门的跨部门合作。同时，政府还采取以下措施，如行政部门、市民、民营部门等进行多方意见交流①，对由市民和民营企业实施的相关活动提供行政支援，联合市民和民营部门分别从不同角度对新行动计划进行指标评估等。在政府主导下充分利用民间组织或机构的力量以加强实力，这一点已成为日本在超老龄社会下应对很多老年问题的一项重要举措。

第三，新行动计划的主要内容。新行动计划基本涵盖了世界卫生组织提出的八大主题领域。如表9-3所示，新行动计划在以往两次行动计划实施的基础上，共设定了八项基本目标：（1）无论是谁都能够安全、安心、舒适生活的室外设施的完善；（2）提高交通的便利性；（3）能够安心舒适居住的居住环境的改善；（4）促进终身学习和社会参与；（5）创造一个所有世代人都能相互尊重的社区；（6）为老年人创造就业和市民参与的机会；（7）改善老年人的信息环境；（8）创建能够利用多样化生活支援服务的社区。从内容上看，虽然在施政细节上存在差异，但基本目标与世界卫生组织要求的主题是相吻合的。在这些基本目标的引导下，秋田市各区在具体施政措施方面又各有特色，如中央区针对该区的"参加老年沙龙的男性较少""社会参与意识淡薄"等问题，在第四项基本目标"促进终身学习和社会参与"下提出的具体施政措施为：（1）开展面向男性的沙龙；（2）在被认定为"老年友好伙伴"的民间企业或社会团体和组织的协助下，利用公园等公共场所开展以当地居民为主体的"青空交流会"，

---

① 如"厅内青年职员意见交流会"，参与人员包括市政府内的总务课、计划财务课、福利和公共卫生课、公共卫生中心、工业发展课、建设课、城市发展课、教育委员会和其他部门的年轻工作人员。会议目的主要是从长远视角下关注秋田市的发展，以及各部门如何进行跨领域合作等问题进行意见交换。此外，还有为了在制定和实施计划时更好地反映市民和民营部门意见而设置的"市民意见交流会"，参与者被分为多个小组进行自由交流，有时各组还会交换交流成员，以进一步深入交流意见。具体请参考秋田市第2次AFC行动计划（2017）。

以促进居民之间的交流；（3）不是新设沙龙，而是利用医院、图书馆、超市等开展沙龙活动。

第四，新行动计划的评估指标。新行动计划在每项基本目标下，作为评估指标设定了市民意识指标（主观指标）、行动指标（客观指标）。以第 6 项基本目标"为老年人创造就业和市民参与的机会"为例，主观指标为"对志愿者活动、工作等感到有意义的老年人比例"，客观指标则包括"日本进行志愿者活动的老年人比例和实际人数""能够雇用所有 65 岁以后有继续工作意愿的企业的比例""60 岁以上者在银发人才中心进行会员登记的实际人数和比例""互相支援的社区相关体系构建的先进事例件数""市民主动展开相关活动的事例件数"五项。主观指标和客观指标的同时设置可从整体上更好地把握和评估指标的进展及达成情况①（见表 9-3）。

第五，新行动计划的施政主体。新行动计划的每项具体施政措施都规定了厅内相关责任主体。以第 3 条"能够安心舒适居住的居住环境的改善"为例，实施措施涉及"提高老年人居住环境的便利性"和"防止老年孤立"两项内容，前者提出了"根据老年人的需求，完善安心和安全的住宅"措施，由都市总务课、住宅整备课、建筑指导课、消防本部预防课、环境总务课分别负责相关事宜；后者则提出了"构建考虑老年人守护体系的居住环境"和"活用信息技术的守护"两项措施，分别由住宅整备课和长寿福利课负责。可见，从政府层面看，其施政措施的权责分配非常明确。

新行动计划承载着未来 5 年秋田市老年友好城市建设的美好愿景，已于 2022 年 4 月开始启动，是否能够如期实现发展目标，值得人们继续关注。

---

① 第 1 次 AFC 行动计划（2012—2016）的实施结果发现，原本设定的客观指标与通过市民意识调查设定的主观指标存在一定差异。以"认为巴士、电车等公共交通方便易行的老年人比例"这一主观指标为例，秋田市最初为进度管理设定的项目指标是投币式巴士资格证明书提交率为 65%，目标是将该比率从 53% 提高 12 个百分点，但到 2016 年仅提高了约 6 个百分点，并没有达成目标，但市民意识调查结果却显示有 18.3% 的老年受访者认为它易于使用。在医疗福利服务方面的情况正好相反，秋田市为进度管理设定的客观项目指标是将地域综合照护中心运营项目中的地域照护会议次数从 22 次提高到 38 次、将接受特定健康检查的比例从 39% 提高到 55%。这两项指标在计划实施期限内均完成良好，但市民意识调查却显示，关于当时同时设定的主观指标"对医疗和福利服务的改善感到满意的老年人比例"，只有 15.5% 的老年受访者表示满意。具体请参考后藤纯、大方润一郎《老年友好城市行动计划的特征与意义》（2017）。

表9-3　秋田市第3次 AFC 行动计划的指标体系

基干指标	基本目标	市民意识指标 （主观指标）	行动指标 （客观指标）
觉得能够自由自在地生活的老年人比例	无论是谁都能够安全、安心、舒适生活的室外设施的完善	觉得能够安心到附近的老年人比例	秋田市公共设施的无障碍化率
			老年人交通事故的发生情况
	提高交通的便利性	认为巴士、电车等公共交通很方便，容易利用的老年人比例	投币式巴士资格证明书提交率
			低地板巴士（non-step bus）等的导入情况
			通用设计出租车、福利出租车的导入情况
	能够安心舒适居住的居住环境的改善	对现在的居住环境表示满意的老年人比例	老年家庭中老年人的无障碍化设施设置的比例
			护理保险制度中住宅改造的件数
			面向老年人的附带服务功能的老年住宅的住宅数
觉得秋田市是适合所有世代居住的城市的人的比例	促进终身学习和社会参与	对闲暇时间的利用方法感到满意的老年人比例	过去一年内参加兴趣、体育运动、终身学习等社会活动的老年人比例
			参加社区活动（社区自治活动、市民活动等）的人的比例
			在大学面向社会人开设的讲座数量
			每周有1次以上一天运动时间超过20分钟的人的比例
			老年人能够在社区等较近场所聚集的场所数量
			老年人参加体育运动的比例

续表

基干指标	基本目标	市民意识指标 （主观指标）	行动指标 （客观指标）
觉得和社区有联系的老年人比例	创造一个所有世代人都能相互尊重的社区	对年龄增长持肯定态度的人的比例	把与老年人或残障者的交流、有关福利的理解等纳入学校教育的中小学的比例
			实施老年人、老龄社会相关项目的民营企业（老年友好伙伴）的数量和项目数
			特殊欺诈受害件数
	为老年人创造就业和市民参与的机会	对志愿者活动、工作等感到有意义的老年人比例	日本进行志愿者活动的老年人比例和实际人数
			能够雇用所有65岁以后有继续工作意愿的企业的比例
			60岁以上者在银发人才中心进行会员登记的实际人数和比例
			互相支援的社区相关体系构建的先进事例数
			市民主动展开相关活动的事例数
有意识地与社会联系、参加各种活动的老年人比例	改善老年人的信息环境	回答在社区容易领取有关福利、服务等信息的老年人比例	"对秋田市生活发挥作用的服务"登载的服务项目数、企业数
			"广报秋田"中登载的老年人福利服务信息的件数
			秋田市老年人相关网页链接件数
			民生委员访问件数、商谈件数
			地域综合照护中心的商谈件数
	创建能够利用多样化生活支援服务的社区	对医疗、福利服务感到满意的老年人比例	秋田市的健康寿命和平均寿命
			65岁以上者中认定为需要护理的人的比例
			认知症支援培训讲座的开设次数、听讲者人数
			维护老年人权利的案例数

资料来源：笔者根据秋田市发布的《第3次秋田市老年友好城市行动计划》（2022年）制作。

第四节 结语与思考

本章主要以日本第一个加入 AFC 全球网络项目的城市——秋田市的老年友好城市发展实践为例，在考察该市人口老龄化发展现状及趋势的基础上，重点就其老年友好城市的发展历程以及最新公布的第3次 AFC 行动计划的主要内容及特点进行了分析和阐述。

正如学者们所言，城市规划作为一种针对城市建设和发展的科学思想和技术手段，在创造老年友好的社会氛围、推动积极老龄化的过程中发挥了重要作用①。郭佩认为如果在未来的城市治理中，能够根据老年人的特点和需求，提前做出相应的规划，完善相关社会保障、社会包容机制，将有助于提升城市竞争力②。对于我国的城市发展来说，也同样如此。我国自改革开放以来，城市化进程开始加速，城镇常住人口占总人口比例（即城市化率）在1980年还不到20%，但2011年已超过50%，2018年再次提高近10个百分点，达到59.6%③。同时，国家统计局数据显示人口老龄化与城市化进程几乎同步发展，在2018年65岁及以上人口占总人口比例就已达到11.9%，仅用了18年就实现了人口年龄结构从成年型到老年型的转变④。我国的城市化率虽然与日本还存在较大差距，但随着城市老龄化的进一步加深，未来也将和日本等发达国家一样面对城市老年群体社会治理的诸多难题。

城市治理是国家治理的重要基石，习近平总书记强调："推进国家治理体系和治理能力现代化，必须抓好城市治理体系和治理能力现代化。"⑤ 党的十九届五中全会审议通过的《中共中央关于制定国民经济和社会发展第十四个五年规划和二〇三五年远景目标的建议》提出："提高城市治理水平"，"不断增强人

① 窦晓璐，约翰·派努斯，冯长春. 城市与积极老龄化：老年友好城市建设的国际经验 [J]. 国际城市规划，2015，30（3）：117.
② 郭佩. 日本推进积极老龄化城市治理的经验与启示 [J]. 日本问题研究，2020，34（2）：52.
③ 新华社. 70年来我国城镇化率大幅提升 [EB/OL]. 中国政府网，2019-08-15.
④ 国务院第七次全国人口普查领导小组办公室. 中国人口普查年鉴（2020）[M]. 北京：中国统计出版社. 2022.
⑤ 人民网. 不断提高城市治理水平 [EB/OL]. 人民网，2020-12-21.

民群众的获得感、幸福感、安全感，让城市生活更加美好"。在此背景下，全国老龄办已于 2009 年启动了"老年宜居社区"和"老年友好型城市"的建设试点工作，2016 年又联合国家发展改革委、财政部等 25 个部委共同制定并联合印发了《关于推进老年宜居环境建设的指导意见》。2019 年，中共中央、国务院在《国家积极应对人口老龄化中长期规划》中提出，着力构建老年友好型社会，并提出加强老年人权益保障、打造老年宜居环境、强化社会敬老等多项举措。

　　目前，我国齐齐哈尔市、上海市、青岛市等城市的老年友好城市试点建设已经展开，老年友好社区也正在成为居家养老模式的最佳载体。但我国与日本不同的不仅是社会制度，还有一个重要特征是我国作为发展中国家，目前城乡及地区发展均存在巨大差距。因此，对处于高度城市化发展阶段的日本的实践经验进行全盘复制并不可取。如何结合当下的"乡村振兴战略"，建立适合各城市特色的中国老年友好城市发展本土模式，是我国今后需要进一步深入思考的问题。

参考文献

[中文文献]

著作及译著：

[1] 国务院第七次全国人口普查领导小组办公室. 中国人口普查年鉴：2020 ［M］. 北京：中国统计出版社，2022.

[2] 国家统计局人口和就业统计司. 中国人口和就业统计年鉴：2014 ［M］. 北京：中国统计出版社，2014.

[3] 郭根. 中国健康城市建设报告 ［M］. 北京：中国时代经济出版社，2009.

[4] 理查德·C. 克伦塔尔. 老年学 ［M］. 李志博、伏耀祖译. 兰州：甘肃人民出版社，1986.

[5] 世界卫生组织. 积极老龄化政策框架 ［M］. 中国老龄协会，译. 北京：华龄出版社，2003.

[6] 世界卫生组织. 全球老年友好城市建设指南 ［M］. 日内瓦：世界卫生组织，2007.

[7] 王名. 日本非营利组织 ［M］. 北京：北京大学出版社，2007.

[8] 伊藤隆敏，星岳雄. 繁荣与停滞：日本经济发展和转型 ［M］. 郭金兴译. 北京：中信出版集团，2022.

[9] 张恺悌. 中国老年女性人口状况研究 ［M］. 北京：中国社会出版社，2009.

期刊论文：

[1] BOYLE A，L. WILES J，A. KEARNS R. 对就地养老的反思—"人"与"地方"关系视角 ［J］. 地理科学进展，2015，34（12）.

[2] 曹杨, 王记文. 中国城市退休老人参与老年大学的影响因素研究 [J]. 人口与发展, 2016 (5).

[3] 陈竞. 日本公共性社区互助网络的解析: 以神奈川县川崎市 Y 地区的 NPO 活动为例 [J]. 广西民族大学学报 (哲学社会科学版), 2007 (1).

[4] 陈靖远. 论日本住宅公团运作模式的方法借鉴 [J]. 北京建筑大学学报, 2018, 34 (2).

[5] 川崎直宏, 金艺丽, 周静敏. 日本介护型居住养老设施的变迁与发展动向 [J]. 建筑学报, 2017 (10).

[6] 崔迎春. 超老龄社会中的日本女性再就业问题 [J]. 妇女研究论丛, 2015 (3).

[7] 崔迎春. 老龄化背景下的日本高龄者雇用政策 [J]. 安徽师范大学学报 (人文社会科学版), 2014, 42 (3).

[8] 崔迎春. 日本老年教育的发展历程、典型模式及经验借鉴 [J]. 成人教育, 2023 (1).

[9] 崔迎春, 普书贞, 张哲晰. 中日女大学生就业、婚育及家庭意识比较研究 [J]. 日本问题研究, 2017, 31 (1).

[10] 崔迎春, 张艳霞. 中日两国老年女性就业现状的对比研究 [J]. 华中科技大学学报 (社会科学版), 2016, 30 (3).

[11] 崔迎春, 赵敬. 人口老龄化视角下的日本老年人社会孤立问题研究 [J]. 宁夏社会科学, 2019 (3).

[12] 崔月琴, 胡那苏图. 日本地域社会治理及社区志愿者组织发展的启示: 以名古屋市 "南生协" 的社区参与为例 [J]. 福建论坛 (人文社会科学版), 2019 (12).

[13] 董爱玲. 日本公民馆发展历程对我国老年教育的启示 [J]. 教育观察, 2019, 8 (24).

[14] 董式珪. 关于离退休人员的再就业问题 [J]. 中州学刊, 1988, (6).

[15] 窦晓璐, 约翰·派努斯, 冯长春. 城市与积极老龄化: 老年友好城市建设的国际经验 [J]. 国际城市规划, 2015, 30 (3).

[16] 丁惠敏. 日本放送大学的远程教育及其启示 [J]. 现代远距离教育, 2001 (3).

[17] 丁英顺. 日本促进高龄劳动者就业的经验启示 [J]. 人民论坛, 2021 (17).

[18] 丁志宏，张岭泉. 城市退休老人社会发展适应现状及影响因素研究 [J]. 兰州学刊，2012（1）.

[19] 杜鹏. 我国人口老龄化现状与变化 [J]. 中国社会保障，2013（11）.

[20] 冯苏苇，陈雪词，张雪，等. 公共交通服务适老化满意度研究：以上海市为例 [J]. 城市交通，2022（4）.

[21] 高强，李洁琼，孔祥智. 日本高龄者"孤独死"现象解析及对中国的启示 [J]. 人口学刊，2014，36（1）.

[22] 高山宪之，王新梅. 日本公共医疗保险制度的互助共济机制 [J]. 社会保障评论，2020，4（1）.

[23] 郭佩. 日本推进积极老龄化城市治理的经验与启示 [J]. 日本问题研究，2020，34（2）.

[24] 郭佩. 建设老年友好城市，日本都做了什么？[J]. 中国社会保障，2021（8）.

[25] 胡澎. 日本非政府团体的对外援助活动及对我国的启示 [J]. 国外社会科学，2019（5）.

[26] 胡澎. 日本老年雇用制度的经验与启示 [J]. 人民论坛，2020（9）.

[27] 胡庭浩，沈山. 老年友好型城市研究进展与建设实践 [J]. 现代城市研究，2014（9）.

[28] 胡庭浩，沈山，常江. 国外老年友好型城市建设实践：以美国纽约市和加拿大伦敦市为例 [J]. 国际城市规划，2016，31（4）.

[29] 胡小武. 城镇化与老龄化叠加时期的中国养老模式转型 [J]. 新疆师范大学学报（哲学社会科学版），2016，37（5）.

[30] 胡湛，彭希哲. 对人口老龄化的再认识及政策思考 [J]. 中国特色社会主义研究，2019（5）.

[31] 黄之鸿，洪明. 日本建构"学习型社会"新举措：文部科学省新建"综合教育政策局"探析 [J]. 中国成人教育，2019（10）.

[32] 贾云竹. 从"三个平等"看新时期我国老年妇女问题 [J]. 中国妇运，2014（10）.

[33] 蒋浩琛，李珍. 从参保机制看日本医疗保险制度的经验与教训 [J]. 社会保障研究，2021（5）.

[34] 江瑞平. 日本农业人口的超前高龄化问题 [J]. 人口与经济，1988（4）.

[35] 江维. 北京市老年人再就业意愿影响因素分析 [J]. 山西农业大学学报（社会科学版），2013（1）.

[36] 籍斌，史正，邵秀娟，等. 国际社会积极应对人口老龄化比较研究 [J]. 科学决策，2020（9）.

[37] 康越. 东京都高龄城市建设模式对我国超大城市借鉴研究 [J]. 北京行政学院学报，2017（5）.

[38] 厉克奥博，李稻葵，吴舒钰. 人口数量下降会导致经济增长放缓吗？中国人力资源总量和经济长期增长潜力研究 [J]. 人口研究，2022，46（6）.

[39] 李燕. 日本新城建设的兴衰以及对中国的启示 [J]. 国际城市规划，2017，32（2）.

[40] 李宗华. 近30年来关于老年人社会参与研究的综述 [J]. 东岳论丛，2009，30（8）.

[41] 李志宏，金牛. 实施积极应对人口老龄化国家战略：中国的路径选择与认知转向 [J]. 南开学报（哲学社会科学版），2022（6）.

[42] 刘萌，刘雪丽，李泽新. 适合老年人出行的城市交通经验及启示：以中国台湾地区、新加坡和日本为例 [J]. 西部人居环境学刊，2021，36（6）.

[43] 刘娜，李汝贤. 论美日退休准备教育对我国的借鉴价值 [J]. 中国成人教育，2014（23）.

[44] 刘廷民. 公民学习权视角下我国终身教育体系构建 [J]. 高教探索，2014（5）.

[45] 刘文，焦佩. 国际视野中的积极老龄化研究 [J]. 中山大学学报（社会科学版），2015，55（1）.

[46] 刘西国. 社交活动如何影响农村老年人生活满意度 [J]. 人口与经济，2016（2）.

[47] 卢敏，彭希哲. 基于期望余寿理论的老年定义新思考与中国人口态势重新测算 [J]. 人口学刊，2018，40（4）.

[48] 马妍，沈振江，王珺玥. 多智能体模拟在规划师知识构建及空间规划决策支持中的应用：以日本地方城市老年人日护理中心空间战略规划为例 [J]. 现代城市研究，2016（11）.

[49] 穆光宗. 成功老龄化：中国老龄治理的战略构想 [J]. 国家行政学院学报，2015（3）.

[50] 娜仁高娃. 日本地域性社会教育的定位及特质：基于对长野县饭田市

社会教育实践的调查 [J] . 现代远程教育研究, 2019, 31 (4).

[51] 彭希哲, 卢敏. 老年人口死亡概率时代变迁与老年定义的重新思考 [J] . 人口与经济, 2017 (2).

[52] 平力群, 田庆立. 日本构建"地域综合照护体系"政策理念的提出及其制度化 [J] . 社会保障研究, 2016 (5).

[53] 钱鑫, 姜向群. 中国城市老年人就业意愿影响因素分析 [J] . 人口学刊, 2006 (5).

[54] 秦秋红, 王苗苗. "白发浪潮"下老年女性养老问题探究: 性别差异视角的制度思考 [J] . 思想战线, 2012 (3).

[55] 沈山, 胡庭浩, 栾阿诗. 国内城市老年公共服务设施建设研究进展 [J] . 现代城市研究, 2014 (9).

[56] 宋全成, 崔瑞宁. 人口高速老龄化的理论应对: 从健康老龄化到积极老龄化 [J] . 山东社会科学, 2013 (4).

[57] Stephen M. GOLANT. 居住常态理论和美国老年人就地养老行为分析 [J] . 地理科学进展, 2015, 34 (12).

[58] 唐相龙. "精明增长"研究综述 [J] . 城市问题, 2009 (08).

[59] 田雪原. 中日人口老龄化和老年人口就业比较研究 [J] . 日本问题, 1989 (4).

[60] 田香兰. 养老事业与养老产业的比较研究——以日本养老事业与养老产业为例 [J] . 天津大学学报 (社会科学版), 2010, 12 (01).

[61] 田香兰. 日本老年人社会参与现状及对策研究 [J] . 黑龙江社会科学, 2020 (1).

[62] 田毅鹏. 老年群体与都市公共性构建 [J] . 福建论坛 (人文社会科学版), 2011 (10).

[63] 佟新, 周旅军. 就业与家庭照顾间的平衡: 基于性别与职业位置的比较 [J] . 学海, 2013 (2).

[64] 涂礼忠. 老年劳动资源问题 [J] . 人口研究, 1989 (5).

[65] 王德文, 叶文振. 中国老年人健康状况的性别差异及其影响因素 [J] . 妇女研究论丛, 2006 (4).

[66] 王光荣. 日本非营利组织管理制度改革及其启示 [J] . 东北亚学刊, 2014 (2).

[67] 王莉莉. 中国老年人社会参与的理论、实证与政策研究综述 [J] . 人

口与发展，2011（3）.

[68] 王晓璐，傅苏. 日本超老龄社会及其影响 [J]. 现代日本经济，2012（5）.

[69] 王依明，李雪，李斌. 基于老年人需求特征的社区日间照料设施功能复合化策略研究 [J]. 现代城市研究，2021（11）.

[70] 王柱国，徐锦培. 如何使老年开放教育更具吸引力：日本放送大学对我国老年开放大学办学的启示 [J]. 中国远程教育，2020（6）.

[71] 王雯，朱又妮，叶银. 老年人社区整合型照护服务：国际经验与治理借鉴 [J]. 西安财经大学学报，2022，35（2）.

[72] 魏映双. 日本的老年教育与人力资源开发 [J]. 成人教育，2011，31（8）.

[73] 邬沧萍，王高. 论"老有所为"问题及其研究方法 [J]. 老龄问题研究，1991（6）.

[74] 邬沧萍，彭青云. 重新诠释"积极老龄化"的科学内涵 [J] 中国社会工作，2018（17）.

[75] 吴帆. 基于家庭代际支持的就地养老模式：基本逻辑与公共服务支持 [J]. 华中科技大学学报（社会科学版），2022，36（4）.

[76] 吴妮娜，高广颖，李莲花，等. 老龄化背景下日本医保体系与卫生体系的协同变革与启示 [J]. 中国卫生政策研究，2021，14（11）.

[77] 小野进一，王振基，张亚力. 日本劳动政策的现状与展望 [J]. 中国劳动科学，1986（7）.

[78] 谢立黎，韩文婷. 日本促进老年人就业的政策改革与启示 [J]. 人口与经济，2022，No. 255（6）.

[79] 徐桂珍，彭娟. 美国和日本的老年教育对我国老年教育发展的启示意义 [J]. 职教论坛，2016（36）.

[80] 许瑞媛，马丽华. 赋权增能：美国老年教育促进老年人社会参与的策略探究 [J]. 职教论坛，2021，37（8）.

[81] 薛进军，高文书. 中国城镇非正规就业：规模、特征和收入差距 [J]. 经济社会体制比较，2012（6）.

[82] 阎莉. 关于日本人口老龄化与就业问题的探讨 [J]. 日本研究，2001（4）.

[83] 杨春华. 日本女性回归家庭意愿上升的社会学分析 [J]. 南开学报

（哲学社会科学版），2015（4）．

［84］张冲，张丹．城市老年人社会活动参与对其健康的影响：基于CHARLS2011 年数据［J］．人口与经济，2016（5）．

［85］张飞，江丽．霍华德·麦克拉斯基老年教育思想研究及启示［J］．成人教育，2020，40（2）．

［86］张士斌．日本老年人收入演进中的分配政策变革与借鉴［J］．现代日本经济，2022，41（6）．

［87］张硕，陈功．中国城市老年人社会隔离现状与影响因素研究［J］．人口学刊，2015（4）．

［88］张文超，吴远洋，杨华磊．志愿服务、年龄差异与主观幸福感［J］．南方经济，2021（3）．

［89］张文娟，赵德宇．城市中低龄老年人的社会参与模式研究［J］．人口与发展，2015，21（1）．

［90］张玉来．"神器"的黯然：日本终身就业制改革［J］．现代日本经济，2008（1）．

［91］张宇阳，邹哲．日本应对老龄化社会的交通安全策略［J］．城市交通，2022，20（4）．

［92］郑南，丹边宣彦．日本社会建设新思维：地域社会的新公共性建设：以丰田市团体活动为例［J］．东北亚论坛，2013，22（5）．

［93］中田实，张萍．日本的居民自治组织"町内会"的特点与研究的意义［J］．社会学研究，1997（4）．

［94］朱安新，高熔．日本独居老年人的孤独死感知：基于日本内阁府"独居老年人意识调查（2014 年）"数据［J］．贵州社会科学，2016（10）．

［95］朱恒鹏，潘雨晴，孙梦婷．缴费给家乡的父母养老——制度结构约束下日韩养老金体系演进的共性与差异［J］．国际经济评论，2023，165（3）．

［96］朱政．日韩老年教育发展经验及其启示［J］．成人教育，2020，40（3）．

电子文献：

［1］陈彬．我国人口老龄化趋势及其影响［EB/OL］．国家信息中心国家电子政务外网管理中心，2016-01-22．

［2］陈如凯．全国人大代表陈东辉建议在我国推行退休准备教育：让临退

休的"准老年"群体更好地适应角色转换［EB/OL］．平安贺州网新闻，2021-03-10．

［3］成静．有效应对人口老龄化？不妨看看这些国家怎么做［EB/OL］．人民资讯，2021-02-04．

［4］郭桂玲．日本企业苦于应对高龄就业法 过半公司将减薪［EB/OL］．中国新闻网，2013-04-23．

［5］郭晋晖．2022年左右中国将进入老龄社会2050年老年人口将近5亿［EB/OL］．中国日报网，2020-06-20．

［6］国家统计局．中华人民共和国2021年国民经济和社会发展统计公报［R/OL］．国家统计局网站，2022-02-28．

［7］国家统计局．人口总量平稳增长，人口素质显著提升：新中国成立70周年经济社会发展成就系列报告之二十［R/OL］．国家统计局网站，2010-08-22．

［8］何德功．日本推迟退休年龄孰喜孰忧［N/OL］．经济参考报，2012-07-26．

［9］华律网．2022退休年龄的最新规定以及延迟退休新消息［EB/OL］．华律网，2022-09-15．

［10］蒋丰．日本社会积极帮助老人"退而不休"［EB/OL］．中国新闻网转载（原载于日本新华侨报），2017-09-20．

［11］李宏，边文越，杨文慧．英国产业战略白皮书提出未来发展五大支柱及四大挑战［EB/OL］．中国科学院科技战略咨询研究院网站，2018-01-09．

［12］李力行，周毅．传统意义上的"非正规就业"，未来可能成为常态？［EB/OL］．新浪网，2022-08-04．

［13］联合国．第一次老龄问题世界大会［EB/OL］．联合国中文网站，1982．

［14］联合国．第二次老龄问题世界大会［EB/OL］．联合国中文网站，2002．

［15］联合国．联合国老龄化议题：老龄问题维也纳国际行动计划［EB/OL］．联合国中文网站，1982．

［16］联合国．老龄化问题概况［EB/OL］．联合国中文网站，2021-03-22．

［17］联合国．联合国老年人原则［EB/OL］．联合国中文网站，1991．

［18］宁雅静．基于公共住房制度的新加坡"就地养老"政策简介［J/OL］．

国际城市规划：1-12. 2023-06-25.

　　［19］欧昌梅. 我国劳动年龄人口连续三年减少，这并不是特别大的危机
［EB/OL］. 澎湃新闻网，2015-01-20.

　　［20］彭德倩. 城市，如何更"适老"［EB/OL］. 人民融媒体，2022-11
-07.

　　［21］人民网. 不断提高城市治理水平［EB/OL］. 人民网，2020-12-21.

　　［22］任泽平. 中国老龄化研究报告［EB/OL］. 新浪财经，2022-09-28.

　　［23］世界卫生组织. 关于老龄化与健康的全球报告［R/OL］. 世界卫生组
织. 2016-06-15.

　　［24］王超群. 国内首部老年教育教程发布（含退休心理准备等内容）
［EB/OL］. 腾讯教育网，2011-12-01.

　　［25］新华社. 日本如何应对老龄化社会的养老困局［EB/OL］. 新华社网.
2018-01-12.

　　［26］伊藤实. 日本的高龄者雇佣政策与实态［EB/OL］. 豆丁网，2010-
04-27.

　　［27］中国人力资源和社会保障部. 2021 年度人力资源和社会保障事业发展
统计公报［R/OL］. 中国人力资源和社会保障部网站，2022-06-07.

　　［28］新华社. 70 年来我国城镇化率大幅提升［EB/OL］. 中国政府网，
2019-08-15.

　　［29］国务院. 国务院关于印发"十三五"国家老龄事业发展和养老体系建
设规划的通知：国发〔2017〕13 号［EB/OL］. 中国政府网. 2017-03-06.

　　［30］国务院. 国务院关于印发"十四五"国家老龄事业发展和养老服务体
系规划的通知：国发〔2021〕35 号［EB/OL］. 中国政府网. 2021-12-30.

　　［日文文献］
　　著作及译著：
　　［1］小笠原祐次. 老後づくりと老人の社会参加［M］. 老後をひらく：社
会参加と福祉施策. 東京：全国社会福祉協議会，1979.

　　［2］唐鎌直義. 公的年金［M］//江口英一. 生活分析から福祉へ-社会福
祉の生活理論. 東京：光生館，1998.

　　［3］河合克義. 大都市のひとり暮らし高齢者と社会的孤立［M］. 京都：
法律文化社，2009.

［4］厚生劳动省職業安定局. 高齢者雇用対策の推進［M］. 東京：労务行政出版社，2003.

［5］小林文成. 老後を変える［M］. 京都：ミネルヴァ書房，1978.

［6］清家篤，山田篤裕. 高齢者就業の経済学［M］. 東京：日本経済新聞社，2004.

［7］橘覚勝. 老いの探求［M］. 東京：誠信書房，1975.

［8］東京都区職員労働組合. 巨大都市東京の福祉充足のあり方に関する調査報告書：地域福祉の確立めざして［M］. 東京：東京都区職員労働組合，1988.

［9］中川勝雄. 国家政策と地域住民の生活構造の変化［M］//布施鉄治，鎌田とし子，岩城完之. 日本社会の社会学的分析. 京都：アカデミア出版会，1982.

［10］仲村優一. 現代社会福祉事典［M］. 東京：全国社会福祉協議会，1992.

［11］樋口恵子. 老人の生きがい［M］//日高幸男，岡本包治，松本信夫. 老人と学習：高齢者教室と老人クラブ運営の手引. 東京：日常出版，1975.

［12］樋口美雄，財務省綜合政策研究所. 団塊世帯の定年と日本経済［M］. 東京：日本评论社，2004.

［13］浜口晴彦. 現代エイジング辞典［M］. 東京：早稲田大学出版部，1996.

［14］濱嶋朗，竹内郁郎，石川晃弘. 社会学小辞典［M］. 東京：有斐閣，1997.

［15］藤田孝典. 下流老人：一億総老後崩壊の衝撃［M］. 東京：朝日新聞出版，2015.

［16］堀薫夫. 教育老年学の構想［M］. 東京：学文社，1999.

［17］堀薫夫. 教育老年学と高齢者学習［M］. 東京：学文社，2012.

［18］持田栄一，森隆夫，諸岡和房. 生涯教育事典［M］. 東京：ぎょうせい，1979.

［19］森岡清美，塩原勉，本間康平新社会学辞典［M］. 東京：有斐閣，1994.

［20］山室周平監訳. 居宅老人の生活と親族網−戦後東ロンドンにおける実証的研究［M］. 東京：垣内出版，1974.

期刊论文：

[1] 菅原育子，片桐恵子. 中高年者の社会参加活動における人間関係：親しさとその関連要因の検討［J］. 老年社会科学，2007，29（3）.

[2] 青木邦男. 在宅高齢者の社会活動性に関連する要因の共分散構造分析［J］. 社会福祉学，2004，45（1）.

[3] 阿部彩. 包摂社会の中の社会的孤立：他県からの移住者に注目して［J］. 社会科学研究，2014，65（1）.

[4] 安梅勅江，高山忠雄. 1993 高齢化社会の現状［J］. 日本ロボット学会誌，1993，11（5）.

[5] 氏原正治郎. 高齢者の就労行動と所得問題：産業社会の変化の中で孤立する高齢者［J］. 月刊福祉，1974（9）.

[6] 遠藤雄二. 男女雇用均等法下の女性労働［J］. 九州大学経営学論集，1994（64）.

[7] 大内章子. 日本の企業社会：女性労働についての考察［J］. 三田商学研究，1995（6）.

[8] 岡本秀明，岡田進一，白澤政和. 在宅高齢者の社会参加活動意向の充足状況と基本属性等との関連［J］. 生活科学研究誌，2003（2）.

[9] 岡本秀明，白澤政和. 農村部高齢者の社会活動における活動参加意向の充足状況に関連する要因［J］. 日本在宅ケア学会誌，2006，10（1）.

[10] 岡本秀明. 都市部3地域の高齢者に共通する社会活動への参加に関連する要因：東京都区東部、千葉県市川市、大阪市の調査研究から［J］. 和洋女子大学紀要，2015（55）.

[11] 奥山正司. 高齢者の社会参加とコミュニティづくり［J］. 社会老年学，1986（24）.

[12] 荻野登，荒川创太，渡边木绵子. 高年齢社員や有期契約社員の法修正後の活用状況に関する調査結果［J］. JILPT 調査シリーズ，2013（115）.

[13] 荻野亮吾. 公民館を拠点とした社会関係資本の再構築の過程：大分県佐伯市の「協育ネットワーク構築推進事業」を事例として［J］. 日本公民館学会年報，2014（11）.

[14] 小崎敏男. 人口の高齢化と高年齢女性の就業対策［J］. 東海大学紀要政治経済学部，2013（45）.

［15］梶原昭一. 高齢者の雇用安定と定年延長［J］. 経営の科学，1976，21（7）.

［16］勝藤瞳，平野美千代. 地域在宅の健康なシニア世代が持つ本来感の実態と関連要因－老人福祉センター利用者を対象にして［J］. 北海道公衆衛生雑誌，2019，32（2）.

［17］勝又直，芳賀博. 病院ボランティアへ参加する高齢者の活動継続要因に関する研究［J］. 老年学雑誌，2015（6）.

［18］金貞任，新開省二，熊谷修，他. 地域中高年者の社会参加の現状とその関連要因：埼玉県鳩山町の調査から［J］. 日本公共衛生雑誌，2004（5）.

［19］金美辰. 地域在住男性高齢者の余暇活動に関する研究［J］. 大妻女子大学人間関係学部紀要，2019（21）.

［20］河合克義. 介護保険制度の導入で消えた孤立高齢者を支援する諸施策［J］. 週刊ダイヤモンド，2010，98（15）.

［21］河合千恵子，下仲順子. 老年期におけるソーシャル・サポートの授受：別居家族との関係の検討［J］. 老年社会科学，1992（14）.

［22］日下菜穂子，篠置昭男. 中高年者のボランティア活動参加の意義［J］. 老年社会科学，1998，19（2）.

［23］久保田治助. 高齢者教育における生きがいの二極化－小林文成の生きた教養論をとおして［J］. 早稲田大学大学院教育学研究科紀要別冊，2003，11（1）.

［24］久保田治助. 小林文成の高齢者教育思想における「現代人となる学習」概念［J］. 鹿児島大学教育学部研究紀要－教育科学編，2011（62）.

［25］久保田治助. 日本における高齢者教育論の成立過程：1970年代の高齢期の学習観［J］. 鹿児島大学教育学部研究紀要（教育科学編），2012（63）.

［26］紅林奈津美，田高悦子，有本梓. 都市部在住の自立高齢者の社会関連性の実態と関連要因の検討［J］. 厚生の指標，2016，63（6）.

［27］小池高史，鈴木宏幸，深谷太郎，等. 居住形態別の比較からみた団地居住高齢者の社会的孤立［J］. 老年社会科学，2014（3）.

［28］小泉美佐子，星野まち子，宮本美佐，他. 過疎地域に在住する高齢慢性疾患患者の健康・疾病状況と社会活動からみた健康管理の支援方法［J］. 北関東医学，2000，50（3）.

[29] 越田明子. 中学生が考える過疎地域居住高齢者の生活問題と生活支援：制度化されない生活支援に着目して［J］. 長野大学紀要, 2008 (3).

[30] 小辻寿規. 高齢者社会的孤立問題の分析視座［J］. コア・エシックス, 2011 (7).

[31] 小辻寿規, 小林宗之. 孤独死報道の歴史［J］. Core Ethics, 2011 (7).

[32] 小林成隆, 西川義明. 後期高齢者医療制度の混乱をめぐって-個人と世帯の視点から検証［J］. 名古屋文理大学紀要, 2009 (9).

[33] 後藤鈍, 小泉秀樹, 大方潤一郎, 他. Agingin Pkaceを実可能とするコミュニティ環境引面論に関する基礎的考察-千葉県豊四季台地域を事例として［J］. 計画行政, 2016, 39 (3).

[34] 後藤純, 大方潤一郎. エイジフレンドリーシティ行動計画の特徴と意義［J］. 都市計画論文集, 2017, 52 (3).

[35] 佐藤秀紀, 鈴木幸雄, 松川敏道. 地域高齢者の社会活動への参加状況［J］. 日本の地域福祉, 2000 (14).

[36] 志賀文哉. 高齢者の社会参加とその支援に関する一考察［J］. とやま発達福祉学年報, 2020 (11).

[37] 下開千春. 高齢単身者の孤独の要因と対処資源［J］. ライフデザインレポート, 2005 (169).

[38] 袖井孝子. 社会老年学の理論と定年退職［J］. 社会老年学, 1975 (1).

[39] 高橋一公. 高齢者の学習動機と主観的幸福感に関する研究：高齢者大学への参加動機と主観的幸福感の関係［J］. Annual Report, 2018 (7).

[40] 高橋昌子. 高齢者による社会活動の現状と将来的展望：千葉市とガルベストン市での活動を通して［J］. 日本の地域福祉, 2000 (14).

[41] 田渕六郎. 高齢期の親子関係［J］. 季刊家計経済研究, 2006 (70).

[42] 玉腰暁子. 高齢者における社会活動の実態［J］. 日本公共衛生雑誌, 1995 (10).

[43] 旦まゆみ. 求められる子育て支援策とは［J］. 実践女子短期大学紀要, 2009, (30).

[44] 永瀬伸子. 高齢女性の就業行動と年金受給：家族構成, 就業履歴から見た実証分析［J］. 季刊社会保障研究, 1997, (3).

［45］西内正彦. 都市化と高齢化に関する国連・仙台会議報告-2［J］. Aging. エイジング総合研究センター編, 1989, 6（4）.

［46］野邊政雄. 地方小都市に住む高齢女性の社会関係における階層的補完性［J］. 社会心理学研究, 2005, 21（2）.

［47］萩原清子. いま、なぜ高齢者の孤立が問題か：ALONE 状態の検討を中心に［J］. 関東学院大学文学部紀要, 2003（100）.

［48］橋本修二, 青木利恵, 玉腰暁子. 高齢者における社会活動状況の指標の開発［J］. 日本公共衛生雑誌, 1997（10）.

［49］橋本渉一. 高齢化社会における公共交通の有効性と利用に関する研究［J］. 神戸高専研究紀要, 2012（50）.

［50］原田隆, 加藤恵子, 小田良子, 他. 高齢者の生活習慣に関する調査（2）余暇活動と生きがい感について［J］. 名古屋文理大学紀要, 2011（1）.

［51］早坂明彦. 戦後の女性雇用管理史［J］. 聖徳大学研究紀要, 2000（11）.

［52］樋口真己. 高齢者の生きがいと学習［J］. 西南女学院大学紀要, 2004（8）.

［53］林泰則. 介護保険法 2011 年改定の概要と問題点［J］. 民医連医療, 2011（5）.

［54］深澤宏. 高齢者の余暇参与傾性要因に関する研究：秋田, 山梨, 高知県老人クラブの調査から［J］. スポーツ社会学研究, 1996（4）.

［55］古谷野亘. QOLなどを測定するための測度（2）［J］. 老年精神医学雑誌, 1996, 7（4）.

［56］堀薫夫, 福島順. 高齢者の社会参加活動と生涯学習の関連に関する一考察：大阪府老人大学修了者を事例として［J］. 大阪教育大学紀要, 2007, 56（1）.

［57］前田尚子. 老年期の友人関係：別居子関係との比較検討［J］. 社会老年学, 1988（28）.

［58］松浦民惠. 高齢者雇用の現状と課題［J］. JILPT 第 2 期プロジェクト研究シリーズ, 2012（1）.

［59］松山郁夫. 地域福祉計画策定の意義に関する考察［J］. 佐賀大学文化教育学部研究論文集, 2007（1）.

［60］真鍋倫子. 女性の就労行動の学歴差：夫の収入と妻の就労［J］. 東

京学芸大学紀要，2004（55）.

　　［61］宮下智葉，田髙悦子，伊藤絵梨子，他. 地域在住要支援高齢者における社会活動の実態と関連する要因の検討［J］. 日本地域看護学会誌，2017，20（2）.

　　［62］矢部拓也，西村昌記，浅川達人. 都市男性高齢者における社会関係の形成：知り合ったきっかけとその後の経過［J］. 老年社会科学，2002，24（3）.

　　［63］山内直人. 高齢社会におけるNPOの役割［J］. 日本オペレーションズ・リサーチ学会，1999（12）.

　　电子文献：
　　［1］愛甲健. 高齢者の生きがいづくりについて［DB/OL］. 法務省ホームページ，2018-01-18.

　　［2］秋田市. 人口・世帯［DB/OL］. 秋田市ホームページ，2021.

　　［3］秋田市. 秋田市エイジフレンドリーシティ行動計画［DB/OL］. 秋田市ホームページ，2013-12.

　　［4］秋田市. 第2次秋田市エイジフレンドリーシティ（高齢者にやさしい都市）行動計画［DB/OL］. 秋田市ホームページ，2017-03.

　　［5］秋田市. 第3次秋田市エイジフレンドリーシティ（高齢者にやさしい都市）行動計画［DB/OL］. 秋田市ホームページ，2022-03.

　　［6］秋田市エイジフレンドリーシティ構想推進協議会. 秋田市エイジフレンドリーシティ（高齢者にやさしい都市）構想に関する提言書［DB/OL］. 秋田市ホームページ，2011.

　　［7］秋山弘子，他. 高齢者の社会参加の実態とニーズを踏まえた社会参加促進策の開発と社会参加効果の実証に関する調査研究事業報告書［R/OL］. 東京大学高齢社会総合研究機構ホームページ，2014-03.

　　［8］E-GOV 法令検索. 老人福祉法（昭和三十八年法律第百三十三号）［DB/OL］. E-GOV 法令検索ホームページ，2021-04-01.

　　［9］E-GOV 法令検索. 平成十八年法律第百二十号教育基本法［DB/OL］. E-GOV 法令検索ホームページ，2015-08-01.

　　［10］E-GOV 法令検索. 社会教育法（昭和二十四年法律第二百七号）［DB/OL］. E-GOV 法令検索ホームページ，2020-04-01.

［11］E-GOV 法令検索. 生涯学習の振興のための施策の推進体制等の整備に関する法律(平成二年法律第七十一号)［DB/OL］. E-GOV 法令検索ホームページ, 2015-08-01.

［12］沖有人. 老後の住宅難民が東京で100万人超!? 未婚化が招く衝撃シナリオ［EB/OL］. Yahoo! JAPAN, 2018-06-07.

［13］池田幸代. 年金制度の仕組みと特徴［EB/OL］. 東証明マネ部ホームページ, 2021-02-25.

［14］神奈川県. エイジフレンドリーシティの取組［DB/OL］. 神奈川県ホームページ, 2022-11-07.

［15］三州足助公社. どこか懐かしいーふるさと足助［EB/OL］. 株式会社三州足助公社ホームページ. 2022-10-10.

［16］株式会社泊洋商事. 快適な環境づくりで社会へ貢献する株式会社泊洋商事［EB/OL］. 株式会社泊洋商事ホームページ. 2022-10-10.

［17］株式会社平凡社. 世界大百科事典第2版-"地域社会"の意味［EB/OL］. コトバンク, 2009.

［18］萱沼美香. 高年齢者雇用政策の変遷と現状に関する考察［J/OL］. DISCUSSION PAPER (48). 2010-12.

［19］萱沼美香. 高年齢者雇用における助成金施策について［J/OL］. DISCUSSION PAPER (47). 2010-12.

［20］熊本市. 老人クラブへ活動助成金及び健康増進助成金について［EB/OL］. 熊本市ホームページ, 2021-05-07.

［21］群馬県. 元気高齢者活躍事例集［EB/OL］. 群馬県ホームページ, 2021-05-18.

［22］厚生労働省. 医療保険制度の財政状況［DB/OL］. 厚生労働省ホームページ, 2007.

［23］厚生労働省. 厚生労働統計一覧［DB/OL］. 厚生労働省ホームページ, 2021-03-31.

［24］厚生労働省. 高年齢者雇用安定法の改正-70歳までの就業機会確保［R/OL］. 厚生労働省ホームページ, 2021-04-13.

［25］厚生労働省. 高年齢者雇用安定法改正の概要［DB/OL］. 厚生労働省ホームページ, 2021-04-01.

［26］厚生労働省. 国民生活基礎調査［R/OL］. 厚生労働省ホームペー

ジ，2022-11-20.

　［27］厚生労働省. 統計情報・白書(生命表・結果の概要)［R/OL］. 厚生労働省ホームページ，2022-01-03.

　［28］厚生労働省. 平成 25 年高年齢者の雇用状況集計結果［R/OL］. 厚生労働省ホームページ，2013-10-31.

　［29］厚生労働省. 令和元年度介護保険事業状況報告(年報)（2019）［R/OL］. 厚生労働省ホームページ，2019.

　［30］厚生労働省. 令和元年国民健康・栄養調査報告［R/OL］. 厚生労働省ホームページ，2021-10-11.

　［31］厚生労働省. 令和 3 年賃金構造基本統計調査結果の概況［R/OL］. 厚生労働省ホームページ，2022-10-20.

　［32］厚生労働省. 令和 4 年版厚生労働白書：社会保障を支える人材の確保［R/OL］. 厚生労働省ホームページ，2022-11-20.

　［33］厚生労働省. 我が国の医療保険について［EB/OL］. 厚生労働省ホームページ，2022.

　［34］厚生労動省職業安定局. 高年齢者雇用対策の現状と課題［R/OL］. 厚生労動省職業安定局ホームページ，2011-01.

　［35］国立社会保障・人口問題研究所. 刊行物の案内［DB/OL］. 国立社会保障・人口問題研究所ホームページ，2021-03-30.

　［36］国立社会保障・人口問題研究所. 実地調査（社会保障・人口問題基本調査）［R/OL］. 国立社会保障・人口問題研究所ホームページ，2021-03-30.

　［37］国立社会保障・人口問題研究所. 人口統計資料集(2003 年版、2013 年版)［DB/OL］. 国立社会保障・人口問題研究所ホームページ，2022-10-18.

　［38］国立社会保障・人口問題研究所. 令和 2(2020) 年度社会保障費用統計の概要［R/OL］. 国立社会保障・人口問題研究所ホームページ，2022-08-30.

　［39］全国老人クラブ連合会. 老人クラブ［EB/OL］. 公益財団法人全国老人クラブ連合会ホームページ，2022-10-27.

　［40］国土交通省. 高齢者の居住の安定確保に関する法律等の一部を改正する法律［DB/OL］. 国土交通省ホームページ，2011-04-28.

［41］国土交通省. 都市再生関連施策［DB/OL］. 国土交通省ホームページ, 2022-11-21.

［42］斉藤徹. 浮上する「老人クラブ」の「高齢化問題」［EB/OL］. Yahoo！JAPANニュース, 2016-05-12.

［43］首相官邸. 高齢化社会に対応した住宅行政［J/OL］時の動き2001 (07)：12-17. 首相官邸ホームページ, 2001.

［44］スポーツ庁. 令和3年度体力・運動能力調査報告書［R/OL］. スポーツ庁ホームページ, 2022-10.

［45］群馬県立世界遺産センター. 富岡製糸場と絹産業遺産群［EB/OL］. 群馬県立世界遺産センターホームページ, 2021-05-18.

［46］世田谷生涯大学. 世田谷区生涯大学［EB/OL］. 世田谷生涯大学ホームページ, 2021-12-01.

［47］仙台市. 単位老人クラブ活動助成事業に関する様式［EB/OL］. 仙台市ホームページ, 2021-05-07.

［48］総務省. 放送分野における情報アクセシビリティに関する指針［DB/OL］. 総務省ホームページ, 2018-02-07.

［49］総務省. 令和2年情報通信白書［R/OL］. 総務省ホームページ, 2020.

［50］総務省統計局. 平成30年住宅・土地統計調査-調査の結果［R/OL］. 総務省統計局ホームページ, 2019-09-30.

［51］総務省統計局. 人口推計(令和4年9月報)［DB/OL］. 総務省統計局ホームページ, 2022-04-01.

［52］総務省統計局. 平成24年就業構造基本調査結果の概要［R/OL］. 総務省統計局ホームページ, 2013-07-02.

［53］総務省統計局. 労働力調査：基本集計（2021）［R/OL］. 総務省統計局ホームページ, 2022-02-01.

［54］総務省統計局. 労働力調査長期時系列データ［DB/OL］. 総務省統計局ホームページ, 2022-10-18.

［55］内匠功. 高齢者雇用の現状と課題［R/OL］. 明治安田総合研究所ホームページ, 2020-08.

［56］塚本一郎. 高齢者の就業機会創出とソーシャル・キャピタル形成のための社会的企業家育成に関する研究［J/OL］. 明治大学非営利公共経営研

究所. 2010-12-03.

［57］東京都福祉保健局. 東京都における地域福祉推進計画の基本的あり方について［DB/OL］. 東京都福祉保健局ホームページ, 1989-07-12.

［58］東京都福祉保健局. 福祉先進都市・東京の実現に向けた地域包括ケアシステムの在り方検討会議最終報告－地域で支え合いながら安心して暮らし続けるために［R/OL］. 東京都福祉保健局ホームページ, 2016-03.

［59］東京都福祉保健局. 東京都高齢者保健福祉計画（平成27年度－平成29年度）［DB/OL］. 東京都福祉保健局ホームページ, 2015-03.

［60］独立行政法人労働政策研究・研修機構. 70歳就業時代の展望と課題（労働政策研究報告書 NO. 211）［R/OL］. 労働政策研究報告書 NO. 211. 独立行政法人労働政策研究・研修機構ホームページ, 2021-06-18.

［61］独立法人高齢・障害・求職者雇用支援機構. 高齢者雇用に関する事例集［DB/OL］. 老年・障害・求職者雇用機構ホームページ, 2022-01-03.

［62］内閣府. 高齢化の状況及び高齢社会対策の実施の状況に関する年次報告（平成9年版~30年版、令和元年版~4年版高齢社会白書）［R/OL］. 内閣府ホームページ, 2022-10-02.

［63］内閣府. 高齢者の生活と意識に関する国際比較調査（第4回~第9回）［R/OL］. 内閣府ホームページ, 2021.

［64］内閣府. 統計情報・調査結果［R/OL］. 内閣府ホームページ, 2021-03-30.

［65］内閣府. 平成26年度一人暮らし高齢者に関する意識調査結果［R/OL］. 内閣府ホームページ, 2015-03.

［66］内閣府. 平成28年度高齢者の経済・生活環境に関する調査結果［R/OL］. 内閣府ホームページ, 2018-05-27.

［67］内閣府. 令和3年度高齢者の日常生活・地域社会への参加に関する調査結果（全体版）」［R/OL］. 内閣府ホームページ, 2022-10-02.

［68］内閣府 NPO. NPO法人ポータルサイト［DB/OL］. 内閣府 NPOホームページ, 2021-05-13.

［69］内閣府子ども・子育て本部. 少子化社会対策白書［R/OL］. 内閣府子ども・子育て本部ホームページ, 2022-10-24.

［70］内閣府男女共同参画局.「男女共同参画社会に関する世論調査」の概要［R/OL］. 内閣府男女共同参画局ホームページ, 2019-11.

［71］内閣府男女共同参画局. 男女共同参画白書（平成26年版）［R/OL］. 内閣府男女共同参画局ホームページ, 2014-06.

［72］内閣府男女共同参画局. 男女共同参画白書（令和3年版）［R/OL］. 内閣府男女共同参画局ホームページ, 2022-06-10.

［73］名張市. 地域づくり・地域ビジョンー名張地区まちづくり推進協議会［EB/OL］. 名張市ホームページ, 2021-05-13.

［74］日本金融広報中央委員会. 家計の金融行動に関する世論調査［二人以上世帯調査］（平成28年）［R/OL］. 日本金融広報中央委員会ホームページ, 2018-06-14.

［75］日本総合研究所.「地域包括ケアシステム」事例集成［DB/OL］. 日本総合研究所ホームページ, 2014-03.

［76］日本放送大学. 学長からのメッセージ［EB/OL］. 日本放送大学ホームページ, 2021-12-21.

［77］ハローワークインターネットサービス. ハローワーク求人情報［EB/OL］. 厚生労働省職業安定局ホームページ, 2021-04-15.

［78］兵庫県生きがい創造協会. 公益財団法人兵庫県生きがい創造協会-兵庫県いなみ野学園［EB/OL］. 兵庫県生きがい創造協会ホームページ, 2021-12-13.

［79］兵庫県あかねが丘学園. 明石市立高齢者大学校あかねが丘学園［EB/OL］. 兵庫県あかねが丘学園ホームページ, 2021-12-13.

［80］福岡県70歳現役応援センター. 高齢者雇用企業事例集2020［EB/OL］. 福岡県70歳現役応援センターホームページ, 2021-03.

［81］福岡市.（単位）老人クラブへの助成［EB/OL］. 福岡市ホームページ, 2021-05-13.

［82］前田展弘. 高齢者雇用政策の展望［J/OL］. ジェロントロジージャーナル, 12（10）, 2013-3-11.

［83］三重テレビ.「ゲンキみえ生き活きリポート」ゲッキネット. 人の力を地域の力に!［EB/OL］. 三重テレビホームページ, 2017-08-27.

［84］文部科学省. 令和4年度学校基本調査（速報値）［R/OL］. 文部科学省ホームページ, 2022-08-24.

［85］横浜市. 高齢者生きがい活動促進支援事業［EB/OL］. 横浜市ホームページ, 2020-04-23.

［86］吉野未来. 高齢者雇用の意義とは何か-シルバー人材センターによる高齢者雇用は高齢者の生きがいと社会とのつながりに貢献しているか［D/OL］. 早稲田大学ホームページ, 2016.

［英文文献］
著作:
［1］ATCHLEY R C. The Social Forces in Later Life: An Introduction to Social Gerontology［M］. Belmont, Ca: Wadsworth, 1972.

［2］BUTLER R N, GLEASON H P. Productive Aging: Enhancing Vitality in Later Life［M］. Springer Pub Co, 1985.

［3］CUMMINGS E, HENRY W E. Growing old［M］. New York: Basic Books, 1961.

［4］RICHARD S, LINDA S N, KENNET R, et al. Continuity Theory Encyclopedia of Aging［M］. Berlin: Springer Publishing Company, 2006.

［5］MACLVER R M. Community: A Sociological Study［M］. London: Macmillan & Co, 1917.

［6］NETHERLAND J, FINKELSTEIN R, GARDNER A P. Resilience in Aging［M］. New York: Springer New York, 2011.

［7］YAKITA A. Population Aging, Fertility and Social Security［M］. Berlin: Springer, 2017.

期刊论文:
［1］BUFFEL T, PHILLIPSON C. Ageing in urban environments: developing "age-friendly" cities［J］. Critical Social Policy, 2012, 32 (4).

［2］GLASS T A, MENDES DELEO C F, Bassuk SS, et al. Social engagement and depressive symptoms in late life-longitudinal findings［J］. Journal of Aging and Health, 2006 (4).

［3］HAVIGHURS R J. Successful aging［J］. The Gerontologist, 1961, 1 (1).

［4］LEVASSEUR M, RICHARD L, GAUVIN L, et al. Inventory and analysis of definions of social participation found in the aging literature: proposed taxonomy of social activities［J］. Social Science Medicine. 2010, 71 (12).

[5] MADDOX G L, DOUGLASS E B. Aging and variability of Individual differences: A longitudinal analysis of social, psychological, and physiological Indicators [J]. J Gerontol, 1973, 29 (5).

[6] MENDERS de Leon C F, GLASS T A, BERKMAN L F. Social engagement and disability in a community population of older adults: the New Haven EPESE [J]. American Journal of Epidemiol, 2003, 157 (7).

[7] PLOUFFE L, KALACHE A. Towards global agefriendly cities: determining urban features that promote active aging [J]. Journal of Urban Health, 2010, 87 (5).

[8] PILIAVIN J A, SIEGL E. Health benefits of volunteering in the wisconsin longitudinal study [J]. Journal of Health and Social Behavior, 2007, 48 (4).

[9] UTZ R, CARR D, Nesse R, et al. The effect of widowhood on older adults ´social participation: an evaluation of activity, disengagement and continuity theories [J]. Gerontologist, 2002, 42 (4).

[10] WAHL H W, LANG F. Ageing in Context Across the Adult Life Course: Integrating Physical and Social Environmental Research Perspectives Aging in Context: Socio-Physical Environments [J]. Annual Review of Gerontology and Geriatrics, 2003 (23).

电子文献:

[1] ALGA. Age-friendly built environment: opportunities for local government [R/OL]. Canberra: Australian Local Government Association, 2006.

[2] APA. Multigenerational planning: using smart growth and universal design to link the needs of children and the aging population [R/OL]. Family-friendly Communities Briefing Papers 02, Chicago: American Planning Association, 2001.

[3] BOSWELLO D A. Elder-friendly plans and planners' effort to involve older citizens in the plan-making process [D/OL]. New Orleans: University of New Orleans, 2001.

[4] OECD. Ageing housing and urban development [R/OL]. Paris: OECD Publications Organization for Economic Co-Operation and Development, 2003.

[5] Population Reference Bureau, 2021 World population data sheet [EB/OL]. Population Reference Bureau , 2022-11-20.

[6] United Nations. World population prospects 2019: highlights [R/OL]

. United Nations, 2019-11-24.

[7] US Environmental Protection Agency. Building healthy communities for active aging [R/OL] . US Environmental Protection Agency , 2011.

[8] Word Health Organization. Healthy aging is vital for development [R/OL]. Geneva: WHO, 2002.

[9] World Health Organization. WHO global network of age-friendly cities and communities [R/OL] . World Health Organization, 2013.

附　录

附录 1　老龄社会对策基本法

高齢社会対策基本法

目次

前文

我が国は、国民のたゆまぬ努力により、かつてない経済的繁栄を築き上げるとともに、人類の願望である長寿を享受できる社会を実現しつつある。今後、長寿をすべての国民が喜びの中で迎え、高齢者が安心して暮らすことのできる社会の形成が望まれる。そのような社会は、すべての国民が安心して暮らすことができる社会でもある。

しかしながら、我が国の人口構造の高齢化は極めて急速に進んでおり、遠からず世界に例を見ない水準の高齢社会が到来するものと見込まれているが、高齢化の進展の速度に比べて国民の意識や社会のシステムの対応は遅れている。早急に対応すべき課題は多岐にわたるが、残されている時間は極めて少ない。

このような事態に対処して、国民一人一人が生涯にわたって真に幸福を享受できる高齢社会を築き上げていくためには、雇用、年金、医療、福祉、教育、社会参加、生活環境等に係る社会のシステムが高齢社会にふさわしいものとなるよう、不断に見直し、適切なものとしていく必要があり、そのためには、国及び地方公共団体はもとより、企業、地域社会、家庭及び個人が相互に協力しながらそれぞれの役割を積極的に果たしていくことが必要である。

　ここに、高齢社会対策の基本理念を明らかにしてその方向を示し、国を始め社会全体として高齢社会対策を総合的に推進していくため、この法律を制定する。

　第一章　総則

　（目的）

　第一条　この法律は、我が国における急速な高齢化の進展が経済社会の変化と相まって、国民生活に広範な影響を及ぼしている状況にかんがみ、高齢化の進展に適切に対処するための施策（以下「高齢社会対策」という。）に関し、基本理念を定め、並びに国及び地方公共団体の責務等を明らかにするとともに、高齢社会対策の基本となる事項を定めること等により、高齢社会対策を総合的に推進し、もって経済社会の健全な発展及び国民生活の安定向上を図ることを目的とする。

　（基本理念）

　第二条　高齢社会対策は、次の各号に掲げる社会が構築されることを基本理念として、行われなければならない。

　一　国民が生涯にわたって就業その他の多様な社会的活動に参加する機会が確保される公正で活力ある社会

　二　国民が生涯にわたって社会を構成する重要な一員として尊重され、地域社会が自立と連帯の精神に立脚して形成される社会

　三　国民が生涯にわたって健やかで充実した生活を営むことができる豊かな社会

　（国の責務）

　第三条　国は、前条の基本理念（次条において「基本理念」という。）にのっとり、高齢社会対策を総合的に策定し、及び実施する責務を有する。

　（地方公共団体の責務）

　第四条　地方公共団体は、基本理念にのっとり、高齢社会対策に関し、国と協力しつつ、当該地域の社会的、経済的状況に応じた施策を策定し、及び実施する責務を有する。

　（国民の努力）

　第五条　国民は、高齢化の進展に伴う経済社会の変化についての理解を

深め、及び相互の連帯を一層強めるとともに、自らの高齢期において健やか
で充実した生活を営むことができることとなるよう努めるものとする。

（施策の大綱）

第六条　政府は、政府が推進すべき高齢社会対策の指針として、基本的
かつ総合的な高齢社会対策の大綱を定めなければならない。

（法制上の措置等）

第七条　政府は、この法律の目的を達成するため、必要な法制上又は財
政上の措置その他の措置を講じなければならない。

（年次報告）

第八条　政府は、毎年、国会に、高齢化の状況及び政府が講じた高齢社
会対策の実施の状況に関する報告書を提出しなければならない。

2　政府は、毎年、前項の報告に係る高齢化の状況を考慮して講じようと
する施策を明らかにした文書を作成し、これを国会に提出しなければなら
ない。

第二章　基本的施策

（就業及び所得）

第九条　国は、活力ある社会の構築に資するため、高齢者がその意欲と
能力に応じて就業することができる多様な機会を確保し、及び勤労者が長期
にわたる職業生活を通じて職業能力を開発し、高齢期までその能力を発揮す
ることができるよう必要な施策を講ずるものとする。

2　国は、高齢期の生活の安定に資するため、公的年金制度について雇用
との連携を図りつつ適正な給付水準を確保するよう必要な施策を講ずるもの
とする。

3　国は、高齢期のより豊かな生活の実現に資するため、国民の自主的な
努力による資産の形成等を支援するよう必要な施策を講ずるものとする。

（健康及び福祉）

第十条　国は、高齢期の健全で安らかな生活を確保するため、国民が生
涯にわたって自らの健康の保持増進に努めることができるよう総合的な施策
を講ずるものとする。

2　国は、高齢者の保健及び医療並びに福祉に関する多様な需要に的確に
対応するため、地域における保健及び医療並びに福祉の相互の有機的な連携
を図りつつ適正な保健医療サービス及び福祉サービスを総合的に提供する体
制の整備を図るとともに、民間事業者が提供する保健医療サービス及び福祉

サービスについて健全な育成及び活用を図るよう必要な施策を講ずるものとする。

　3　国は、介護を必要とする高齢者が自立した日常生活を営むことができるようにするため、適切な介護のサービスを受けることができる基盤の整備を推進するよう必要な施策を　講ずるものとする。

（学習及び社会参加）

　第十一条　国は、国民が生きがいを持って豊かな生活を営むことができるようにするため、生涯学習の機会を確保するよう必要な施策を講ずるものとする。

　2　国は、活力ある地域社会の形成を図るため、高齢者の社会的活動への参加を促進し、及びボランティア活動の基盤を整備するよう必要な施策を講ずるものとする。

（生活環境）

　第十二条　国は、高齢者が自立した日常生活を営むことができるようにするため、高齢者に適した住宅等の整備を促進し、及び高齢者のための住宅を確保し、並びに高齢者の円滑な利用に配慮された公共的施設の整備を促進するよう必要な施策を講ずるものとする。

　2　国は、高齢者が不安のない生活を営むことができるようにするため、高齢者の交通の安全を確保するとともに、高齢者を犯罪の被害、災害等から保護する体制を整備するよう必要な施策を講ずるものとする。

（調査研究等の推進）

　第十三条　国は、高齢者の健康の確保、自立した日常生活への支援等を図るため、高齢者に特有の疾病の予防及び治療についての調査研究、福祉用具についての研究開発等を推進するよう努めるものとする。

（国民の意見の反映）

　第十四条　国は、高齢社会対策の適正な策定及び実施に資するため、国民の意見を国の施策に反映させるための制度を整備する等必要な施策を講ずるものとする。

　第三章　高齢社会対策会議

（設置及び所掌事務）

　第十五条　内閣府に、特別の機関として、高齢社会対策会議（以下「会議」という。）を置く。

　2　会議は、次に掲げる事務をつかさどる。

　　一　第六条の大綱の案を作成すること。

　　二　高齢社会対策について必要な関係行政機関相互の調整をすること。

　　三　前二号に掲げるもののほか、高齢社会対策に関する重要事項について審議し、及び高齢社会対策の実施を推進すること。

　（組織等）

　第十六条　会議は、会長及び委員をもって組織する。

　　2　会長は、内閣総理大臣をもって充てる。

　　3　委員は、内閣官房長官、関係行政機関の長及び内閣府設置法（平成十一年法律第八十九号）第九条第一項に規定する特命担当大臣のうちから、内閣総理大臣が任命する。

　　4　会議に、幹事を置く。

　　5　幹事は、関係行政機関の職員のうちから、内閣総理大臣が任命する。

　　6　幹事は、会議の所掌事務について、会長及び委員を助ける。

　　7　前各項に定めるもののほか、会議の組織及び運営に関し必要な事項は、政令で定める。

　附　則（抄）

　（施行期日）

　　1　この法律は、公布の日から起算して三月を超えない範囲内において政令で定める日から施行する。

　資料来源：日本法令索引．高齢社会対策基本法［EB/OL］．（1996-11-15）［2022-11-22］．https：//hourei．ndl．go．jp/simple/detail？lawId＝0000081681&current＝-1．

附录2　老年人等就业安定修正法

　　高年齢者等の雇用の安定等に関する法律施行規則（昭和四十六年労働省令第二十四号、令和四年厚生労働省令第七十四号による改正）

　　中高年齢者等の雇用の促進に関する特別措置法（昭和四十六年法律第六十八号）第二条第一項及び第二項、第七条第一項、第十条、第十二条第四号、第十三条第一項及び第二項、第十四条第一項第三号、第十五条第一項第四号並びに第二十三条の規定に基づき、並びに同法を実施するため、中高年齢者等の雇用の促進に関する特別措置法施行規則を次のように定める。

第一章　総則

（高年齢者の年齢）

第一条　高年齢者等の雇用の安定等に関する法律（昭和四十六年法律第六十八号。以下「法」という。）第二条第一項の厚生労働省令で定める年齢は、五十五歳とする。

（中高年齢者の年齢）

第二条　法第二条第二項第一号の厚生労働省令で定める年齢は、四十五歳とする。

（中高年齢失業者等の範囲）

第三条　法第二条第二項第二号の厚生労働省令で定める範囲の年齢は、四十五歳以上六十五歳未満とする。

2　法第二条第二項第二号の就職が特に困難な厚生労働省令で定める失業者は、六十五歳未満の失業者であつて、次の各号のいずれかに該当するものとする。

一　障害者の雇用の促進等に関する法律（昭和三十五年法律第百二十三号）第二条第二号の身体障害者

二　売春防止法（昭和三十一年法律第百十八号）第二十六条第一項の規定により保護観察に付された者及び更生保護法（平成十九年法律第八十八号）第四十八条各号又は第八十五条第一項各号に掲げる者であつて、その者の職業のあつせんに関し保護観察所長から公共職業安定所長に連絡があつたもの

三　その他社会的事情により就職が著しく阻害されている者

（特定地域の指定）

第四条　法第二条第三項の特定地域（以下「特定地域」という。）の指定は、雇用保険法（昭和四十九年法律第百十六号）第二十五条第一項に規定する広域職業紹介活動に係る地域であつて、次の各号に該当するものについて行うものとする。

一　法第二条第二項第一号の中高年齢者（以下「中高年齢者」という。）である求職者の数が著しく多いこと。

二　中高年齢者に係る求人の数に対する中高年齢者である求職者の数の比率が著しく高いこと。

三　中高年齢者である求職者のうち就職した者の割合が著しく小さいこと。

2　厚生労働大臣は、中高年齢者である失業者が多数発生することが見込

まれ、前項各号に該当することとなると認められる地域その他前項の地域に準ずる地域であつて必要があると認めるものについても、特定地域の指定を行なうことができる。

　3　特定地域の単位は、公共職業安定所の管轄区域とする。ただし、特別の事情がある場合には、別に厚生労働大臣が定める地域とする。

　　　第二章　定年の引上げ、継続雇用制度の導入等による高年齢者の安定した雇用の確保の促進等
　（法第八条の業務）
　第四条の二　法第八条の厚生労働省令で定める業務は、鉱業法（昭和二十五年法律第二百八十九号）第四条に規定する事業における坑内作業の業務とする。
　（特殊関係事業主）
　第四条の三　法第九条第二項に規定する厚生労働省令で定める事業主は、次の各号に掲げる者とする。
　　一　当該事業主の子法人等
　　二　当該事業主を子法人等とする親法人等
　　三　当該事業主を子法人等とする親法人等の子法人等（当該事業主及び前二号に掲げる者を除く。）
　　四　当該事業主の関連法人等
　　五　当該事業主を子法人等とする親法人等の関連法人等（前号に掲げる者を除く。）
　2　前項に規定する「親法人等」とは、次の各号に掲げる法人等（会社、組合その他これらに準ずる事業体（外国におけるこれらに相当するものを含む。）をいう。以下同じ。）とする。ただし、財務上又は営業上若しくは事業上の関係からみて他の法人等の財務及び営業又は事業の方針を決定する機関（株主総会その他これに準ずる機関をいう。以下「意思決定機関」という。）を支配していないことが明らかであると認められるときは、この限りでない。
　　一　他の法人等（破産手続開始の決定、再生手続開始の決定又は更生手続開始の決定を受けた他の法人等その他これらに準ずる他の法人等であつて、有効な支配従属関係が存在しないと認められるものを除く。以下この項において同じ。）の議決権の過半数を自己の計算において所有している法人等
　　二　他の法人等の議決権の百分の四十以上、百分の五十以下を自己の計

算において所有している法人等であつて、次に掲げるいずれかの要件に該当するもの

　　イ　当該法人等が自己の計算において所有している議決権と当該法人等と出資、人事、資金、技術、取引等において緊密な関係があることにより当該法人等の意思と同一の内容の議決権を行使すると認められる者及び当該法人等の意思と同一の内容の議決権を行使することに同意している者が所有している議決権とを合わせて、当該他の法人等の議決権の過半数を占めていること。

　　ロ　当該法人等の役員、業務を執行する社員若しくは使用人である者、又はこれらであつた者であつて当該法人等が当該他の法人等の財務及び営業又は事業の方針の決定に関して影響を与えることができるものが、当該他の法人等の取締役会その他これに準ずる機関の構成員の過半数を占めていること。

　　ハ　当該法人等と当該他の法人等との間に当該他の法人等の重要な財務及び営業又は事業の方針の決定を支配する契約等が存在すること。

　　ニ　当該他の法人等の資金調達額（貸借対照表の負債の部に計上されているものに限る。）の総額の過半について当該法人等が融資（債務の保証及び担保の提供を含む。以下同じ。）を行つていること（当該法人等と出資、人事、資金、技術、取引等において緊密な関係のある者が行う融資の額を合わせて資金調達額の総額の過半となる場合を含む。）。

　　ホ　その他当該法人等が当該他の法人等の意思決定機関を支配していることが推測される事実が存在すること。

　　三　法人等が自己の計算において所有している議決権と当該法人等と出資、人事、資金、技術、取引等において緊密な関係があることにより当該法人等の意思と同一の内容の議決権を行使すると認められる者及び当該法人等の意思と同一の内容の議決権を行使することに同意している者が所有している議決権とを合わせて、他の法人等の議決権の過半数を占めている場合（当該法人等が自己の計算において議決権を所有していない場合を含む。）における当該法人等であつて、前号ロからホまでに掲げるいずれかの要件に該当するもの

　　3　第一項に規定する「子法人等」とは、親法人等によりその意思決定機関を支配されている他の法人等をいう。この場合において、親法人等及び子法人等又は子法人等が他の法人等の意思決定機関を支配している場合におけ

る当該他の法人等は、その親法人等の子法人等とみなす。

　４　第一項に規定する「関連法人等」とは、次の各号に掲げるものとする。ただし、財務上又は営業上若しくは事業上の関係からみて法人等（当該法人等の子法人等を含む。）が子法人等以外の他の法人等の財務及び営業又は事業の方針の決定に対して重要な影響を与えることができないことが明らかであると認められるときは、この限りでない。

　　一　法人等（当該法人等の子法人等を含む。）が子法人等以外の他の法人等（破産手続開始の決定、再生手続開始の決定又は更生手続開始の決定を受けた子法人等以外の他の法人等その他これらに準ずる子法人等以外の他の法人等であつて、当該法人等がその財務及び営業又は事業の方針の決定に対して重要な影響を与えることができないと認められるものを除く。以下同じ。）の議決権の百分の二十以上を自己の計算において所有している場合における当該子法人等以外の他の法人等

　　二　法人等（当該法人等の子法人等を含む。）が子法人等以外の他の法人等の議決権の百分の十五以上、百分の二十未満を自己の計算において所有している場合における当該子法人等以外の他の法人等であつて、次に掲げるいずれかの要件に該当するもの

　　イ　当該法人等の役員、業務を執行する社員若しくは使用人である者、又はこれらであつた者であつて当該法人等がその財務及び営業又は事業の方針の決定に関して影響を与えることができるものが、その代表取締役、取締役又はこれらに準ずる役職に就任していること。

　　ロ　当該法人等から重要な融資を受けていること。

　　ハ　当該法人等から重要な技術の提供を受けていること。

　　ニ　当該法人等との間に重要な販売、仕入れその他の営業上又は事業上の取引があること。

　　ホ　その他当該法人等がその財務及び営業又は事業の方針の決定に対して重要な影響を与えることができることが推測される事実が存在すること。

　　三　法人等（当該法人等の子法人等を含む。）が自己の計算において所有している議決権と当該法人等と出資、人事、資金、技術、取引等において緊密な関係があることにより当該法人等の意思と同一の内容の議決権を行使すると認められる者及び当該法人等の意思と同一の内容の議決権を行使することに同意している者が所有している議決権とを合わせて、子法人等以外の他の法人等の議決権の百分の二十以上を占めている場合（当該法人等が自己の計

算において議決権を所有していない場合を含む。）における当該子法人等以外
の他の法人等であつて、前号イからホまでに掲げるいずれかの要件に該当す
るもの

（法第十条の二第一項の厚生労働省令で定める者）

　第四条の四　法第十条の二第一項の厚生労働省令で定める者は、事業主
の雇用する高年齢者のうち、他の事業主との間で締結した法第九条第二項の
契約に基づき雇用する者とする。

（創業支援等措置の実施に関する計画）

　第四条の五　事業主は、法第十条の二第二項の創業支援等措置（以下「創
業支援等措置」という。）に関する計画を作成し、当該計画について、労働者
の過半数で組織する労働組合がある場合においてはその労働組合の、労働者
の過半数で組織する労働組合がない場合においては労働者の過半数を代表す
る者の同意を得るものとする。

　2　前項の計画には、次に掲げる事項を記載するものとする。

　一　法第十条の二第四項の高年齢者就業確保措置（以下「高年齢者就業確
保措置」という。）のうち、創業支援等措置を講ずる理由

　二　法第十条の二第二項第一号に規定する委託契約その他の契約又は同
項第二号に規定する委託契約その他の契約（以下この項において「契約」とい
う。）に基づいて高年齢者が従事する業務の内容に関する事項

　三　契約に基づいて高年齢者に支払う金銭に関する事項

　四　契約を締結する頻度に関する事項

　五　契約に係る納品に関する事項

　六　契約の変更に関する事項

　七　契約の終了に関する事項（契約の解除事由を含む。）

　八諸経費の取扱いに関する事項

　九　安全及び衛生に関する事項

　十　災害補償及び業務外の傷病扶助に関する事項

　十一　法第十条の二第二項第二号ロ又はハに規定する社会貢献事業に係
る委託契約その他の契約を締結し、当該契約に基づき高年齢者の就業を確保
する措置を講ずる場合においては、当該社会貢献事業を実施する法人その他
の団体に関する事項

　十二　前各号に掲げるもののほか、創業支援等措置の対象となる労働者
の全てに適用される定めをする場合においては、これに関する事項

　3　事業主は法第十条の二第一項ただし書の同意を得た第一項の計画を、次に掲げるいずれかの方法によつて、各事業所の労働者に周知するものとする。

　一　常時当該事業所の見やすい場所へ掲示し、又は備え付けること。

　二　書面を労働者に交付すること。

　三　磁気テープ、磁気ディスクその他これらに準ずる物に記録し、かつ、当該事業所に労働者が当該記録の内容を常時確認できる機器を設置すること。

（法第十条の二第一項の過半数代表者）

　第四条の六　法第十条の二第一項に規定する労働者の過半数を代表する者（以下この条において「過半数代表者」という。）は、次のいずれにも該当する者とする。

　一　労働基準法（昭和二十二年法律第四十九号）第四十一条第二号に規定する監督又は管理の地位にある者でないこと。

　二　法第十条の二第一項ただし書の同意を行う過半数代表者を選出することを明らかにして実施される投票、挙手等の方法による手続により選出された者であつて、事業主の意向に基づき選出されたものでないこと。

　2　前項第一号に該当する者がいない場合にあつては、過半数代表者は、同項第二号に該当する者とする。

　3　事業主は、労働者が過半数代表者であること若しくは過半数代表者になろうとしたこと又は過半数代表者として正当な行為をしたことを理由として不利益な取扱いをしないようにしなければならない。

　4　事業主は、過半数代表者が法第十条の二第一項ただし書の同意に関する事務を円滑に遂行することができるよう必要な配慮を行わなければならない。

（法第十条の二第二項第一号の厚生労働省令で定める場合等）

　第四条の七　法第十条の二第二項第一号の厚生労働省令で定める場合は、高年齢者が定年後又は法第九条第一項第二号の継続雇用制度の対象となる年齢の上限に達した後に新たに法人を設立し、当該法人が新たに事業を開始する場合とする。

　2　法第十条の二第二項第一号の厚生労働省令で定める者は、前項の場合における法人とする。

（高年齢者就業確保措置の実施に関する計画）

　第四条の八　法第十条の三第二項の高年齢者就業確保措置の実施に関す

る計画(以下この条において「計画」という。)には次に掲げる事項を含むものとする。

　　一計画の始期及び終期

　　二計画の期間中に実施する措置及びその実施時期

　　三計画の期間中及び終期における定年又は高年齢者就業確保措置の対象となる年齢の上限

　　2　計画の作成に関する勧告は、文書により行うものとする。

　　3　事業主は、計画を作成したときは、遅滞なく、これをその主たる事務所の所在地を管轄する公共職業安定所(その公共職業安定所が二以上ある場合には、厚生労働省組織規則(平成十三年厚生労働省令第一号) 第七百九十二条の規定により当該事務を取り扱う公共職業安定所とする。以下同じ。)の長に提出しなければならない。

　　(高年齢者雇用等推進者の選任)

　　第五条　事業主は、法第十一条の業務を遂行するために必要な知識及び経験を有していると認められる者のうちから当該業務を担当する者を高年齢者雇用等推進者として選任するものとする。

　　第三章　高年齢者等の再就職の促進等(第六条~第十七条　略)

　　第四章削除

　　第十八条から第二十三条まで削除

　　第五章　シルバー人材センター等(第二十四条~第三十一条　略)

　　第六章　国による援助等(第三十二条　略)

　　第七章　雑則　(第三十三条~第三十四条　略)

　　附則(略)

　　資料来源：E-GOV 法令検索．高年齢者等の雇用の安定等に関する法律施行規則(令和四年厚生労働省令第七十四号による改正) [EB/OL].（2022-04-01）[2022-11-20].https：//elaws. e-gov. go. jp/document? lawid＝346M50002000024.

附录3　终身学习振兴法

平成二年法律第七十一号

生涯学習の振興のための施策の推進体制等の整備に関する法律

（目的）

第一条　この法律は、国民が生涯にわたって学習する機会があまねく求められている状況にかんがみ、生涯学習の振興に資するための都道府県の事業に関しその推進体制の整備その他の必要な事項を定め、及び特定の地区において生涯学習に係る機会の総合的な提供を促進するための措置について定めるとともに、都道府県生涯学習審議会の事務について定める等の措置を講ずることにより、生涯学習の振興のための施策の推進体制及び地域における生涯学習に係る機会の整備を図り、もって生涯学習の振興に寄与することを目的とする。

（施策における配慮等）

第二条　国及び地方公共団体は、この法律に規定する生涯学習の振興のための施策を実施するに当たっては、学習に関する国民の自発的意思を尊重するよう配慮するとともに、職業能力の開発及び向上、社会福祉等に関し生涯学習に資するための別に講じられる施策と相まって、効果的にこれを行うよう努めるものとする。

（生涯学習の振興に資するための都道府県の事業）

第三条　都道府県の教育委員会は、生涯学習の振興に資するため、おおむね次の各号に掲げる事業について、これらを相互に連携させつつ推進するために必要な体制の整備を図りつつ、これらを一体的かつ効果的に実施するよう努めるものとする。

一　学校教育及び社会教育に係る学習（体育に係るものを含む。以下この項において「学習」という。）並びに文化活動の機会に関する情報を収集し、整理し、及び提供すること。

二住民の学習に対する需要及び学習の成果の評価に関し、調査研究を行うこと。

三　地域の実情に即した学習の方法の開発を行うこと。

四　住民の学習に関する指導者及び助言者に対する研修を行うこと。

　五　地域における学校教育、社会教育及び文化に関する機関及び団体に対し、これらの機関及び団体相互の連携に関し、照会及び相談に応じ、並びに助言その他の援助を行うこと。

　六　前各号に掲げるもののほか、社会教育のための講座の開設その他の住民の学習の機会の提供に関し必要な事業を行うこと。

　2　都道府県の教育委員会は、前項に規定する事業を行うに当たっては、社会教育関係団体その他の地域において生涯学習に資する事業を行う機関及び団体との連携に努めるものとする。

（都道府県の事業の推進体制の整備に関する基準）

　第四条　文部科学大臣は、生涯学習の振興に資するため、都道府県の教育委員会が行う前条第一項に規定する体制の整備に関し望ましい基準を定めるものとする。

　2　文部科学大臣は、前項の基準を定めようとするときは、あらかじめ、審議会等（国家行政組織法（昭和二十三年法律第百二十号）第八条に規定する機関をいう。以下同じ。）で政令で定めるものの意見を聴かなければならない。これを変更しようとするときも、同様とする。

（地域生涯学習振興基本構想）

　第五条　都道府県は、当該都道府県内の特定の地区において、当該地区及びその周辺の相当程度広範囲の地域における住民の生涯学習の振興に資するため、社会教育に係る学習（体育に係るものを含む。）及び文化活動その他の生涯学習に資する諸活動の多様な機会の総合的な提供を民間事業者の能力を活用しつつ行うことに関する基本的な構想（以下「基本構想」という。）を作成することができる。

　2　基本構想においては、次に掲げる事項について定めるものとする。

　一　前項に規定する多様な機会（以下「生涯学習に係る機会」という。）の総合的な提供の方針に関する事項

　二　前項に規定する地区の区域に関する事項

　三　総合的な提供を行うべき生涯学習に係る機会（民間事業者により提供されるものを含む。）の種類及び内容に関する基本的な事項

　四　前号に規定する民間事業者に対する資金の融通の円滑化その他の前項に規定する地区において行われる生涯学習に係る機会の総合的な提供に必要な業務であって政令で定めるものを行う者及び当該業務の運営に関する事項

　　五　その他生涯学習に係る機会の総合的な提供に関する重要事項

　　3　都道府県は、基本構想を作成しようとするときは、あらかじめ、関係市町村に協議しなければならない。

　　4　都道府県は、基本構想を作成しようとするときは、前項の規定による協議を経た後、文部科学大臣及び経済産業大臣に協議することができる。

　　5　文部科学大臣及び経済産業大臣は、前項の規定による協議を受けたときは、都道府県が作成しようとする基本構想が次の各号に該当するものであるかどうかについて判断するものとする。

　　一　当該基本構想に係る地区が、生涯学習に係る機会の提供の程度が著しく高い地域であって政令で定めるもの以外の地域のうち、交通条件及び社会的自然的条件からみて生涯学習に係る機会の総合的な提供を行うことが相当と認められる地区であること。

　　二　当該基本構想に係る生涯学習に係る機会の総合的な提供が当該基本構想に係る地区及びその周辺の相当程度広範囲の地域における住民の生涯学習に係る機会に対する要請に適切にこたえるものであること。

　　三　その他文部科学大臣及び経済産業大臣が判断に当たっての基準として次条の規定により定める事項(以下「判断基準」という。)に適合するものであること。

　　6　文部科学大臣及び経済産業大臣は、基本構想につき前項の判断をするに当たっては、あらかじめ、関係行政機関の長に協議するとともに、文部科学大臣にあっては前条第二項の政令で定める審議会等の意見を、経済産業大臣にあっては産業構造審議会の意見をそれぞれ聴くものとし、前項各号に該当するものであると判断するに至ったときは、速やかにその旨を当該都道府県に通知するものとする。

　　7　都道府県は、基本構想を作成したときは、遅滞なく、これを公表しなければならない。

　　8　第三項から前項までの規定は、基本構想の変更(文部科学省令、経済産業省令で定める軽微な変更を除く。)について準用する。

　　(判断基準)

　　第六条　判断基準においては、次に掲げる事項を定めるものとする。

　　一　生涯学習に係る機会の総合的な提供に関する基本的な事項

　　二　前条第一項に規定する地区の設定に関する基本的な事項

　　三　総合的な提供を行うべき生涯学習に係る機会(民間事業者により提供

されるものを含む。）の種類及び内容に関する基本的な事項

　　四　生涯学習に係る機会の総合的な提供に必要な事業に関する基本的な事項

　　五　生涯学習に係る機会の総合的な提供に際し配慮すべき重要事項

　2　文部科学大臣及び経済産業大臣は、判断基準を定めるに当たっては、あらかじめ、総務大臣その他関係行政機関の長に協議するとともに、文部科学大臣にあっては第四条第二項の政令で定める審議会等の意見を、経済産業大臣にあっては産業構造審議会の意見をそれぞれ聴かなければならない。

　3　文部科学大臣及び経済産業大臣は、判断基準を定めたときは、遅滞なく、これを公表しなければならない。

　4　前二項の規定は、判断基準の変更について準用する。

　第七条　削除

（基本構想の実施等）

　第八条　都道府県は、関係民間事業者の能力を活用しつつ、生涯学習に係る機会の総合的な提供を基本構想に基づいて計画的に行うよう努めなければならない。

　2　文部科学大臣は、基本構想の円滑な実施の促進のため必要があると認めるときは、社会教育関係団体及び文化に関する団体に対し必要な協力を求めるものとし、かつ、関係地方公共団体及び関係事業者等の要請に応じ、その所管に属する博物館資料の貸出しを行うよう努めるものとする。

　3経済産業大臣は、基本構想の円滑な実施の促進のため必要があると認めるときは、商工会議所及び商工会に対し、これらの団体及びその会員による生涯学習に係る機会の提供その他の必要な協力を求めるものとする。

　4　前二項に定めるもののほか、文部科学大臣及び経済産業大臣は、基本構想の作成及び円滑な実施の促進のため、関係地方公共団体に対し必要な助言、指導その他の援助を行うよう努めなければならない。

　5　前三項に定めるもののほか、文部科学大臣、経済産業大臣、関係行政機関の長、関係地方公共団体及び関係事業者は、基本構想の円滑な実施が促進されるよう、相互に連携を図りながら協力しなければならない。

　第九条　削除

（都道府県生涯学習審議会）

　第十条　都道府県に、都道府県生涯学習審議会（以下「都道府県審議会」という。）を置くことができる。

　　2　都道府県審議会は、都道府県の教育委員会又は知事の諮問に応じ、当該都道府県の処理する事務に関し、生涯学習に資するための施策の総合的な推進に関する重要事項を調査審議する。

　　3　都道府県審議会は、前項に規定する事項に関し必要と認める事項を当該都道府県の教育委員会又は知事に建議することができる。

　　4　前三項に定めるもののほか、都道府県審議会の組織及び運営に関し必要な事項は、条例で定める。

　　(市町村の連携協力体制)

　　第十一条　市町村(特別区を含む。)は、生涯学習の振興に資するため、関係機関及び関係団体等との連携協力体制の整備に努めるものとする。

　　附則　略

　　資料来源：E-GOV 法令検索．生涯学習の振興のための施策の推進体制等の整備に関する法律(平成二年法律第七十一号) [EB/OL]．(2015-08-01) [2022 - 01 - 12] ．https：//elaws．e - gov．go．jp/document? lawid = 402AC0000000071_ 20150801_ 000000000000000.

附录4　《第3次秋田市老年友好城市行动计划》前言

はじめに

　　全国的に少子高齢化が進む中、本市は、WHOが提唱する生涯を通じていきいきと活動的に暮らすことができる環境をめざすエイジフレンドリーシティに賛同し、グローバルネットワークに参加して10年が経過しました。

　　この間、高齢者の活動促進につながる高齢者コインバス事業をはじめ、健康長寿の推進、施設のバリアフリー化など、市政運営に当たっては常にエイジフレンドリーの視点をもち、高齢者にやさしい都市の実現に取り組んできたものであります。その結果、市民・企業・行政等がそれぞれの立場で取り組む体制が市内に浸透してきたところです。

　　しかしながら新型コロナウイルス感染症の流行で、高齢者の社会参加の機会が減少し、人と人とのつながりの希薄化が懸念されており、新たな形での結びつきと地域コミュニティの再構築が喫緊の課題となっております。

　　高齢人口がさらに増加する今後において、いくつになっても住み慣れた地域で役割や居場所を持ち、互いを認めながら自分らしく暮らすことができる社会は全ての世代の希望であり、高齢者にやさしい都市づくりはますます重要となっております。

このたび策定した「第3次秋田市エイジフレンドリーシティ行動計画」では、価値観が多様化し変容する社会情勢を乗り越えるため、行政、市民、民間事業者がそれぞれの立場で「ともに考えともにつくる高齢者にやさしい都市」を理念に掲げ、より高い次元のエイジフレンドリーシティの実現に向け、三者協働のもと誰もが心豊かにいきいきと暮らせる社会をめざしてまいります。

結びに、本行動計画の策定にあたり、熱心にご協議いただきました推進委員の皆様をはじめ、貴重なご意見やご提案をいただいた市民の皆様や関係機関、団体の皆様に心から感謝を申し上げます。

2022 年 3 月

秋田市長　穂　積　　志

资料来源：秋田市网页.第3次エイジフレンドリーシティ(高齢者にやさしい都市) 行動計画［EB/OL］.（2022-03）［2022-11-20］. https：//www. city. akita. lg. jp/shisei/hoshin-keikaku/1011481/1004689/1011643/1005205. ht-ml.